KB039022

역사학 선언

이 도서의 국립중앙도서관 출판예정도서목록(CIP)은 서지정보유통지원시스템 홈페이지(http://seoji.
nl.go.kr)와 국가자료공동목록시스템(http://www.nl.go.kr/kolisnet)에서 이용하실 수 있습니다.
(CIP제어번호: CIP2018015328)

역사학

THE HISTORY MANIFESTO
JO GULDI AND DAVID ARMITAGE

선언

조 굴디 · 데이비드 아미티지 지음 | 안두환 옮김

한울
아카데미

차례

도표 차례

감사의 말

『역사학 선언History Manifesto』은 역사학의 미래와 장기 지속longue-durée 의 회귀 그리고 공적 영역에서 학자의 역할에 관한 수많은 토론의 결과 물이다. 조 굴디Jo Guldi는 이 책의 주장의 씨앗을 뿌린 이로 제러미 뒤퀘 네 애덤스Jeremy DuQuesnay Adams와 데이비드 니렌버그David Nirenberg를 꼽 고자 한다. 데이비드 아미티지David Armitage는 자신의 생각을 발전시키는 데 앨리슨 베시퍼드Alison Bashford와 대린 맥마혼Darrin MacMahon과의 교류 가 중심된 역할을 했음을 언급하고자 한다. 대화는 협업을 낳았고, 세미 나에서 발표한 글은 논문이 되었으며, 논문은 바로 이 책으로 확장되었 다. 우리는 다른 많은 개인적 관심과 학문적 관심 사이에 이 책을 끼워놓 았다. 조 굴디는 특히 자차리 게이츠Zachary Gates의 인내와 지원에, 데이 비드 아미티지는 하버드 대학 역사학과의 인내와 지원에 고마움을 표하 고자 한다. 우리는 또한 자차리 데이비스Zachary Davis의 효율적이고 창의 적인 연구 지원에 감사한다.

우리는 우리의 주장을 담은 초고 일부를 예일 법대, 브라운 대학 역사학과, 파리 레이드 홀에서 발표했다. 발표를 듣고 논평과 격려를 아끼지 않은 이곳의 청중께 깊이 감사한다.

또한 우리는 제니 앤더슨Jenny Anderson, 마지 에브리Margy Avery, 오머 바르토브Omer Bartov, 피터 버크Peter Burke, 제니퍼 번스Jennifer Burns, 헤럴드 쿡Harold Cook, 사이먼 드데오Simon DeDeo, 맷 데스몬드Matt Desmond, 폴 프리드먼Paul Freedman, 스텔라 게르바스Stella Ghervas, 존 길리스John Gillis, 톰 그리피스Tom Griffiths, 린 헌트Lynn Hunt, 대니얼 뷔테Daniel Wütte, 제러미 케슬러Jeremy Kessler, 댄 스마일Dan Smail, 아나 수Anna Su, 존 위트John Witt, 그리고 대니얼 울프Daniel Woolf의 응답에 깊이 감사한다. 이에 더해 우리는 이 책의 제1장과 제2장의 논의에 기초한 논문의 출판을 도와준 《아날: 역사와 사회과학Annales. Histoire, Sciences Sociale》의 편집자, 특히 에티엔 앙에임Etienne Anheim과 앤트완 릴티Antoine Lilti에게 고마움을 전한다.

『역사학 선언』은 단순히 두 저자 간의 협업만 아니라 이들과 케임브리지 대학 출판부와의 협업에 기초한 독특한 책이다. 놀라운 통찰력을 지닌 편집자 리처드 피셔Richard Fisher는 케임브리지 대학 출판부의 책임자로 처음부터 우리의 문제의식을 지지해주었다. 하지만 리즈 프렌드-스미스Liz Friend-Smith의 편집자로서의 정열과 열정 그리고 열의가 없었다면 이 책은 시작은 물론이거니와 끝도 보지 못했을 것이 분명하다. 크리스티나 사리지안니두Christina Sarigiannidou와 로절린 스콧Rosalyn Scott은 전례를 찾아보기 힘들 정도로 **빡빡한** 출판 일정을 침착하고 흔쾌히 소화해냈고, 바버라 도체티Barbara Docherty는 마지막 결승점을 향한 정신없는 질주 동안 이상적인 교정 담당자였으며, 캐럴라인 디프비엔Caroline Diepeveen은 기록적인 시간 내에 완벽한 색인을 만들어주었다.

『역사학 선언』의 자유로운 무료 이용과 온라인 출판에 대한 케임브리지 대학 출판부의 지대한 관심은 혁신적이고 획기적이었다. 우리는 이 실험이 촉발할 더 많은 토론을 환영하며, historymanifesto.cambridge.

org를 통해 대화에 참여하기를 권한다.

프로비던스, 로드아일랜드에서 조 굴디

시드니에서 데이비드 아미티지

한국어판 서문

한국의 독자 여러분께 『역사학 선언』을 소개할 수 있게 되어서 영광스럽고 기쁘다. 무엇보다 이 책을 한국어로 번역, 출판하기로 동의해준 한울엠플러스에 감사의 말을 전한다. 그리고 한국의 독자 여러분께서는 이 번역을 위해 소중한 시간과 지식을 기꺼이 할애해준 안두환 박사에게 큰 빚을 지고 있다.

이 책의 공저자인 조 굴디와 나는 『역사학 선언』이 널리 읽히기를 바랐지만, 이 책이 영어권 밖에서 어느 정도의 관심을 받을 수 있을 것인지에 대해서는 상상조차 하지 못했다. 현재까지 이 책은 25개 나라에서 서평과 논의의 대상이 되었으며, 이미 중국어, 이탈리아어, 스페인어, 그리고 터키어로 번역이 되었을 뿐만 아니라 조만간 일본어와 포르투갈어로도 번역이 될 예정이다. 우리는 이 책에서 역사학이 위기에 처해 있으며, 세계 일부 지역에서는 당면한 사회 문제와 어떠한 관련도 없는 학문으로 전락하고 있는 듯 보인다고 주장했다. 우리는 역사학의 의미와 미래에 대해 일반적인 차원에서 주장을 하고자 했지만, 우리의 주장은 명백히 영국과 미국의 관점에 기반을 둔 것이었다. 이 책에 대한 반응은 특히 미국과 영국에서는 적대적이었지만, 미국과 영국 밖에서는 대단히 호의적이었다. 『역사학 선언』에 대한 전 지구적인 관심은 역사학의 미래에 매우 희망적인 징표이다. 우리는 『역사학 선언』이 한국의 독자 여러분께도 마찬가지로 자극과 영감이 될 수 있기를 희망한다.

안두환 박사는 출판에 앞서 내게 한국어판 서문을 대신해 『역사학 선언』이 역사학자로서 나 자신의 연구 궤적과 어떻게 맞물리는지 짧게나마 설명을 해달라고 요청했다. 이와 관련해 우선 언급해야 할 점은 이 책이 내가 집필하려고 의도하지도 또 집필할 것이라고 생각하지도 않은 책이라는 사실이다. 물론 상당수의 학자가 자신의 분야가 가지는 의미와 나아갈 바에 대해 중요한 주장을 하고 싶은 야심을 가지고 있지만, 나나조 굴디는 그와 같은 포괄적인 목표를 설정하고 있지 않았다. 분명 나는 역사 서술 전반에 대해 계속 관심을 갖고 있었으며, 나 자신이 연구했던 여러 분야의 현황과 미래의 전망에 대한 고찰을 꾸준히 내놓았다. 예를 들어, 나는 영국 제국의 역사, 대서양사(대서양과 대서양을 둘러싼 대륙의 역사), 국제정치 사상의 역사(국제관계 개념의 역사), 그리고 지성사 전반에 대해 그 나름의 고찰을 출판해왔다. 이들 논문 대부분은 구체적인 제안을 받아서 작성되었거나, 아니면 다양한 단행본 역사서를 준비하는 과정 중에 나온 부산물이었다. 하지만 나는 『역사학 선언』과 같이 포괄적인 개입을 하고자 하는 원대한 계획을 수립하고 있지 않았으며, 공적 영역에서 역사학과 역사학자의 역할에 대한 전 지구적인 논의를 촉발시키고 싶다는 생각은 더더욱 갖고 있지 않았다.

다른 수많은 책과 마찬가지로 『역사학 선언』은 우연한 만남의 결과이다. 물론 돌이켜 보면 이와 같은 우연한 만남이 모두 그러하듯 이 역시 지난 수년 혹은 지난 수십 년 동안의 흐름 위에서 이루어진 것이라 볼 수 있다. 『역사학 선언』을 낳은 우연한 만남은 나와 나의 공저자 둘 다 유달리 광범위한 시간에 대한 연구 프로젝트를 수행하고 있었다는 사실에서 기인한다. 나는 고대 로마에서 현재에 이르기까지 내전의 지성사에 대해 고민을 하고 있었고, 조 굴디는 19세기 이래 영국 제국에서 토지 개혁의 역사를 다룬 책을 마무리짓고 있었다. 우리는 둘 다 각자의 분야인 지성사와 근대 영국사에서 전통적인 시간 범위를 확장시키고 있다는 사실을 깨달았다. 또한 나는 당시 하버드 대학의 역사학과 학과장으로 어떻게 하면 더 많은 학생들이 역사학 수업을 듣도록 할 수 있을 것인지, 그리고 학생들이 역사학에 관심을 가지도록 하기 위해서는 어떠한 종류의 수업 — 특히 큰 주제를 큰 범위와 긴 시간의 역사 속에서 다루는 수업 — 을 개설해야 하는지에 대해 학과의 여러 동료와 함께 고민을 하고 있었다. 적어도 나에게 『역사학 선언』은 내 연구 질문의 산물이자 동시에 내가 속한 학과를 이끌어가면서 직면한 여러 도전의 산물인 것이다. 특히 학과장으로서의 책무는 나에게 역사학 분야 전반의 방향에 대해 생각해볼 충분한 기회를 가져다주었다.

조와 내가 각자의 책을 쓰면서 겪었던 현실적인 어려움에 대해 격의 없이 나누었던 대화는 우리의 생각을 정리한 세미나 발표문으로, 이는 다시 프랑스의 저명한 역사학 학술지 《아날》에 게재된 논문으로, 그리고 이후 케임브리지 대학 출판부의 권유에 따라 단행본으로 발전되었다. 『역사학 선언』이 보여준 영향력의 적어도 일부는 별도의 웹사이트 (historymanifesto.cambridge.org)를 통해 무료로 이 책을 온라인상에서 제공하기로 결정한 케임브리지 대학 출판부의 창조적이고 관대한 투자 덕분이라고 할 수 있다. 이로써 『역사학 선언』은 케임브리지 대학 출판부의 첫 번째 오픈 액세스open-access 출판물이 되었다. 이렇게 참신하고 획기적인 방법으로 세상의 빛을 본 조와 나의 우연한 만남의 결과는 역사학에 대한 논쟁을 세계 곳곳에서 불러일으켰으며, 논쟁은 『역사학 선언』이 새로운 언어로 번역되면서 계속 이어지고 있다.

『역사학 선언』의 핵심 주장은 단기적인 사고가 지배하는 시대에 역사 학자는 자신의 동료 시민에게 어떻게(그리고 왜) 더 긴 시간의 범위에 대해 고민해야 하는지 알려주는 특별한 역할을 맡는다는 것이다. 역사를 가르치고 연구해온 지난 25년을 이제 와 되돌아보니 내가 역사학자로 해왔던 거의 모든 작업에 이 같은 목표 — 전통적인 역사 서술의 지평과 경계의 확장과 확대 — 가 깊게 스며들어 있다는 생각이 든다. 내 첫 번째 책인 『영국 제국의 이데올로기적 기원Ideological Origins of the British Empire』(2000)은 적어도 다음의 세 가지 방식으로 영국 제국사의 경계를 허물었다. 우선, 영국이 대서양 지역에서 제국을 건설하는 과정을 영국과 아일랜드에서 국가를 건설하는 과정과 결부시켜 살펴보았기에 그러했다. 다음으로 '첫 번째' 영국 제국(미국 혁명에 이르기까지 대서양 세계에서의 영국 제국)과 '두 번째' 영국 제국(18세기 후반 이후 아시아에서의 영국 제국)을 분리하는 기존의 시각을 의문시했기에 그러했다. 끝으로 1540년대에서부터 1740년대까지 200여 년을 다루고 있다는 점에서 그러했다고 할 수 있는데, 이는 당시 특히 지성사나 제국사 분야에서 역사학자의 첫 번째 연구서에서는 거의 찾아볼 수 없는 긴 시간 단위였다. 당시 나는 전통적인 연대 기술을 이러한 방식으로 깨트릴 의도를 가지고 있지 않았다. 그러나 지금 되돌아보면『역사학 선언』을 포함한 이후의 대부분 연구에서 내가 추구하는 바가 바로 이것이었구나 하는 생각이 든다.

다음 책인『독립 선언: 지구사Declaration of Independence: A Global History』(2007)에서 나는 기존 역사 연구의 틀을 문제시하는 동시에 더 많은 독자 대중을 일깨우기 위해 역사 연구를 활용하고자 했다. 이 책은 미국에 대한 9·11 테러 공격 이후 미국 외교 정책이 국제 사회와의 협력을 중단하는 방향으로 선회하고 있는 듯 보일 무렵 출판되었다. 나는 1776년 미국 독립 선언에 담긴 국제법 담론의 존재에 관심을 가지고 있었으며, 설령 21세기 초 미국이 그와 같은 유산에 등을 돌리고 있는 것처럼 보일지라도 미국의 탄생은 국제적이었다는 사실을 상기시켜주고 싶었다. 나는 가장 미국적인 문서라 할 수 있는 미국 독립 선언을 다양한 국제적이고 지구적인 맥락 속에 위치시키고자 했다. 즉 나는 1776년 미국 독립 선언이 그것이 공표된 무렵부터 시작해 이후 수십 년에 걸쳐 세계 곳곳으로 전파되는 과정, 그리고 특히 탈식민지화와 반제국주의 분리 독립을 통해 등장한 수많은 신생국의 독립 선언에 영감으로 작동한 과정을 추적하고 싶었다. 이러한 탐구를 통해 찾아낸 패턴은 근대적인 국가들의 세계가 전근대적인 제국들의 세계로부터 나왔다는 사실을 입증하는 데 도움이 되었다. 이와 같은 목표로 인해 나는 200여 년이 넘는 시간 속에서 거의 모든 대륙을 살펴보았으며, 이러한 지평의 확장은 이후 내가 일반적으로 역사학계에서 통용되는 시간 단위를 거부하는 연구를 할 수 있도록 자신감을 북돋아주었다.

다음 책 『근대 국제정치 사상의 토대Foundations of Modern International Thought』(2013)에서도 나는 17세기 초반에서 19세기 중반에 이르는 200여 년의 시간을 다루었다. 서로 연관된 이 책의 각 장은 어떻게 해서 우리가 국가들로 이루어진 세상에 살고 있다고 믿게 되었는지, 그리고 서서히 자리 잡은 그러한 생각이 토머스 홉스Thomas Hobbes에서 제러미 벤담Jeremy Bentham 그리고 벤담 이후의 주요 정치 이론가의 작업에 얼마만큼 영향을 주었는지 — 또 역으로 이들의 작업으로부터 그러한 생각이 얼마만큼 영향을 받았는지 — 를 캐물었다. 나의 문제의식은 오늘날 위아래에서 도전을 받고 있는 국가에 대한 염려에서 발전된 것이며, 나는 오늘날 우리의 불만의 기원을 찾고자 수 세기를 거슬러 올라가 파헤쳤다. 『독립 선언: 지구사』처럼 『근대 국제정치 사상의 토대』도 국가 형성에 관한 것이었다. 반면 그다음으로 나온 책은 장기 지속longue durée 동안 내전의 역사에 대한 연구이며, 나는 여기서 국가 해체의 문제를 주제로 삼았다. 조굴디와 내가 의견을 교환하기 시작했을 무렵 나는 이 책과 씨름하고 있었다. 굴디와 내가 공저한 논문과 『역사학 선언』은 이제 막 『내전: 사상 속의 역사Civil Wars: A History in Ideas』(2017)란 제목으로 출판된 바로 그 새로운 연구 프로젝트에 따른 도전에서 배태된 것이다.

『역사학 선언』이 이론이라고 한다면, 『내전: 사상 속의 역사』는 실천이라 할 수 있다. 『내전: 사상 속의 역사』는 내전이란 개념을 그것이 기원한 고대 로마에서부터 이라크와 시리아와 같은 나라의 내전에 대한 작금의 논쟁에 이르는 긴 역사 속에서 새롭게 구성해보고자 했다. 따라서 이 책은 지난 2000년에 걸친 논쟁을 다루고 있는 것이다. 물론 『역사학 선언』에서 우리가 적극 권고했듯이, 『내전: 사상 속의 역사』도 긴 시간의 범위를 다루고 있지만 단행본에서 내전의 의미와 적용에 대해 이렇게 논한다는 것은 여전히 최근까지도 나와 같은 지성사가에게는 대단히 야심 찬 시도이다. 사실 장기적인 지성사는 관념사history of ideas라 알려진 분야의 영역이며, 특히 1930년대와 1940년대에 활동한 미국의 철학자이자 역사학자인 아서 러브조이Arthur O. Lovejoy와 관련된 것이다. 러브조이와 같은 이가 추구한 관념사는 이후 자연nature이나 거대한 존재의 사슬great chain of being과 같은 거대한 관념의 일대기를 마치 그것을 사용하는 주체로서 인간의 의도와는 아주 동떨어진 초인간적인 영역에 존재하는 플라톤적인 이상Platonic ideal인 양 재구성하고 있다는 지적을 받았다. 관념사를 비판한 여러 학자가 내놓은 해법은 더욱더 정교한 맥락화였으며, 이는 종종 몇 달 혹은 몇 년의 시간 단위를 연구 범위로 삼는 것을 뜻했다. 그와 같은 접근법은 특히 정치사상사 분야에서 지배적인 접근법이 되었다. 내가 "사상 속의 역사history in ideas"라고 명명한 더 세밀하고 복잡한 것을 지성사가가 구축하는 일은, 즉 행복과 천재성, 관용과 상식, 그리고 재산과 민주주의와 같은 개념을 수 세기 혹은 1000년이란 시간 속에서 다루는 일은 매우 큰 용기가 요구되는 일이 되었다. 서양에서만 아니라 전 지구적으로 이루어진 정치 논쟁의 주요 개념을 2000년이 넘는 시간 속에서 다양한 역사적 맥락에 대한 고찰을 통해 분석하고 있는『내전: 사상 속의 역사』는 이에 그와 같은 새로운, 점점 더 긴 시간의 범위를 다루는, 그럼에도 여전히 대단히 엄밀하게 이루어진 연구 중 하나라 하겠다.

『내전: 사상 속의 역사』는 어떤 것이 내전이고 어떤 것이 내전이 아닌지에 대한 오늘날 우리의 혼동의 기원이 내전이란 용어가 발명된 로마 공화정 시대로 거슬러 올라가는 논쟁에 있다고 주장한다. 나는 로마의 내전 개념이 어떻게 로마의 역사서와 시 그리고 수사학을 통해 수 세기를 걸쳐 전승되면서 적어도 18세기까지 내전에 대한 이해의 바탕이 되었는지 보여주고자 했다. 미국 혁명과 프랑스 혁명의 시대인 18세기, 내전은 처음으로 혁명에 대한 논의와 깊은 관련을 맺었으며, 그로써 오늘날까지 이어지고 있는 광범위한 정치 폭력과 변화의 본질에 대한 논쟁을 주도했다. 내전의 지성사에서 다른 전환은 19세기 중반, 미국 남북 전쟁 당시 내전이 전쟁법의 문제로 다루어지기 시작하면서 이루어졌다. 그리고 또 다른 전환은 20세기 말 전 지구적 갈등에 관한 정보를 담은 거대한 데이터베이스를 구축하고자 한 일련의 사회과학자가 지난 두 세기 동안 세계 각지에서 발생한 내전을 분석하면서 이루어졌다.『내전: 사상 속의 역사』는 내전을 둘러싼 오늘날 우리의 혼동과 논쟁을 이해하기 위해서는 어째서 지난 1000년의 시간에 걸쳐 진행된 내전에 대한 논의의 역사 전반을 꿰차고 있어야 하는지를 밝히고 있다. 바로 이러한 까닭으로『내전: 사상 속의 역사』는『역사학 선언』의 핵심 주장을 적용한 한 사례일 뿐이라고 말할 수 있다. 즉 현재를 이해하고, 미래에 대비하기 위해서, 우리는 과거, 종종 아주 먼 과거를 알아야만 한다는 것이다.

『역사학 선언』의 주장은 역사가 일부 경제학자가 주장하는 바와 달리 단순한 경로의존성path dependency의 문제로 환원될 수 없다는 것이다. 미래가 반드시 과거의 도랑을 따라 나아갈 필요는 없다. 과거로 되돌아가

가지 않은 길을 살펴보는 것이 가능하듯이, 도랑에서 벗어나 새로운 방향으로 나아가는 것도 가능하다. 현재 우리가 가진 불만의 뿌리를 알아내고자 한다면, 우리는 수십 년이나 수 세기 심지어는 1000년의 시간을 살펴봐야 한다. 그리고 우리가 상상력을 발휘해 미래에 대해 우리 나름대로 의미 있는 예견을 하고자 한다면, 우리는 과거를 깊이 파고들어야 한다. 바꿔 말해, 우리가 이 책에서 인용한 한 연설에서 윈스턴 처칠Winston Churchill이 지적한 바 있듯이, "더 멀리 뒤돌아볼수록 더 멀리 내다볼 수 있다the longer you can look back, the further you can look forward". 역사학은 과거에 대해서만 아니라 현재와 미래에 대해서도 윤리적 책임을 갖는 앞을 내다보는 학문이다. 『역사학 선언』이 전달하고자 하는 가장 중요한 메시지는 바로 이것이다. 나는 이 같은 주장이 세계의 다른 곳에서 그러했듯이 한국에서도 큰 반향을 일으키기를 희망한다.

참고문헌

David Armitage, *The Ideological Origins of the British Empire*(Cambridge, 2000).

David Armitage, *The Declaration of Independence: A Global History* (Cambridge, Mass., 2007).

David Armitage, *Foundations of Modern International Thought*(Cambridge, 2013).

David Armitage, *Civil Wars: A History in Ideas*(New York, 2017).

David Armitage, "What's the Big Idea? Intellectual History and the *Longue Durée*", *History of European Ideas* 38, No. 4(December 2012), 493-507.

David Armitage, "Horizons of History: Space, Time, and the Future of the Past", *History Australia* 12, No. 1(April 2015), 207-25.

David Armitage, Deborah Cohen, Jo Guldi, and Peter Mandler, "AHR Exchange: *The History Manifesto*", *American Historical Review* 120, No.

2 (April 2015), 530-54.

David Armitage, Jo Guldi, Lynn Hunt, Christian Lamouroux, Claire Lemercier, Claudia Moatti, and Francesca Trivellato, "La Longue Durée en Débat", *Annales. Histoire, Sciences Sociales* 70, No. 2 (April-June 2015), 289-78.

David Armitage, Karine Chemla, Liu Dun, Ivan Flis, Stephen Gaukroger, Jo Guldi, J. L. Heilbron, Noortje Jacobs, Daniel J. Kevles, Jane Maienschein, Naomi Oreskes, Antonella Romano, Thomas Söderqvist, Evina Steinova, Edna Suárez-Díaz, and Paul Wouters, "Viewpoint: *The History Manifesto*", *Isis* 107, No. 2 (June 2016), 309-57.

서론
인문학의 위기?

유령이 이 시대를 떠돌고 있다. 단기short term라는 유령이.

우리는 거시적인 사고의 결핍으로 특징되는 갈수록 심각해져만 가는 위기 상황 속에서 살고 있다. 해수면 상승이 저지대 마을과 해안 지역을 위협하고 있음에도 세계의 도시들은 쓰레기를 쏟아내고 있을 뿐만 아니라, 사람들은 미래 세대에게 넘겨줄 바다와 육지 그리고 지하수를 오염시키고 있다. 우리는 국가 간 불평등의 감소에 따라 국가 간 위계가 중국이 마지막으로 세계 경제를 지배했던 18세기 말 이래 겪어보지 못한 상황으로 회귀하고 있는데도 국내적으로는 경제적 불평등의 심화를 목도하고 있다. 아마도 우리는 안전한 곳은 어디이며, 자유는 어디에 있을까라고 물어야 할 것이다. 우리의 아이들은 어디를 자신의 집이라고 부를 수 있을까? 이와 같은 중대한 변화에, 설령 있다면 누가 대응할 채비를 하고 있는지 물어볼 수 있는, 거시적으로 사고하는 공적 기구는 존재하지 않는다. 그 대신 우리의 삶의 거의 모든 문제는 몇 달 혹은 몇 년 정도의 시간에 맞추어 구상되고 판단되며, 일괄되고 비용이 지출된다. 이들 계획을 단기적인 사고의 틀에서 벗어날 수 있도록 해줄 기회는 별로 없다. 사실 긴 시간에 대한 문제를 제기하는 것 자체도 그리 의미 있어 보이지 않는다.

항구적인 선거 운동의 시대, 정치인들은 다음 선거에서 이기기 위해서만 계획을 수립한다. 정치인들은 아이들과 손자·손녀에 대해 연설하지만, 결국 주된 이슈를 결정하는 것은 2년에서 7년밖에 되지 않는 선거 주기이다. 그 결과 무너지는 기간 시설이나 학교 예산은 점점 감소하는 데반해 지금 당장 일자리를 만들 수 있는 제안에는 훨씬 많은 예산이 배정된다. 대부분 기업의 임원진 회의 역시 동일한 단기적인 시각에 입각해기업의 미래를 기획한다. 사분기는 곧 경영자들이 정기적으로 이익을 내야 한다는 것을 뜻한다.[1] 인적 자원에 대한 장기적인 투자는 대차대조표에서 사라지고 있으며, 따라서 삭감되고 있다. 국제 기구, 인도주의 단체, 비정부 기구도 동일한 논리를 따라 매년 혹은 최대 3년 주기로 프로그램을 짜야 한다. 이렇게 볼 때 정부 관료에서부터 기업 임원에 이르기까지 혹은 유권자와 국제 원조 수혜자에 이르기까지 그 어느 누구도 단기주의short-termism의 상존하는 위협으로부터 벗어날 수 없다.

물론 이 같은 흐름을 거부하는 이들도 있다. 1998년 캘리포니아의 사이버 - 이상향주의자cyber-utopian인 스튜어트 브랜드Stewart Brand는 더 긴 시간에 대한 고민을 고취하고자 롱나우 재단Long Now Foundation을 설립했다. 브랜드는 "우리 문명은 이상할 정도로 짧은 시간에만 빠른 속도로 주목하고 있다. 근시안에 균형을 맞추기 위한 일종의 조치가 시급하다. '장기long term'가 적어도 수 세기 정도로 측정되는 장기적인 시각과 장기적인

---

1 Alfred Rappaport, *Saving Capitalism from Short-termism: How to Build Long-term Value and Take Back Our Financial Future*(New York, 2011); Dominic Barton and Mark Wiseman, "Focusing Capital on the Long Term", *Harvard Business Review* 92, 1-2 (January-February 2014), 44-51.

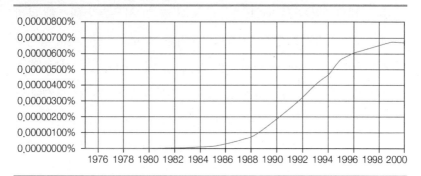

도표 1 1975년 무렵부터 2000년 사이 '단기주의' 개념 사용

자료: 구글 앤그램 뷰어Google Ngram Viewer.

책임을 지는 것을 독려하는 기제나 신화와 같은 것이 필요하다"라고 적
었다. 단기주의의 문제에 대한 브랜드의 카리스마적인 해법은 시간을 수
세기가 아닌 수천 년을 기준으로 측정할 목적으로 발명된, 1만 년을 기준
으로 시간을 재는 기계인 롱나우의 시계Clock of the Long Now이다.[2]

  하지만 우리 문화에서 장기적인 관점은 여전히 부족하다. 심지어 이
질병은 '단기주의'라는 명칭도 부여받았다. 단기주의를 따르는 이들은
수도 없이 많지만, 단기주의를 옹호하는 사람은 찾아보기 힘들다. 단기
주의는 오늘날 우리의 제도 속에 너무나 깊게 뿌리내리고 있어서 무심코
따르지만 정당화는 드문, 그에 대한 불만은 많지만 철저히 분석되지 않
는 관습이 되어버렸다. 적어도 영어권에서 그에 이름을 붙인 것은 1980
년대이며, 따라서 단기주의라는 용어의 사용 빈도가 현저하게 높아진 것
은 그 이후이다(도표 1 참조).

  지금까지 단기주의에 대한 분석 중 가장 야심 찬 분석은 미래 세대를

---

2 Stewart Brand, *The Clock of the Long Now: Time and Responsibility*(New
   York, 1999), 3: http://longnow.org/.

위한 옥스퍼드 마틴 위원회Oxford Martin Commission for Future Generations의 분석이다. 세계무역기구World Trade Organization의 전 사무총장 파스칼 라미Pascal Lamy가 의장직을 맡은 이 특별위원회는 2013년 10월 「이제 장기적인 시각으로Now for the Long Term」란 보고서를 내놓았다. 보고서는 "현대 정치에서 점증하는 단기주의와 우리의 미래를 좌우할 크나큰 도전에 맞서고자 하는 의지를 꺾는 마비 상태에서 헤어나오지 못하고 있는 우리의 집단적인 무능력에 초점을 맞추고" 있었다. 보고서의 목소리는 암울했으나, 그것이 목표하는 바는 선견지명으로 미래를 지향하고 있었다. 보고서의 표어는 보고서의 서문에 인용된 전 프랑스 총리 피에르 맹데스 프랑스Pierre Mendès France의 다음 어구라고 할 수 있다. "통치란 예견하는 것이다gouverner, c'est prévoir, to govern is to foresee."[3]

단기가 아니라 장기를 상상하는 것은 그렇게 어렵지 않을 수도 있다. 하지만 장기주의를 실천하는 것은 훨씬 더 어려울 수 있다. 기관이나 개인이 미래를 들여다보고 싶어도 어떻게 해야 하는지에 대해 아는 바가 너무나 없다. 우리는 흔히 사실 대신 이론에 의존한다. 예컨대, 우리는 역사에는 종말이 있으며, 세계는 뜨겁고 평평하며 붐빈다고 들었다.[4] 우리는 모든 인간사가 물리학에 기초한 모델로 환원 가능하며, 경제학이나 정치학에 의해 해석될 수 있으며, 혹은 수렵과 채집으로 연명한 우리의 조상으로 거슬러 올라가는 진화론에 의해 설명될 수 있다고 읽었다. 신문 논설에서는 경제학 모델을 일본 씨름 선수에, 구석기 시대에 관한 인류학 연구를 남녀 간의 만남에 적용하고 있다.[5] 이 같은 시도는 뉴스에서

---

3 Pascal Lamy *et al.*, *Now for the Long Term: The Report of the Oxford Martin Commission for Future Generations*(Oxford, 2013), 6, 9.

4 Francis Fukuyama, *The End of History and the Last Man* (New York, 2006); Thomas L. Friedman, *Hot, Flat, and Crowded: Why We Need a Green Revolution — And How It Can Renew America*(New York, 2008).

되풀이해 다루어지고 있으며, 이를 주장한 이들은 지식인으로 널리 추앙을 받고 있다. 그들 대부분은 우리 세상을 지배하는 불변하는 힘에 초점을 맞추고 있는 듯 보인다. 그러나 그들은 국제경제의 위계질서의 변화나 성 정체성의 변화 혹은 우리 시대 이루어진 은행의 구조 조정을 설명하지는 않는다. 그들의 대화 속에서 우리와 관련되어 있으며 또 우리가 파악할 수 있는 우리 주변을 관찰하고 있는 장기적인 변화가 있다는 사실을 알아채기란 쉽지 않다. 우리 주변의 세계는 분명히 변화의 세계이며, 어떠한 모델로도 환원될 수 없다. 이와 같은 깊은 시간의 진동을 끈기를 가지고 지켜보고, 다른 이에게 그것을 풀이해주도록 훈련을 받는 이는 누구일까?

　미래를 탐색할 임무를 맡았다고 자처하는 이들조차 과거는 대개 근시안적으로 살핀다. 스튜어트 브랜드의 롱나우의 시계는 1만 년을 앞서 가리키고 있지만, 뒤로는 거의 한 세기도 보지 않고 있다. 마틴 위원회는 다양한 '메가트렌드megatrends' — 예를 들어 인구 증가, 이민과 고용, 불평등과 지속 가능성, 보건 진료 — 의 증거를 찾고자 했지만, 위원회에는 그것이 일생 동안 혹은 진정으로 장기간인 수 세기나 수천 년 동안 얼마나 변해 왔는지 가르쳐줄 역사학자가 단 한 명도 포함되어 있지 않았다. 사실 마틴 위원회가 「이제 장기적인 시각으로」에서 언급한 예 중 1940년대 이전의 것은 거의 없다. 보고서의 관련된 부분 제목이 「앞을 보기 위해 뒤를 보기Looking Back to Look Forward」이지만, 이들 자칭 미래학자들이 즐겨

5　이 같은 대중화의 영감은 다음과 같은 연구에서 나왔다. Steven D. Levitt and Stephen J. Dubner, *Freakonomics: A Rogue Economist Explores the Hidden Side of Everything* (New York, 2005); Gregory Clark, *A Farewell to Alms: A Brief Economic History of the World* (Princeton, NJ, 2007); and Francis Fukuyama, *The Origins of Political Order: From Prehuman Times to the French Revolution* (New York, 2001).

사용한 대부분의 증거는 기껏해야 지난 30년 사이의 것이다. 이러한 근 시적인 역사관은 마틴 위원회가 극복하고자 시도하고 있는 단기주의의 증상일 따름이다.

우리 주변의 세계는 장기적인 사고에 진정으로 목말라하고 있다. 정치학과에서, 저녁 식사 자리에서, 세계 도처의 시민들은 지지부진한 정치 상황과 양당제의 한계에 대해 불만을 쏟아내고 있다. 자유 방임laissez-faire 자본주의를 대체할 대안의 부족은 세계은행World Bank에서부터 세계 무역 기구에 이르기까지 오늘날 세계 거버넌스governance의 특징이다. 환율, 국가, 그리고 해수면은 오르락내리락한다. 심지어 한 세대 이전 가장 안전한 일자리였던 선진국의 전문직도 더는 안정적이지 않다. 이렇게 변덕스러운 삶의 여정을 헤치고 나아가기 위해 개인은 어떠한 종류의 교육을 받아야 할까? 젊은이들이 듣고 소통하는 것만 아니라 제도를 평가하고, 어떠한 기술이 유망한지 어떠한 기술은 사라질 것인지 파악하고, 또 정부와 시장 그리고 이 양자의 관계에 대해 유연하게 사고할 수 있도록 하려면 무엇을 해야 할까? 그리고 어떻게 이를 우리가 어디에서 왔는지 그리고 우리가 어디를 향해가고 있는지 이해하면서 할 수 있을까?

*　*　*　*　*　*

사실 미래를 보기 위해 과거에 대해 생각하는 것은 그리 어렵지 않다. 우리 대부분은 어느 가정에서나 찾아볼 수 있는 세대 간의 갈등을 통해서 변화를 처음으로 인지한다. 우리는 심지어 이러한 가족 내의 교류 속에서도 미래를 보기 위해 과거를 되돌아본다. 또한 시민운동가나 기업인과 같이 상황 인식이 빠른 이들 역시 매일매일의 활동에서 과거에서 현재 그리고 미래로의 변화에 대한 본능적인 감각에 의존하고 있다. 부자들이 개발업자보다 먼저 빈민가였던 곳으로 이동한다는 사실을 알아챈

부동산 투자자의 경우에서처럼, 동시대의 다른 이들보다 먼저 중요한 경제적 변동을 알 수 있다면 엄청난 부를 쌓을 수 있다. 월스트리트 점령 Occupy Wall Street과 같은 저항은 정치적 변화와 기업의 유례없는 권력 축적 그리고 이전 관련 법안의 철회를 사람들이 알아차렸기에 발생했다. 나이나 안정적인 수입 여부와 상관없이 우리 모두는 변화하는 세계를 이해하고자 노력을 경주하고 있다. 모든 경우에서 과거와 미래의 관계를 파악하는 것은 앞으로의 상황에 대처하는 데 매우 중요하다.

하지만 누가 이러한 변화를 장기적인 발전의 관점에서 연구하는가? 우리 공동의 과거에 대한 기록을 통해 밝은 미래를 설계하는 이를 돕는 이는 누구인가? 100년이 넘는 시간과 시대는 언론인이 관심을 가지고 살펴보기에는 너무나 깊고 넓다. 100년이 넘는 시간과 시대가 오늘날 의미가 있고, 예측 가능한 연속선상에 있다는 점을 간파한 언론인은 극히 드물다. 누가 그 같은 심오한 시간의 진동을 끈기를 가지고 관찰하고, 다른 이에게 그것을 설명하도록 훈련을 받는가?

대학은 더 긴 시간에 대해 사고하는 장으로서 특별한 지위를 누려왔다. 역사적으로 볼 때, 대학은 인류가 만든 제도 중 가장 변화에 유연하고 변화를 가장 잘 견디어낸, 가장 오래된 제도 중 하나이다. 인도 비하르에 있는 날란다 대학은 지금으로부터 1500년도 이전에 불교 기관으로 설립되었으며(427), 현재 배움의 전당으로 다시 태어나고 있다(2009). 볼로냐 대학(1088), 파리 대학(c.1150), 옥스퍼드 대학(1167), 케임브리지 대학(1209), 살라만카 대학(1218), 툴루즈 대학(1229), 하이델베르크 대학(1386) 등과 같은 유럽의 저명한 대학은 11세기에서 14세기 사이 설립되었으며, 페루와 멕시코에는 하버드 대학(1636)이나 예일 대학(1701)이 설립 허가를 받기 수십 년 전인 16세기 중반에 이미 대학이 설립되었다. 이와는 대조적으로 20세기에 등장한 기업체의 평균적인 이익 반감기는 대략 75년으로 측정된다. 대부분의 대학에 견줄 만큼 오랜 역사를 지닌 기

업은 현재 두 개뿐이다.[6]

종교 기관과 더불어 대학은 전통의 매개자이자 심오한 지식의 수호자이다. 대학은 수익이나 즉각적인 적용을 떠나 연구에 매진할 수 있는 혁신의 중심이어야 한다.[7] 대학이 장기적인 자원을 가지고 장기적인 질문에 대해 고민하는 장이 될 수 있었던 것은 바로 그와 같은 상대적인 무관심 때문이다. 오세아니아에서 가장 오래된 대학인 시드니 대학(1850)의 부총장이 지적했듯이, 대학은 "장기적인 연구와 기반 시설에 집중된 연구에 투자할 수 있는 유일한 주자이다. … 기업은 대개 수년간의 투자를 통해 수익을 추구한다. 만약 대학이 그와 비슷한 방식을 취한다면 20년, 30년, 혹은 50년의 시간 범위에 대한 연구를 지원할 수 있는 기관은 지구상에 더는 존재하지 않을 것이 확실하다".[8]

하지만 수익과 상관없이 긴 기간에 대한 연구의 수행을 지원하는 대학의 독특한 능력이 장기적인 사고 자체와 마찬가지로 위험에 처해 있는 듯하다. 대학의 역사 전반에 걸쳐 전통을 계승하고, 전통을 비판적으로 검토하는 책무는 인문학이 맡아왔다.[9] 현재 인문학에는 언어와 문학, 미술과 음악, 그리고 철학과 역사에 대한 공부가 포함되어 있지만, 본래는 논리학이나 수사학과 같은, 하지만 법학이나 의학 그리고 신학은 제외

---

6 "The World's Oldest Companies", *The Economist* (16 December 2014): www.economist.com/node/3490684.

7 Stefan Collini, *What Are Universities For?* (London, 2012); Andrew McGettigan, *The Great University Gamble: Money, Markets and the Future of Higher Education* (London, 2013).

8 Michael Spence, "How Best to Measure the Value of Research", *The Chronicle of Higher Education* (8 August 2013): http://chronicle.com/blogs/worldwide/how-best-to-measure-the-value-of-research/32765.

9 Rens Bod, *A New History of the Humanities: The Search for Principles and Patterns from Antiquity to the Present* (Oxford, 2013).

된, 모든 비전문 분야를 망라했다. 인문학 교육의 궁극적인 목표는 도구적이 되지 않도록 하는 데 있었다. 중세 대학이 근대 연구 중심 대학으로 변모하면서, 그리고 사립 대학이 공적 통제와 공적 자금에 종속되면서, 인문학의 목적은 점차 시험받았고 의문시되었다. 적어도 지난 세기 동안 인문학을 가르치고 공부하는 곳이라면 인문학의 '적실성relevance'과 '가치value'는 무엇인지에 대한 논쟁을 치러야 했다. 인문학을 옹호하는 측의 중심된 주장은 인문학이 수백 년 동안 아니 수천 년 동안 가치에 대한 질문을 후대에 넘겨주었을 뿐만 아니라 가치 그 자체에 대해서도 질문을 해왔다는 것이었다. 단기주의에 대항할 수단은 당연히 인문학에서 출발할 수밖에 없다.

그러나 도처에서 인문학이 '위기'에 처했다는 말이 나오고 있다. 특히 미국 역사학회American Historical Association 회장을 역임한 린 헌트Lynn Hunt는 최근 "역사학 분야 자체가 위기이며, 이는 단순히 대학의 예산 문제가 아니다"라고 주장하기도 했다.[10] 이러한 주장은 전혀 새롭지 않다. 역사적인 관점의 이점은 인문학이 적어도 지난 50년 동안 계속 위기에 봉착해왔다는 사실을 아는 데 있다. 이 같은 위협은 나라마다 시기마다 차이가 있었다. 그러나 주적의 일부는 어디에서나 언제나 같았다. 인문학의 발견은 소위 '하드hard'한 과학과 비교해볼 때 '소프트soft'하고 불명료한 것처럼 보인다. 인문학은 경제학이나 법학처럼 전문직을 준비하는 분야와 대비되어 사치로, 심지어는 탐닉으로 비춰질 수도 있다. 인문학은 소프트웨어 회사나 엔지니어링 회사 혹은 제약 회사와 높은 수익을 창출하는 관계를 맺는 치열한 경쟁에서 거의 살아남지 못한다. 그리고 인문학은 면밀한 독해나 추상적인 가치의 음미 그리고 비판적인 사유가 도구적인 사고를 대체하도록 돕는 인문학만의 방법을 무미건조한 것으로 만드는

---

10 Lynn Hunt, *Writing History in the Global Era* (New York, 2014), 1.

새로운 과학 기술에도 취약하다. 인문학의 적들은 그리고 회의론자들은 인문학이 (도움이 되지 않고) 부수적이며, (전혀 새롭지 않고) 구식이며, (새로운 과학 기술에 대한 적응이 빠르지 않고) 나날이 쇠약해지고 있다고 우리를 설득하고 있다.[11]

대학의 위기는 몇 가지 이유에서 날로 심각해져 가고 있다. 교육과 출판을 통한 지식의 축적과 전파는 지난 500년 동안을 통틀어 가장 근본적인 변화를 거치고 있다. 세계 도처에서, 특히 북미에서 학부모들과 학생들은 기록적인 수의 논문을 생산할 수 있는, 하지만 종종 전통적인 학문 분야에 대해서는 무관심한 물리학, 경제학, 신경과학과 같은 유망 분야가 지배하는, 전문적인 기술을 습득하는 특수 기관으로 재조정된 대학을 물려받았다. 더 근래 '인문학의 위기'에 대해서는 많은 토론이 있었으며, 그 이유에 대해서도 광범위하게 논의되었다. 인문학 강좌 수강생의 수는 이전에 비해 분명 확연히 감소했다. 인터넷을 통해 무료로 제공되는 강좌massive open online courses, 약어로 무크MOOCs는 소규모 교육과 선생과 학생 사이의 친밀한 소통의 종식을 예고하는 듯하다. 인문학 분야와 과학 분야 사이의 경계의 변화는 인문학에 대한 그 같은 접근 방식을 구식으로 혹은 불필요한 것으로 보이게 만들 수 있다. 공적 재원과 사적 기부의 감소로 인해 대학은 외부적으로는 가치를 창출하라는 압박을, 동시에 내부적으로는 자신의 능력을 증명하라는 압박을 받고 있다. 인문학을 가르치는 이의 입장에서 보면, 이와 같은 대내외적인 도전에 맞서는 것은 머리가 여럿 달린 히드라Hydra와 싸우는 것처럼 느껴질 수도 있다. 그것은

---

11 영국과 미국에서 인문학에 대한 최근 중요한 변호로는 Louis Menand, *The Marketplace of Ideas* (New York, 2010); Martha Nussbaum, *Not for Profit: Why Democracy Needs the Humanities* (Princeton, NJ, 2010); Jonathan Bate (ed.), *The Public Value of the Humanities* (London, 2011); Helen Small, *The Value of the Humanities* (Oxford, 2013)를 보라.

승리가 매번 새로운 도전을 다시 낳는, 끊임없이 헤라클레스Hercules의 힘을 필요로 하는 영웅적인 시도인 것이다.

학교 행정을 담당하는 이들과 학자들 그리고 학생들 모두가 이와 같은 도전에 함께 맞서 싸우고 있다. 그들은 대학의 고유한 가치, 특히 인문학과 인문학 내 역사적인 사회과학의 가치를 수호하기 위한 방안을 치열하게 모색하고 있다. 무엇보다 그들은 연구 자금 지원, 다음 경제 주기, 혹은 다음 선거에 과도하게 집착하는 분야의 편협한 고민에서 벗어난 전문가를 필요로 한다. 사실 단기주의의 위기 속에서 우리의 세계는 과거와 미래의 관계에 대한 정보를 구할 수 있는 장을 필요로 한다. 우리의 주장은 역사학이, 즉 역사학 분야와 그 연구 대상이 바로 이와 같은 매우 중대한 시기에 우리가 필요로 하는 결정자라는 것이다.

* * * * *

단기주의에 대한 해결책을 대학의 역사학과에서 어떻게든 구해보고자 한 이가 있다면, 적어도 매우 최근까지는 큰 실망을 했을 것이다. 다음 장에서 상술하겠지만, 한때 역사학자들은 상당한 범위를 아우르는 이야기를 했었지만, 대략 40여 년 전부터는 대부분은 아닐지라도 상당수가 이를 그만두었다. 대략 1975년부터 2005년까지 지난 두 세대 동안 역사학자들은 5년에서 15년 사이, 즉 성인의 삶의 기간 정도의 생체적 시간 주기를 연구 대상으로 삼았다. 역사학 연구에서 시간의 압축은 일찍이 독일의 박사과정 체계를 받아들인 이래 전 세계에서 가장 많은 역사학 박사학위를 배출하고 있는 미국에서 연구된 박사학위 논문에서 다루어진 범위를 통해 거칠게나마 가늠해볼 수 있다. 1900년 미국 역사학 박사학위 논문에서 다루어진 평균 연수는 대략 75년이었으나, 이는 1975년 30년으로 줄어들었다. 문서고의 활용, 폭증하는 관련 2차 문헌에 대한 완벽한 이해, 그리고 세부 내용의 더 세밀한 재구성과 분석에의 요구는 전문적인 역사학 연구의 특징이 되었다. 우리는 왜 그리고 어떻게 이와 같은 시간의 집중 혹은 축소가 발생했는지 후술할 것이다. 여기에서는 20세기 마지막 25년 동안 단기주의가 공공의 문제만 아니라 학문의 지향점이 되어버렸다는 사실을 지적하는 것만으로도 충분하리라 본다.

우리의 주장은 바로 이 시기 동안 전문 역사학자들이 역사적 지식을 종합하는 일을 비전문가들에게 넘겨주었으며, 동시에 정부 정책과 관련해 누렸던 일말의 영향력을 사회과학을 연구하는 동료들, 특히 더 눈에 띄게는 경제학자들에게 넘겨주었다는 것이다. 학문적인 역사학과 비학문적인 역사학의 간극은 벌어졌다. 공적 삶을 인도한다는 고전적인 역사학의 목표는 2000년이 지난 지금 무너져버렸다. "역사적인 시간의 압축과 함께 … 역사학 분야는 이상한 방식으로 역사적이지 않게 되었다."[12] 급감하는 신입생 숫자가 단적으로 보여주고 있는 인문학의 거듭된 위기, '영향력'을 입증하라는 대학 행정 담당자와 돈줄을 쥐고 이들을 부리는 막후 정치 세력의 거세지는 요구, 그리고 수강생으로 넘쳐나는 교실과 더 높은 지명도 그리고 여론 형성에 막대한 영향력을 행사하는 다른 인접 분야에 둘러싸여 역사학과는 중대한 현재 사회 문제와의 관련성이 떨어지는 것은 아닌가 하는 내적인 위기와 같은 갈수록 더 새롭고, 불안을 자아내는 도전에 직면하고 있다.

그러나 이제 장기적이고 긴 기간에 대한 관심이 되살아나는 전조가 나타나고 있다. 이미 역사학 박사학위 논문의 범위는 확대되고 있다. 전문 역사학자들은 다시 200년에서 2000년 혹은 더 긴 시기를 다룬 책을 쓰고 있다. 그리고 4만 년이 넘는 인류의 과거에 대한 '딥 히스토리deep history'

---

12 Daniel Lord Smail, "Introduction: History and the Telescoping of Time: A Disciplinary Forum", *French Historical Studies* 34 (2011), 1, 2.

에서부터 138억 년 전 빅 뱅Big Bang으로까지 거슬러 올라가는 '빅 히스토리big history'에 이르기까지 역사를 보는 시야는 현재 엄청나게 확대되고 있다.[13] 이 책에서 분석하고 지지하는, 역사학자가 다루는 시간 범위의 확장을 우리는 장기 지속의 회귀return of longue durée라 칭하고자 한다.[14] 지난 10년 동안 여러 대학에서 기후 변화와 거버넌스 그리고 불평등과 같은 장기적인 문제와 빅 데이터big data에 대한 관심이 높아지면서 지난 수 세기와 수천 년 동안 과거가 어떻게 발전해왔는지 그리고 그 발전이 앞으로 우리의 생존 및 번영과 관련해 무엇을 가르쳐줄 수 있는지에 대한 질문으로의 회귀가 촉발되었다. 역사학의 공적 미래를 위해 헌신하고 있는 한 학자가 적고 있듯이, 이는 "자신이 과거의 이야기를 어떻게 전하는가에 따라 현재가 자신의 가능성을 이해하는 방식이 결정된다는, 즉

---

13 David Christian, "The Longest Durée: A History of the Last 15 Billion Years", *Australian Historical Association Bulletin*, 59-60 (August-November 1986), 27-36; Christian, "Big History: The Longest 'Durée'", *Österreichische Zeitschrift für Geschichtswissenschaften* 20 (2009), 91-106; Tom Griffiths, "Travelling in Deep Time: *La Longue Durée* in Australian History", *Australian Humanities Review* (June 2000): www.australianhumanitiesreview.org/archive/Issue-June-2000/griffths4.html.

14 David Armitage and Jo Guldi, "Le Retour de la longue durée. Une perspective anglo-saxonne", *Annales. Histoire, Sciences sociales* 70 (2015). 더 일반적으로는 Barbara Weinstein, "History without a Cause? Grand Narratives, World History, and the Postcolonial Dilemma", *International Review of Social History* 50 (2005), 71-93; Penelope Corfield, "The Big Picture's Past, Present and Future", *The Times Higher Education* (27 July 2007), 14; Donald A. Yerxa, "Introduction: History on a Large Scale", in Yerxa (ed.), *World History and the History of the West: Historians in Conversation* (Columbia, SC, 2009), 1-12; David Christian, "The Return of Universal History", *History and Theory* 49 (2010), 6-27; David Sebouh Aslanian *et al.*, "How Size Matters: The Question of Scale in History", *American Historical Review* 118 (2013), 1431-72.

자신이 과거의 이야기를 어떻게 전하는가가 곧 미래의 세계에 대한 개입이라는 점을 깨우쳐야 할" 역사학자의 작업에 새로운 책임감과 절박함을 부여한다.[15]

이들 연구의 형태와 인식론은 그리 새롭지 않다. 역사학 용어로서 장기 지속은 50여 년 전인 1958년 프랑스의 위대한 역사학자 페르낭 브로델Fernand Braudel의 발명품이다.[16] 최근 몇 년 사이 연구와 저술의 시간적 지평으로서 다시 등장하기 전까지 장기 지속은 한 세대 동안 거의 사라졌었다. 우리는 장기 지속이 후퇴했던 원인이 지적인 것도 있지만 사회적인 것 때문이라고 주장하고자 한다. 즉 장기 지속의 복귀는 정치적이며 동시에 기술적인 것이다. 그러나 되돌아온 장기 지속은 애초의 장기 지속과 다르다. 프랑스의 사회학자 피에르 부르디외Pierre Bourdieu가 고전적인 방식으로 지적한 바 있듯이, "예전의 양식으로의 회귀는 결코 '동일한 것이' 아니다. 왜냐하면 예전의 양식으로의 회귀는 예전의 양식과 그 자체로 예전의 양식에 대한 부정인 것에 대한 부정에 의해(혹은 부정의 부정에 의해) 구별되기 때문이다".[17] 새로운 장기 지속은 매우 다른 지적 대안으로 이루어진 생태계 속에서 등장했다. 새로운 장기 지속은 이전의 장기 지속이 갖지 못한 활력과 유연성을 갖고 있다. 새로운 장기 지속은 우리 시대에야 가능해진 넘쳐나는 빅 데이터 자료 ― 상당 부분 디지털 분

---

15 Richard Drayton, "Imperial History and the Human Future", *History Workshop Journal* 74 (2012), 167.

16 Fernand Braudel, "Histoire et Sciences sociales. La longue durée", *Annales. Histoire, Sciences sociales* 13 (1958), 725-53; trans. as Braudel, "History and the Social Sciences", in Braudel, *On History* (trans.) Sarah Matthews (Chicago, 1982), 25-54.

17 Pierre Bourdieu, "The Field of Cultural Production, or: The Economic World Reversed", in Bourdieu, *The Field of Cultural Production: Essays on Art and Literature* (ed. and introd.) Randal Johnson (New York, 1993), 60.

석이 새롭게 가능하게 된 환경, 정부, 경제, 그리고 문화와 관련된 데이터 — 와 새로운 관계를 설정하고 있다. 이렇게 늘어난 증거의 저장소 덕분에 새로운 장기 지속은 역사학자와 다른 사회과학자가 그리고 정책 입안자와 대중이 더욱더 효과적으로 활용할 수 있는 잠재력도 지니게 되었다.

새로운 장기 지속의 기원은 과거에 있지만, 그 자체는 지극히 미래 지향적이다. 그러한 점에서 새로운 장기 지속은 역사학적 사고의 근본으로의 회귀를 서양에서 그리고 세계의 다른 지역에서 선도하고 있다. 역사학이 그 나름의 학과와 학술지 그리고 공인된 학회를 포함한 전문 직종의 모든 형식적인 요건을 지닌 하나의 분과 학문으로 전문화되기 전까지 역사학의 주된 목적은 교육, 더 나아가 개혁에 있었다. 역사학은 공동체에게 공동체 자체에 대해 설명해주었다. 역사학은 통치자가 권력을 제대로 행사하도록 도왔으며, 통치자를 보필하는 조언자에게 어떻게 통치자에게 영향을 미쳐야 하는지 알려주었다. 그리고 더 일반적으로 말해 역사학은 시민에게 현재를 이해할 그리고 자신의 행동을 미래 지향적으로 조정할 좌표를 제공했다. 삶의 이정표로서 역사학의 사명은 완전히 사라진 적이 결코 없다. 급속한 전문화와 대학에 있는 역사학자들의 학문적 출판의 폭발적인 증가는 역사학의 목적을 희미하게 만들었고, 때로는 사라지도록 했다. 하지만 장기 지속과 그에 따른 가능성 — 새로운 연구와 새로운 공적 역할 — 의 확장과 함께 역사학은 되살아나고 있다.

* * * * * *

장기에 대한 이 짧은 책은 각각 두 장으로 이루어진 두 부분으로 구성되어 있다. 첫 번째 부분은 역사학자들 사이에서 장기에 대한 사고의 등장과 쇠퇴를 다루며, 두 번째 부분에서는 장기에 대한 사고의 재등장과 그것이 비판적인 인간과학critical human science으로 성장할 가능성을 다룬다. 제1장은 수 세기에 걸친 장기 지속을 살피는 역사학 연구와 사고의 두 경향의 운명을 추적한 뒤, 그보다 짧게 수십 년을 살피는 역사학 연구와 사고의 두 경향의 운명을 추적한다. 처음의 경향은 역사학의 목적이 현재의 행동의 지침을 수립하는 데, 즉 과거의 자료를 이용해 가능한 미래의 대안을 점쳐보는 데 있다는 것이다. 다른 경향은 20세기에 들어 학술지 《아날: 역사와 사회과학Annales, Histoire, Sciences Sociale》을 구심점으로 막대한 영향력을 행사했던 프랑스 역사학자 그룹의 연구와 특히 관련된, 장기 지속의 역사학이라고 일컬어지는 것으로 좀 더 근래에 나타났다. 그들 중 가장 유명한 이는 시간과 이동, 행위자로서 인간(혹은 행위자로서 인간의 결여), 물리적 환경과 인간의 상호 작용, 그리고 경제와 정치의 구조적 주기의 관점에서 장기 지속이 무엇인지 자신만의 독특한, 하지만 오랫동안 회자되고 있는 개념을 가장 열정적으로 주창한 페르낭 브로델이다. 이전의 장기 지속 모델의 발전을 꾀하는 이 장에서 우리는 새로운 미래를 필요로 하는 이에게 역사학이 제공하는 세 가지 접근법인 운명과 자유 의지에 대한 감각, 반사실적 사고counterfactual thinking, 그리고 이상향utopia에 대한 사고를 제안하고자 한다. 뒤이은 장에서 살펴보겠지만, 역사학의 그와 같은 자유는 역사학적 사고를 진화론적 인류학자들이나 경제학자들 그리고 우리 사회의 다른 조정자들의 자연법적인 모델로부터 구분시켜준다. 역사학의 자유는 단기적인 사고로 인해 마비된 사회에 대한 확실한 처방인데, 왜냐하면 역사학의 그와 같은 미래 지향적 도구가 미래의 가능성을 파악할 새로운 형태의 상상력을 북돋아주기 때문이다.

제2장에서 다루겠지만, 장기 지속은 명명되자마자 사라져갔다. 1970년대부터 21세기 초반까지 세계 곳곳에서 역사학자들은 더 짧은 시간 범위에 집중하기 시작했다. 그들의 동기는 다양했다. 일부는 전문주의의 요건을 더 확실히 충족시키기 위해 문서고의 활용을 강조했으며, 다른 일부는 인접 학문으로부터 수입한 이론을 시험해보기 위해 그러했으며,

또 다른 이들은 전문주의와 이론이 당시 시민운동이 주장하던바, 특히 미국의 경우에는 시민권 운동, 반전 시위, 혹은 페미니즘과 같은 급진적인 주장에 대한 정치적 입장과 상관없이 글을 쓸 수 있도록 해주었기에 그러했다. 이와 같이 다양한 의도 속에서 새로운 종류의 역사학, 예외적인 개인이나 설명이 불가능할 것 같은 사건 혹은 중요한 국면을 다루는 '미시사micro-history'에 초점을 맞춘 역사학이 탄생했다.

미시사는 역사학의 사회 문제와의 관련을 끊고자 고안된 것은 아니지만, 후술하듯이 역사학자들조차 의도하지 않은 결과의 법칙law of unintended consequences에 붙들렸다. 미시사의 기술을 수용한 영어권 역사학자들은 시간과 행위자의 본질에 대한 거대 이론을 시험하고 그 정체를 폭로하는 데 목표를 두었으며, 종종 독자나 공동체를 위한 글쓰기에 집중할 때에도 그들의 정치적 목소리만 되찾아주고자 했다. 이 과정에서 미시사가들은 당시 학계를 지배하던 또 다른 힘에 의해 자신들이 구속되어 있다는 사실을 깨닫게 된다. 즉 학자들은 점점 더 고도로 전문화되는 지식을 위해 그들 나름의 고민을 파고들었다. 자신들이 관여하고 있는 시민운동 조직에서는 열성적으로 활동했지만, 미시사가들이 대학의 전통적인 야심이라 할 수 있는 공적 삶과 가능한 미래의 지침에 대해 논하는 경우는 점점 드물어져 갔다. 미시사가들만 그러했던 것은 아니다. 소위 '거대 서사grand narratives' ─ 거대한 구조와 거대한 과정 그리고 거대한 비교 ─ 는 역사학자들 사이에서만 아니라 일반적으로 점차 고리타분한 것으로 치부되었다. 많은 이가 큰 그림에 대한 사고가 후퇴하고 있다고 파악했다. 그러는 동안 단기주의가 부상했다.

공적 영역에서 역사학자들이 물러나자 그들의 자리는 과거에 대한 생각이 역사적 정보가 아니라 보편적인 모델을 따르는 학자들의 차지가 되었다. 단적으로 이는 경제학자들의 지위 상승을 뜻했다. 제3장에서 살펴보겠지만, 경제학자들은 곳곳에 자리를 잡았다. 경제학자들은 좌우파 정당에 정책 조언을 하기도 또 세계 정부에 대한 거대한 논쟁을 이끌기도 했을 뿐만 아니라 인류의 채집 수렵 조상의 유산에 대해 그리고 그들의 경제적 합리성이 어떻게 우리의 현재와 미래를 결정하게 되었는지에 대해 논했다. 경제학자들의 보편적인 모델은 적어도 세 분야 — 환경과 세계 정부 그리고 불평등에 대한 논의 — 에서 미래에 대한 대화를 지배하기 시작했다. 제3장의 말미에서 우리는 인간 본성에 대한 그와 같은 시각이 정적이며, 따라서 역사적이지 않으며, 한계가 있는 이유를 설명할 것이다. 우리는 미래에 대한 대안적인 접근 방식을 제시하고자 한다. 우리는 미래에 대한 아래와 같은 세 가지 사고방식을 추천할 것이며, 이는 좋은 역사학이라면 모두 잘 해낼 수 있으리라 본다. 첫 번째 방식은 오랜 시간이 걸리는 과정을 탐색하는 것이며, 두 번째 방식은 미래에 대한 잘못된 신화를 문제 삼고 그것이 정초하고 있는 정보가 어디에서 왔는지 논하는 것이며, 마지막 방식은 다양한 행위자가 경험했거나 앞으로 경험하게 될 과거와 미래에 대한 다양한 관점을 얻기 위해 다양한 종류와 출처의 데이터를 조사하는 것이다.

　단기적인 사고가 우리 시대 정보과학 기술 — 빅 데이터의 폭발적인 증가와 이를 분석할 수 있는 수단의 증대 — 에 의해 도전을 받고 있다고 주장하고자 하는 제4장에서 우리는 무엇이 환경 재앙주의와 경제 결정주의를 대체하고 있는지 부분적으로나마 설명하고자 한다. 여기서 우리는 학자와 기업 그리고 시민운동가와 역사학자가 새로운 데이터 세트를 활용해 불평등의 역사와 환경에 대한 지식을 축적하면서 새로운 미래의 가능성을 모색하는 여러 방법에 주목할 것이다. 우리는 그 같은 데이터 세트를 향상시키고, 시간 속에서 변화하는 사고에 대한 질적 모델을 추출하는 여러 도구를 중요하게 살펴볼 텐데, 이 중 다수는 역사학자들에 의해 고안된 것이기도 하다. 우리는 과거와 미래에 대한 사고를 위한 그러한 새로운 데이터가 1930년대와 1950년대 사이, 21세기에 살고 있는 우리와는 매우 다른 삶을 살았던 이들의 소비 형태와 고용 형태를 계측하기 위해 개발된 지표에 근거한 경제학자들의 전통적인 분석을 빠른 속도로 뛰어넘고 있다는 사실을 강조하고자 한다. 향후 수십 년 정보과학자와 환경주의자만 아니라 심지어 금융 분석가도 미래를 꿰뚫어 보고자 한다면, 자신의 데이터가 언제 만들어졌는지 먼저 따져봐야 할 것이다. 데이터의 수명과 관련된 이와 같은 변화는 미래의 대학을 향한, 역사적으로 사고하는 이가 빅 데이터의 매개자로 더욱더 중대한 역할을 담당하는 대학을 향한 전환을 이끌어낼 수 있다.

마지막 장은 우리의 시작, 즉 우리 사회에서 큰 그림을 그리고 이를 해석할 책임을 맡는 이는 누구인가라는 질문으로 끝을 맺는다. 우리는 국가와 통화가 불안정해지고, 우리의 삶의 방식을 바꿔놓을 일련의 환경 사태가 절정에 다다르고, 불평등에 대한 물음이 지구 곳곳에서 정치 및 경제 체제를 곤란케 만들고 있는 때에 이 글을 쓰고 있다. 그렇기에 우리는 이 책의 독자와 동료 역사학자에게 우리가 **공적 미래**public future라고 칭한 것을 위해서 함께 노력하기를 호소한다. 우리는, 아니 우리 모두는 큰 그림에 대해 함께 고민해야 하며, 이는 앞만 아니라 뒤도 봐야만 하는 일이라고 우리는 확신한다.

역사의 칼은 양날의 칼이다. 한쪽 날은 미래의 새로운 가능성을 열어주는 날이고, 다른 쪽 날은 과거의 소음과 모순 그리고 거짓을 파헤치는 날이다. 결론에서 우리는 역사학이 과거를 살피는 데 반드시 필요한 세 가지 수단을 추가로 제공한다고 주장할 것이다. 이는 과거와 현재의 상황을 논하면서 거짓으로부터 진실을 분리해내는 역사학의 능력과 더 관련된 것이다. 진실을 구분해내는 것은 미시사 연구의 유산이지만, 마찬가지로 빅 데이터의 문제이기도 하다. 미시사든 빅 데이터든 역사학자는 여러 주장의 토대를 분석하는 데 매우 적합한 사람이다. 우리는 해방을 향한 역사학의 능력이 근본적으로 기원을 설명하는 한편 전체 그림을 파악하기 위한 거대한 과정과 세세한 사건을 연결시키는 동시에 수많은 정보를 작고 공유 가능한 것으로 축소시키는 데 있다고 주장하고자 한다. 우리는 이러한 방법을 과거에 대한 잘못된 생각으로 인해 곤경에 처한 그리고 미래에 대한 우리의 집단적인 희망이 제약을 받고 있는 사회에 권하고자 한다.

위기 속에서 단기주의가 팽배해지기 전까지 단기적인 사고는 전혀 문제가 되지 않았다. 이 말인즉, 지금만큼 절실하게 우리 모두가 장기적인 관점에 대한 전문가가 되어야만 하고 또 장기 지속으로 되돌아가야만 하는 경우는 없었다는 것을 의미한다. 우리가 지금 필요로 하는 도구는 과거와 미래의 관계를 새롭게 정립하고, 다가올 미래에 대해 비판적으로 사고하기 위해 과거를 활용하는 것이다. 그 도구를 가장 잘 제공해줄 이가 바로 역사학자다.

제1장
뒤돌아봄으로써 앞으로 나아가기
장기 지속의 등장

학문 분야로서 역사학은 과거와 미래를 모두 살펴볼 수 있는 가능성을 품고 있다. 어쨌든 역사학자는 시간 속의 변화에 정통한 사람이다. 적어도 지난 500년 동안 역사학자들은 무엇보다도 권력에 맞서 진실을 이야기했을 뿐만 아니라 정부 개혁을 이끌었으며, 국가를 지도하기도 했고, 또 부패한 제도의 최악의 남용을 공적 심의의 대상으로 폭로하기도 했다.[1] 20세기 중반 정치 권력의 대가이자 동시에 다작을 한 역사학자이기도 한 윈스턴 처칠Winston Churchill은 "더 멀리 뒤돌아볼수록 더 멀리 내다볼 수 있다the longer you can look back, the further you can look forward"고 말한 바 있다.[2]

장기적인 변화에 대한 역사학자의 전문적 지식은 다른 이에게는 고민

---

1 Michel de Certeau, *The Writing of History* (trans.) Tom Conley (New York, 1988).

2 Winston Churchill, toast to the Royal College of Physicians (2 March 1944): "Prime Minister among the Physicians", *The Lancet* 243 (11 March 1944), 344;

의 대상이 되기에 어쩌면 너무나 오래된 것으로, 또 호기심으로 의문을 품기에 너무나 방대한 것으로 여겨지는 사건과 과정을 그 나름의 맥락 속에서 다룰 수 있는 능력을 제공한다. 반면 역사학자에게 풍습의 형태와 제도의 관습은 다른 식으로 나타난다. 모든 선호와 관습은 세대를 거치면서 변화하며, 수 세기를 거치면서 완전히 변모한다.[3] 역사학자는 누가 변화를 이끌었는지, 그리고 그 사람이 변화를 이끈 주역이라는 것을 우리는 어떻게 확신할 수 있는지와 같이 어떻게라는 질문에 초점을 맞춘다. 인과 관계와 행동 그리고 결과에 대한 이러한 분석은 역사학자를 우리 주변의 변화를 알아차리는 전문가로 만든다.

역사학자는 기정사실화된 지식을 의문시하는, 예를 들어 과거를 이해하기 위해 자신이 사용하고 있는 개념이 때 지난 것은 아닌지 되묻는 특별한 능력을 가지고 있다.[4] 역사학자는 어떻게 서술을 통해 변화에 대해 논쟁하는지, 어떻게 이해와 설명을 결합시키는지, 어떻게 특수하고 구체적이고 특별한 것에 대한 연구를 경향과 구조 그리고 규칙을 찾아내고자 하는 욕구와 결합시키는지 배운다. 바꿔 말해, 역사학자는 독일의 사회과학 철학자인 빌헬름 빈델반트Wilhelm Windelband가 "개별적인 것idiographic"과 "보편적인 것nomothetic", 즉 각각 인문학과 과학에 해당된다고 빈델반트가 논한 지식 구축의 두 경향인 특수화의 경향과 보편화의 경향을 어떻게 결합시키는지 배운다.[5] 오늘날 과거의 기록 속에서 법칙을 찾고자

Peter Clarke, *Mr Churchill's Profession: Statesman, Orator, Writer* (London, 2012).

3 예를 들어, Richard L. Bushman, *The Refinement of America: Persons, Houses, Cities* (New York, 1993); Norbert Elias, *The Civilizing Process: Sociogenetic and Psychogenetic Investigation* (trans.) Edmund Jephcott, rev. edn (Oxford, 2000).

4 Quentin Skinner, "Meaning and Understanding in the History of Ideas", *History and Theory* 8 (1969), 3-53.

애쓰는 역사학자는 없다. 하지만 우리 역사학자는 문화의 보다 광범위한 패턴 속에 사건과 개인을 위치시키고자 시도하는 과정에서 일정 수준의 일반성generality을 달성하고자 한다. 역사학은 인문학과 사회과학의 절차와 목표의 결합을 통해 단순한 서술의 집합이나 현재에 대한 긍정의 근원이 아니라 개혁의 수단으로서 그리고 대안적인 미래를 구상하는 방법으로서, 즉 비판적인 인간과학으로서 유일하지는 않을지라도 특별한 자격을 지닌다.

지난 세대 동안 역사학자는 자신의 연구의 또 다른 요소, 즉 공간에 대해 많은 고민을 해왔다. 19세기 이래 역사 연구의 기본적인 그릇이었던 국민국가nation-state를 넘어서 대륙과 해양, 지역 간의 연결, 그리고 궁극적으로는 지구 전체를 '세계world'의 혹은 '지구global'의 역사의 일부로 포괄하는, 끝없이 광활해지는 공간을 다루기 위해 역사학자는 자신의 연구를 확장할 방안을 모색해왔다. 사실 국민국가를 중심으로 한 역사national history를 뛰어넘고자 하는 시도는 이제 진부한 것이 되었다. 대다수 역사학자는 전통적인 역사 서술에서 영토적 경계를 의문시한다. 하지만 그보다 더 새로운 것은, 그리고 잠재적으로 더 전복적인 것은 관례적인 시대 구분을 뛰어넘고자 하는 시도라 하겠다. 점점 더 많은 수의 역사학자가 자신의 연구에서 인위적인 시간의 제약을 의문시하고 있다. 초국가적 transnational 역사는 크게 유행을 하고 있다. 초시간적transtemporal 역사는 아직 유행을 하지 않고 있다.[6]

시간의 모든 측면은 역사학자만의 고유한 영역이다. 페르낭 브로델은 '장기 지속'이란 용어를 선보인 역사학 학술지 《아날》에 1958년 게재된

---

5   Wilhelm Windelband, "Rectorial Address, Strasbourg, 1894", (trans.) Guy Oakes, *History and Theory* 19 (1980), 169-85.

6   David Armitage, "What's the Big Idea? Intellectual History and the *Longue Durée*", *History of European Ideas* 38 (2012), 493-507.

논문에서 "사실 역사학자는 역사 속에서 시간의 문제로부터 결코 벗어날 수 없다. 마치 정원사의 모종삽에 묻은 흙처럼 시간은 그의 사고에 묻어 있다"고 적었다.[7] 브로델은 인간이 거주하고 있는 많은 종류의 시간 ─ 혹은 어떤 이들이 말하듯, 다양한 시간성multiple temporalities ─ 에 대한 심오한 사상가이다. 브로델의 격언은 다른 동료 인문학자들과 사회과학자들의 연구에서는 덜 중심적이지만, 역사학자들의 연구에서는 필수불가결한 무언가를 정확히 짚어내고 있다. 역사학자는 시간이란 요소를 절대 떨쳐 낼 수 없다. 시간은 우리 역사학자의 연구를 방해하고 지연시키지만, 역사학자의 연구를 정의내리기도 한다. 시간은 우리 역사학자가 헤집는 흙으로, 그로부터 역사학이 싹트는 요소인 것이다.[8]

장기 지속이란 용어는 페르낭 브로델이 '인간과학의 보편적 위기'라 칭한 위기 속에서 탄생했다. 이 위기의 본질은 인문학과 사회과학의 미래에 대한 21세기 논쟁에 비추어볼 때 상당히 익숙한 것이다. 데이터의 급속한 증가를 위시한 지식의 폭증, 학문 간 경계에 대한 일반적인 고민, 인접 분야 연구자 간 협력의 실패에 대한 인지, "교활하고 역행하는 휴머니즘un humanisme rétrograde, insidieux"의 숨 막히는 구속에 대한 불만, 이 모든 것이 오늘날과 상당히 유사한 측면이 있다. 브로델은 당시의 위기를 해결하는 데 역사학이 그 나름대로 기여한 바를 다른 인간과학이 간과했다고 개탄했다. 역사학의 해법은 브로델이 모든 인문학적 질문의 초점이라 믿었던 사회 현실의 핵심, 즉 "순간적인 시간과 천천히 흘러가는 시간의 대립cette opposition … entre l'instant et le temps lent à s'écouler"을 문제 삼고 있었다. 서사에 기초한 역사학과 사회사가나 경제사가가 일반적으로 다루

---

7 Fernand Braudel, "History and the Social Sciences: The *Longue Durée*" (1958), in Braudel, *On History* (trans.) Sarah Matthews (Chicago, 1982), 47.

8 William H. Sewell, Jr, *Logics of History: Social Theory and Social Transformation* (Chicago, 2005).

는 시간의 범위, 즉 10년, 20년 혹은 기껏해야 50년의 시간은 이와 같은 두 축 사이에 놓여 있었다. 그러나 브로델은 그 같은 식으로 위기와 주기를 다룬 역사 서술이 변화의 과정 근저에 자리하고 있는 규칙성과 연속성을 흐리게 만든다고 주장했다. 다른 시간의 지평으로, 즉 수 세기나 1000년의 단위로 측정되는 역사, "긴, 심지어는 매우 길게 지속되는 역사 l'histoire de longue, même de très longue durée"로의 전환이 반드시 필요했다.[9]

브로델과 브로델의 탐구를 추종해 《아날》을 중심으로 결집했던 수많은 역사학자의 야심은 장기 지속의 시간 동안 행위자의 환경과의 관계를 규명하는 데 있었다. 이는 18, 19세기, 사실 그보다 훨씬 이전부터, 역사 연구에서 눈에 띄는 경향, 즉 역사학자의 작업은 수백 년을, 최소한 수십 년을 다루어야 한다는 전제를 따른 것이었다. 양적 사실의 획득과 변화의 신중한 측정을 통해 그러한 이전의 시도를 더 엄밀하게, 당연히 더 반증 가능하게 만들고자 노력하면서 장기 지속에 대한 생각 또한 바뀌었다. 브로델에게 장기 지속은 모든 인류의 역사를 조직하는, 서로 교차하지만 배타적이지 않은 여러 시간성의 위계 중 하나였다. 브로델은 이와 같은 시간의 범위를 자신의 대표작인 『필립 2세 시대 지중해와 지중해 세계La Méditerranée et le Monde méditerranéen à l'époque de Philippe II』(1949)의 서문에서 다음과 같이 세 가지 역사로 풀이했으며, 각각을 순서대로 논했다. 첫째, 거의 움직이지 않는, 인간의 물리적 환경의 역사(거의 움직이지 않는 역사histoire quasi-immobile), 둘째, 천천히 움직이는 국가와 사회 그리고 문명의 역사(느린 리듬의 역사histoire lentement rythmée), 끝으로, "대단히 짧고 빠른 불안정한 진동brief, rapid, nervous oscillations"이라 할 수 있는 사건의 좀 더 전통적인 역사(사건의 역사 혹은 사건사histoire événementielle).[10] 당연히

---

9 Fernand Braudel, "Histoire et Sciences sociales. La longue durée", *Annales. Histoire, Sciences sociales* 13 (1958), 725-53.

10 Fernand Braudel, "Préface"(1946), in *La Méditerranée et le Monde méditer-*

브로델의 서사에는 장기 지속의 수많은 특징이 안정적으로 자리했다. 그것은 지리적인, 하지만 지질학적인 것은 아닌 시간이었다. 만약 그와 같은 수준에서 변화를 인지할 수 있다면, 그것은 단선적인 변화라기보다 주기적인 변화였으며, 역동적인 변화가 아니라 근본적으로 정적인 변화였다. 그리고 그것은 모든 다른 움직임과 행동 양식의 기저에 자리했다.

브로델은 사건사를 장기 지속에 대비시켰다. 하지만 이는 그와 같은 역사가 - 브로델이 『필립 2세 시대 지중해와 지중해 세계』에서 가혹할 정도로 비난했던 '거품froth'과 '반딧불fireflies'과 같은 - 순간적인 것만 다루고 있어서가 아니라 사건과 너무나 밀접하게 결합되어 있는 역사이기 때문이었다. 이러한 점에서 사건사는 브로델이 현재 돌아가고 있는 일에만 집중하는, 단기적인 통치의 필요에 따라 연구를 하는 당시 경제학자들의 연구와 비슷했다.[11] 그러한 협소한 역사 이해는 권력에 속박되어 있으며, 현재에만 집중하기에 설명을 회피하며, 이론에 지나치게 민감했다. 브로델이 보기에 사건사는 비판적인 거리와 지적 깊이가 부족했다. 모든 사회과학에 대한 브로델의 해법은 아마도 이전의 모델과 문제로, 예를 들자면 장기 지속의 역사 위에 처음으로 진정한 사회 모델vrais modèles sociaux, et à partir de la longue durée historique을 구상했던 '천재' 카를 마르크스Karl Marx의 중상주의적 자본주의 분석으로 돌아가는 것이었다. 간단히 말해, 50년도 전에 브로델 자신은 이미 장기 지속으로의 회귀를 제안하고 있었던 것이다.[12]

1958년에 이르면서 클로드 레비스트로스Claude Lévi-Strauss의 구조주의적 인류학을 위시한 다른 인간과학 분야와의 관계 악화로 인해 브로델은

_____

ranéen à l'époque de Philippe II(Paris, 1949), xiii.

11 이러한 비판은 즉시 Witold Kula, "Histoire et économie. La longue durée", Annales. Histoire, Sciences sociales 15 (1960), 294-313에 의해 반박되었다.

12 Braudel, "Histoire et Sciences sociales", 735, 751.

더 광범위한 장기 지속의 구조에 대해 고민하기 시작했다. 브로델이 자신의 첫 논문의 핵심 개념으로 고안을 했을 때 장기 지속은 역사학 분야에서는 새로운 용어였지만, 정말로 기발한 개념은 아니었다. 19세기 프랑스 역사학자들은 재산법을 장기 지속의 과정 속에서 살폈으며, 의학 분야 논문들에서는 만성적인 질병을 오랫동안 지속된다고long duration 말했으며, 또한 장기간 실업chômage de longue durée을 연구해오던 사회학자들과 경제 주기를 추적해오던 경제학자들에게도 이 용어는 매우 낯익은 것이었다.[13]

브로델이 차용한 장기 지속이란 용어는 불변하고 고정적인 배경 조건의 추적을 목표로 한 것이 아니라는 점에서 이전의 용법을 따르고 있었다. 또한 브로델의 장기 지속은 물리적 환경이나 오랫동안 변치 않는 농업 양식과 결합된 라틴 문명이나 기하학적인 공간 혹은 아리스토텔레스Aristotle적인 우주 개념의 추적을 목표로 했지만 문화의 장기 지속을 본다는 점에서 이전의 용법을 따르고 있었다. 그러한 것은 인간이 만든 것으로 새로운 것이 발명될 경우나 다른 세계관이나 전통에 의해 억눌릴 경우 변화되거나 파열된다. 또한 그것은 분명 경제 주기보다 더 오래 지속되지만, 산이나 바다의 알게 모르게 바뀌는 모습이나 유목 생활과 이동 방목의 리듬보다는 확연히 짧은 것이다. 정말로 긴 시간 동안 지속되는 것은 아닌 이와 같은 장기 지속은 수 세기로 측정이 가능하며, 자연 경관과 그와 인간의 상호 작용만 아니라 인간의 사고 속에서도 파악이 가능한 것이다.

---

13 예를 들어, Eugène Garsonnet, *Histoire des locations perpétuelles et des baux à longue durée*(Paris, 1878); Victor Lemaitre, *Considérations sur la paralysie générale de longue durée*(Paris, 1879); Gaston Imbert, *Des mouvements de longue durée Kondratieff*, 3 vols.(Aix-en-Provence, 1956)를 보라.

장기 지속에 관한 브로델의 초기 고민은 1940년에서 1945년 사이 독일에서 전쟁 포로 생활을 했던 암울한 경험에서 우러났다. 그것은 부분적으로 긴 관점을 택함으로써 포로 생활의 리듬에서 벗어나 희망을 불러일으키고자 한 시도였다 ─ 그래서 브로델은 역설적으로 장기 지속을 논하면서 종종 감옥의 이미지를 사용했다.[14] 1958년 브로델이 장기 지속을 이론화했을 때, 그는 그것이 모든 학제 간 이해의 근본이 될 뿐만 아니라 전후 현재주의postwar presentism를 극복할 유일한 길을 제공할 것이라 자신했다. 브로델의 더 직접적인 동기는 지적인 것만큼 제도적인 것이기도 했다. 그 논문이 출판되기 얼마 전 브로델은 1956년 뤼시앵 페브르Lucien Febvre 사후 그를 이어 《아날》의 편집장직과 프랑스 고등연구원École Pratique des Hautes Études의 유명한 제6분과의 원장직을 맡았다. 브로델은 다른 사회과학, 특히 경제학과 인류학 사이에서 역사학의 존재 자체만 아니라 중심된 지위를 정당화해야 했다. 전문가로서 자긍심만큼 지위와 예산이 걸려 있었던 그 같은 경쟁 상황 속에서 브로델은 "수학에 맞서 역사학이 인간과학의 통일자의 역할을 맡아야 한다는 자신의 주장을 뒷받침 할 … 으뜸패"를 손에 쥐고 있었다.[15]

---

14 Peter Burke, *The French Historical Revolution: The Annales School, 1929-89* (Oxford, 1990), 33; Paule Braudel, "Braudel en captivité", in Paul Carmignani (ed.), *Autour de F. Braudel*(Perpignan, 2001), 13-25; Peter Schöttler, "Fernand Braudel als Kriegsgefangener in Deutschland", in Fernand Braudel, *Geschichte als Schlüssel zur Welt. Vorlesungen in Deutscher Kriegsgefangenschaft 1941* (ed.) Peter Schöttler (Stuttgart, 2013), 187-211. 수용소에서 브로델의 강의는 다음과 같이 재구성되었다. "L'Histoire, mesure du monde" (1941-4), in Fernand Braudel, *Les ambitions de l'Histoire*(ed.) Roselyne de Ayala and Paule Braudel (Paris, 1997), 13-83.

15 Giuliana Gemelli, *Fernand Braudel e l'Europa universale*(Venice, 1990), 246-300; Maurice Aymard, "La longue durée aujourd'hui. Bilan d'un demi-siécle (1958-2008)", in Diogo Ramanda Curto, Eric R. Dursteller, Julius Kirshner, and

이와 같은 의제는 프랑스에서 미래학 – 장기 지속의 관점에서 미래를 내다보는 시도 – 의 부흥과도 잘 맞물렸다. 미래학은 브로델의 친구였던 가스통 베거Gaston Berger가 프랑스 고등교육원 원장의 지위를 이용해 제6분과와 함께 선전하고 있었다. 또한 베거는 인간과학연구소Maison des Sciences de l'Homme의 창립에도 관여하고 있었으며, 이는 곧 브로델이 주도하게 된다. 그 당시 대서양 양 편에서는 과거 만큼 미래도 관심의 대상이었으며, 예산이나 지위 그리고 인간과학 내에서 엄연한 분야로 살아남을 가능성의 측면에서 역사학과 미래학의 전망은 긴밀하게 연결되어 있었다.[16] 근대 역사학이 19세기 유럽의 혁명적 국민국가가 어느 방향으로 나아가고 있는지 알려주기 위해 주조되었다면, 20세기 근대 역사학은 국민국가가 사라진 후 무엇이 나타날 것인지 알려주기 위해 새롭게 주조되었던 것이다.

* * * * *

사실 실천과 미래를 향한 역사학의 이와 같은 관심은 근래에야 나타난 역사 서술의 특징은 아니다. 오히려 그것은 고전 시대 이래 서양 역사 서술 전통의 유구한 흐름을 특징짓는 것이다. 역사학은 '예시를 통해 가르치는 철학philosophy teaching by examples'이라는 생각은 고대의 것이다. 역사

Francesca Trivellato (eds.), *From Florence to the Mediterranean and Beyond: Essays in Honour of Anthony Molho*, 2 vols. (Florence, 2009), 11, 559-60 (인용).

16 Fernand Braudel, "Gaston Berger, 1896-1960", *Annales. Histoire, Sciences sociales* 16 (1961), 210-11; Gaston Berger, *Phénoménologie du temps et prospective* (Paris, 1964); Gemelli, *Fernand Braudel e l'Europa universale*, 301-62; Jenny Andersson, "The Great Future Debate and the Struggle for the World", *The American Historical Review* 117 (2012), 1417-18.

학의 목표는 독자에게 실용적인 조언을 제공하는 데 있다는 생각 역시 오래전부터 이어져 내려오는 것이다. 예컨대, 그리스의 역사학자 투키디데스Thucydides는 아테네인들과 스파르타인들 간에 벌어진 펠로폰네소스 전쟁에 대한 자신의 역사서를 자신의 역사서가 도움이 되어야 하며 또 인간의 본성은 변하지 않을 것이기에 도움이 될 것이라는, 즉 과거의 증거는 미래에 도움이 될 것이 확실하다는 생각으로 써 내려갔다. 로마의 역사가들은 부패한 세상에서 인간의 본성이 유지되기가 쉽지 않을 것이라 보았지만, 그들의 작업은 종종 적어도 다음의 두 측면에서 정치적이었다. 로마의 역사가들은 첫째, 공적인 책임을 맡은 이에게 도덕적인 교훈을 제공하고자 했으며, 둘째, 흔히 은퇴한 혹은 정치나 군 일선에서 물러난 뒤 자신의 행동 혹은 동료의 행동을 반추해보고자 했던 정치가였다.

그러한 의미에서 웅변가이자 철학자였던 키케로Marcus Tullius Cicero는 역사를 삶의 지침magistra vitae: a guide to life이라 규정했다.[17] 역사학은 바로 그와 같은 열망과 권위를 적어도 19세기 초까지 ― 과거가 미래에 대한 매우 가치 있는 지침으로 여겨졌던 2000년 동안 ― 간직했다. 그리고 역사학이 그러할 수 있었던 까닭은 무엇보다 로마인들이 자신들의 공화정의 장기간에 걸친 역사를(종종 도덕적 쇠락의 관점에서) 이야기했기 때문이다. 로마의 역사가들에 이어 유세비우스Eusebius of Caesarea와 성 아우구스티누스St. Augustinus of Hippo와 같은 교회사가들은 끝없이 전개되는 신앙 공동체의 이야기를 전했다. 성 아우구스티누스의 경우, 그것은 로마와 대비되는 도시인 신의 도시City of God, Civitas Dei ― 모든 기독교 신자의 보이지 않는 교

---

17 Cicero, *De oratore*, 11. 36: "웅변가의 목소리가 아니라면 누구의 목소리에 의해 지난 시간의 목격자이자, 진리의 빛이자, 기억의 생명이자, 삶의 지침이자, 고대의 전령인 역사가 불멸성을 부여받는단 말인가Historia vero testis temporum, lux veritatis, vita memoriae, magistra vitae, nuntia vetustatis, qua voce alia nisi oratoris immortalitati commendatur?"

회 – 가 타락한 세상을 헤쳐 나아가는 순례의 이야기였다. 중세 유럽의 특수한 공동체 – 수도원과 같은 종교적인 공동체나 도시와 같은 세속적인 공동체 – 의 역사는 수십 년 혹은 종종 수 세기가량 이어지는 누적된 연보의 시간선timeline of cumulative annals을 따라 상대적으로 작은 지역이나 적은 인구에 관한 미시사로 긴 시간 범위에 걸쳐 다루어질 수 있었다.[18]

우리가 근대 서양의 역사 서술이라고 부르는 것은 고전적인 모델로부터 기원하는, 현재와 미래를 바꾸고자 하는 욕망에서 시작되었다. 니콜로 마키아벨리Niccolò Machiavelli와 같은 조언자 역사가에 의해(마키아벨리의『군주론Prince』에서와 같이) 통치자를 위해 혹은(마키아벨리의『로마사 논고Discourses on Livy』에서와 같이) 시민들을 위해 쓰인 르네상스 시대 시민사civil histories와 군주의 거울mirrors for princes은 군주정과 공화정 모두에 정치 행동의 지침으로서 과거 – 종종 마키아벨리의『로마사 논고』에서와 같이 로마의 과거 – 로부터의 예시를 활용했다. 이와 같은 역사서 중 다수는 특정한 도시의 건국과 운명에 관한 이야기로 전해졌으며, 이후 초기 국민 공동체를 포괄하는 것으로, 그다음에는 유럽과 유럽의 제국 그리고 궁극적으로는 18세기에 접어들면서 전 세계의 역사를 포괄하는 것으로 확대되었다.

19세기, 특히 프랑스 대혁명 이후, 역사 서술은 프랑스와 영국의 저명한 정치가들이(예를 들어 프랑스에서는 프랑수아 기조François Guizot, 아돌프 티에르Adolphe Thiers, 장 조레스Jean Jaurès가, 그리고 영국에서는 토머스 배빙턴 매컬리Thomas Babington Macaulay와 존 러셀 경Lord John Russell이) 자국의 미래를 그리기 위해 그들 나름의 혁명적 과거에 대한 역사서를 집필하면서 점차 정치 논쟁에 중요한 도구가 되었다. 또한, 빅토리아Victorian 시대 말 케임

18 John Burrow, *A History of Histories: Epics, Chronicles, Romances and Inquiries from Herodotus to Thucydides to the Twentieth Century* (London, 2007), 163-4.

브리지 대학 흠정 교수Regius Professor였던 J. R. 실리Seeley의 표현을 빌리자면, "'실용적인 역사학pragmatic history'의 오랜 전통이 … 역사학이 정치가와 공무원의 교육에 유용하다는", 심지어는 "정치가를 육성하는 학교school of statesmanship"라는 "생각을 뒷받침하기 위해 새롭게 단장될 수 있었던 것" 역시 19세기였다.[19] 과거가 미래의 정책의 조언자라는 그들의 생각은 정부 기관과 금융 기구 그리고 군 기관에 의해서 계획적으로 수용되었다. 단적인 예로 알프레드 테이어 마한Alfred Thayer Mahan의 『해양력이 역사에 미친 영향, 1660-1783The Influence of Sea Power upon History, 1660-1783』(1890)과 같은 역사서는 이후 수십 년 동안 미국과 독일 그리고 일본의 해군 사관학교에서 군사 전략 수업의 교재로 채택되기도 했다.[20] 바로 이와 같은 토대 위에서 과거에 대한 긴 범위를 다루는 여타의 연구 ─ 예를 들어, 아날 학파의 광범위한 시야와 20세기 상당 기간에 걸쳐 진행된 개혁가들의 참여적인 역사 연구 ─ 가 등장할 수 있었던 것이다. 이제 우리는 다음 장에서 다룰 장기 지속의 후퇴와 회귀에 앞서 장기 지속의 부상을 보여주기 위해 그와 같은 전개 과정을 살펴보고자 한다.

* * * * *

과거에 대한 장기적인 시각은 정책 수립 및 미래에 대한 공적 토론과 결부되어왔으며, 바로 그러한 것이 긴 기간을 살펴보고자 한 동기였다. 알프레드 테이어 마한이 이전에 그러했듯이, 1960년대와 1970년대 역사

---

19 Burrow, *A History of Histories*, 366, 426; Deborah Wormell, *Sir John Seeley and the Use of History*(Cambridge, 1980), ch. 4, "School of Statesmanship".

20 Alfred Thayer Mahan, *The Influence of Sea Power upon History, 1660-1783* (Boston, 1890); Mark Russell Shulman, "The Influence of Mahan upon Sea Power", *Reviews in American History* 19(1991), 522-7.

학자들은 정책을 수립하는 이들을 청중으로 두었으며, 그렇기에 그들은 일반화된 논의를 할 수 있었다. 사실 적어도 역사학의 주요 분야 중 하나 ― 군사사 ― 에서 역사학자들은 미래의 지휘관들에게 전략과 국제 정치를 가르치도록 자신들을 위임한 군 교육 기관이나 해군 대학과 밀접한 관계를 맺어왔다.[21] 바로 그와 같은 이유로 군사사는 단기적인 관점이 팽배한 세상에서 장기적인 역사학의 마지막 전초 기지로 남아 있을 수 있었다.[22] 미래를 걱정하는 독자는 개인의 생을 다룬 전기나 전투의 세부 사항만으로도 충분히 만족할 수 있겠지만, 장군들과 여타의 전략가들은 완전히 발현되기까지 수 세기가 걸릴 변화에 대한 큰 그림을 필요로 한다. 따라서 군사 관련 저술이 전략 사상가들이 다양한 가능성을 시험해보면서 18세기 반사실적 사고의 최초의 출처가 되었다는 사실, 또는 1836년 출판된 최초의 반사실적 소설이 나폴레옹Napoleon Bonaparte과 '세계 정복'을 다뤘다는 사실은 결코 우연이 아니다.[23]

---

21 John Keegan, *The Face of Battle*(London, 1976); Peter Paret, Gordon A. Craig, and Felix Gilbert(eds.), *Makers of Modern Strategy: From Machiavelli to the Nuclear Age*(Princeton, NJ, 1986); John Keegan, *A History of Warfare* (New York, 1993); Allan D. English(ed.), *The Changing Face of War: Learning from History*(Montreal, 1998); Azar Gat, *A History of Military Thought: From the Enlightenment to the Cold War*(Oxford, 2001); Jo Guldi, "The Uses of Planning and the Decay of Strategy", *Contemporary Security Policy* 27(2006), 209-36; Williamson Murray, *War, Strategy, and Military Effectiveness*(Cambridge, 2011); Hew Strachan, *The Direction of War: Contemporary Strategy in Historical Perspective*(Cambridge, 2013).

22 Williamson Murray and Richard hart Sinnreich(eds.), *The Past as Prologue: The Importance of History to the Military Profession*(Cambridge, 2006).

23 Louis Geoffroy, *Napoléon apocryphe, 1812-1832: histoire de la conquête du monde & de la monarchie universalle*(Paris, 1836); Catherine Gallagher, "What would Napoleon do? Historical, Fictional, and Counterfactual Characters", *New Literary History* 42(2011), 323-5.

개혁가들과 혁명가들 역시 큰 그림을 필요로 한다. 세대를 거쳐 정치 개혁가들은 과거를 새롭게 보기 위해 역사를 활용했으며, 그들 중 일부는 과거의 대안과 반사실적인 과거를 통해 민주주의와 인종 그리고 재산권과 같은 제도를 혁명적인 방식으로 새롭게 해석했던 급진주의자들이었다. 카를 마르크스로까지 거슬러 올라가는 전통 속에서, 20세기 세계 곳곳의 역사학자들은 국가와 관료 기구 그리고 민중 운동의 변화하는 속성에 대한 집필을 이어갔으며, 여러 사건의 장기적인 향방에 대한 과감한 예측을 내놓기도 했다. 경제적 불평등과 국가의 역할은 그때까지 앞을 보고자 뒤를 살폈던 시도 중 가장 야심 찬 시도의 초점이었다. 계급 갈등의 역사에 대한 마르크스의 논의는 잘 알려져 있지만, 우리는 마르크스 이후 등장했던, 빈곤층에게는 제한된 기회만 제공했던 정부의 경제 체제를 개선해야 할 개혁가의 의무를 불평등의 역사가 분명히 밝히고 있다고 믿었던 수많은 역사학자를 잊고 있다. 예를 들어, 19세기 말 국가 사회주의를 고안했던 급진주의자 시드니 웹Sidney Webb과 비어트리스 웹 Beatrice Webb은 자신들 주변의 제도를 개혁하고자 역사학자가 되었다. 영국 정부와 영국 정부의 과거에 대한 총 11권으로 된 역사서에서 웹 부부는 제도의 오랜 역사를 미래의 개혁을 위한 이정표로 재조명했으며, 빈곤층에 대한 복지와 도로와 관련된 문제가 튜더 시대Tudor past로부터 계속 이어져 내려오는 문제라는 사실을 밝혔다.[24] 웹 부부는 당시 자본주의가 가난한 자와 부유한 자 사이의 그와 같은 상호 책임을 부정하도록 만들고 있다고 보았다. 웹 부부의 11권의 역사서는 문서고와 2차 문헌에 대한 진지한 독해의 산물이었으며, 수십 년이 지난 뒤에조차 게르트루드 힘멜파르브Gertrude Himmelfarb는 "도대체 이 부부는 그 많은 모임에 참석할

---

24 Sidney and Beatrice Webb, *English Local Government*, 11 vols.(London, 1906-29).

시간을 어떻게 냈단 말인가"라고 놀라움을 금치 못했다. 웹 부부의 책은 영국만 아니라 세계 곳곳의 정치 교육과 정치 운동에서 페비안주의자들 Fabians의 영향력의 중요한 축이 되었다.[25]

이렇게 기획된 역사학은 변화하는 영국에 적합한 정부의 청사진과 그에 대한 이해를 제공했다. 웹 부부가 파악했듯이, 역사가 가르쳐주는 바는 계급 간의 책임은 윤리적인 사회에서는 상수이지만, 모든 세대에 걸쳐 제도는 그와 관련된 집단에 의해 재발명되어야 한다는 것이었다. 웹 부부에 따르면, 그와 같은 재발명은 점점 더 큰 지역 간의 협력의 형태로 이루어지는 경향이 있으며, 따라서 정부의 형태는 대체로 처음에는 지방 정부local government에서 지역 정부regional government로, 다음에는 지역 정부에서 중앙 정부national government와 국제 정부international government로 확장되었으며, 그로써 민주주의의 혜택이 고립된 장소에서 세계 전역으로 확산되었다.

당시 수많은 이가 따랐던 정치적 논리가 그러했듯이, 웹 부부가 따랐던 정치적 논리도 역사적 변화에 대한 이해에 깊이 뿌리내리고 있었다. 콩트Auguste Comte와 스펜서Herbert Spencer 그리고 다윈Charles Darwin의 진보적인 사고가 웹 부부에게 제도와 문화 그리고 생명체에서 시간에 걸친 진화의 중요성을 일깨워 주었다면, 테오도르 몸젠Theodore Mommsen과 헨리 메인Henry Maine 그리고 J. F. 맥레넌McLennan과 같은 법학자의 영향은 이들 부부에게 역사적 현실로서 제도를 둘러싼 이익 집단 간의 화해할 수 없는 갈등과 더불어, 노예제와 신부 납치 그리고 여아 살해가 폐지된 것과 같이, 수세대에 걸친 개혁이 법 자체를 바꾸어놓는다는 사실을 가르쳐주었다.[26] 하지만 시드니 웹은 과거의 미래에 대한 영향에 관한 이

25 Gertrude Himmelfarb, "The Intellectual in Politics: The Case of the Webbs", *Journal of Contemporary History* 6 (1971), 3.

26 Adam Kuper, "The Rise and Fall of Maine's Patriarchal Society", in Alan

같은 형식적인 이해에 자신이 정치적 삶의 '유기적 변화organic changes'라고 칭한 사회 운동과 윤리적 자각의 중요성에 대한 그 나름의 역사적 이해를 가미했다.[27] 그 같은 역사관에 따르면, 과거를 아는 것은 미래를 예측하는 데서만 유용한 것이 아니었다. 그것은 사회의 운영과 관련된 윤리적 결정을 내리는 데서도 필수적인 요건이었다.

역사를 더 나은 세계를 만들기 위한 도구로 여겼던 웹 부부는 역사 연구를 적극적인 정치 활동과 결합시켰다. 웹 부부는 정치 평론을 썼으며, 공직 선거 운동을 했으며, 다른 페비안 사회주의자들과 교류하며 런던의 빈곤 가정에 무상으로 깨끗한 물을 공급하는 것과 같은 혁명적인 기획을 촉구했다. 시드니 웹은 시햄의 하원 의원으로 일했으며, 이후에는 상원 의원이 되었다. 또한 그는 램지 맥도널드Ramsay MacDonald의 두 번째 노동당 정부에서 식민지상과 자치령 담당 장관으로 봉직하기도 했다. 웹 부부의 정치 활동 중 가장 큰 영향을 미친 것은 아마도 런던의 주택과 교통 그리고 상하수도 ― 오늘날 근대 도시의 일부분으로 당연시되는 편의 시설 ― 를 모두 정부가 관장하도록 하는 '런던 프로그램London Programme'을 위한 계획이라 할 수 있다.[28] 역사와의 깊은 조우를 기반으로 한 윤리적인 도시 이해 덕분에 웹 부부와 그들의 동지들은 도시의 물 공급을 극소수만 사용할 수 있도록 하는 것은 도시를 통치하는 방식이 결코 아니라고 런던 시민을 설득할 수 있었다.[29]

Diamond(ed.), *The Victorian Achievement of Sir Henry Maine*(Cambridge, 1991), 100-10; C. Hill, "Sidney Webb and the Common Good: 1887-1889", *History of Political Thought* 14(1993), 591-622.

27 Sidney Webb, "The Basis of Socialism: Historic", in George Bernard Shaw (ed.), *Fabian Essays in Socialism*(1889)(London, 1948), 29, 32, 46-7.

28 Sidney Webb, *The London Programme*(London, 1891); Asa Briggs, *Victorian Cities*(London, 1963), 350-2.

29 John Broich, *London: Water and the Making of the Modern City*(Pittsburgh,

20세기에 접어들면서 장기 지속은(물론 일반적으로 그렇게 불리지는 않았지만) 개혁을 목표로 한 수정주의적 역사 서술에 공인된 도구를 제공했다. 웹 부부가 시정과 국정의 개혁을 목표로 삼았다면, 이들 부부의 성공에 고무된 역사학자들은 훨씬 더 큰 목표를 설정했다. 근대 초 영국의 농민을 연구한 역사학자 R. H. 타우니Tawney는 서양과 중국을 잇는 지식인 중 한 명이 되었다. 15세기 수출 지향적인 목축업자와 생계유지를 원했던 가난한 농민 간의 갈등을 연구했던 타우니는 1920년에 접어들면서 농지를 둘러싼 투쟁을 전 세계의 가난한 농민이 모두 경험하고 있는 일로 다루기 시작했다. 선진 자본주의와 국제적인 토지 개혁 시대, 타우니는 경제사에 대한 깊은 이해를 무기로 삼아 지주 제도에 맞선 근대적인 투쟁의 선례를 파악해갔다.[30]

사실 타우니의 이력은 그 세대 역사학자들의 장기적인 사고의 실천적 의제를 여실히 보여주고 있다. 1931년 태평양 관계 연구소Institute of Pacific Relations의 도움으로 중국을 방문한 타우니는 지주와 농민 사이의 쟁투를 역사의 궁극적인 축으로 보고, 합리적인 토지 개혁이 즉각적으로 이루어져야 한다고 주장했던 자신의 영국사와 이상할 정도로 유사한 중국 농민사를 저술했다.[31] 이렇게 해서 역사는 로이드 조지David Lloyd George 시절 영국의 인민 예산People's Budget(1909년 상정되어 이듬해 통과된 자유당 사회 개혁 법안으로 부유층에 대한 직접세 부과를 통해 복지 예산을 확보하는 동시에 부의 재분배를 하고자 했다 — 옮긴이)과 토지 개혁Land Reform과 밀접한

2013).

30 R. H. Tawney, *The Agrarian Problem in the Sixteenth Century*(London, 1912).

31 R. H. Tawney, *A Memorandum on Agriculture and Industry in China* (Honolulu, 1929); Tawney, *Land and Labour in China*(London, 1932); Lawrence Goldman, *The Life of R. H. Tawney: Socialism and History* (London, 2013), 147.

관련을 맺고 있었던 타우니의 주장이 전 세계에 걸쳐 일반화될 수 있도록 도왔다. 마르크스와 미국의 정치경제학자이자 토지 개혁가 헨리 조지Henry George가 초석을 마련한 관점에서, 장기 지속의 역사로 서술된, 토지를 둘러싼 계급 역학의 보편적인 진리는 각국의 특수한 전통과 연결될 수 있었으며, 그것이 진리라고 판명 난 경우 다른 지역에도 적용될 수 있다고 설득력 있게 주장할 수 있었다. 이 같은 적용은 후일 브로델이 과도하게 현재에 착목하며, 권력에 대해 무비판적이며, 인과 관계에 대한 근본적인 질문을 회피한다고 비판했던 동시대의 연구와는 매우 다른 종류의 것이었다. 긴 범위를 다루는 역사학은 근대의 여러 제도를 이해하고, 이상향을 향한 계획을 떠올리고, 사회를 바꾸기 위한 혁명적인 기획을 고민할 수 있도록 도왔던 도구였다.

　제도에 대해서는 논의할 의향이 전혀 없었던, 하지만 정치 변화에는 큰 관심을 보였던 이들에게도 장기 지속은 인기가 있었다. 1950년대와 1960년대 에릭 홉스봄Eric Hobsbawm의 수많은 저작은 국제적인 농민 토지 수탈international peasant land grabs, 마르크스주의 운동, 공유지 무단 거주자들, 그리고 무정부주의 여행가들을 그가 "원초적 반란primitive rebels"이라 칭한 긴 일련의 맥락 속에 위치시켰다. 홉스봄은 이를 통해 그처럼 조직화되지 않은 학생운동 ─ 비폭력을 위한 미국 학생조직위원회American Student Nonviolent Coordinating Committee나 알제리와 팔레스타인 그리고 쿠바에서의 탈식민주의 운동 ─ 이 국제적인 마르크스주의 단체와 규율화된 관계를 맺고 있지 않기에 역사적인 실패에 지나지 않는다는 주장을 반박했다. 대신 홉스봄은 특정 정당이나 이데올로기가 아니라 일반 사람의 상식에 의거해 촉발된 자발적인 대중 운동이 근대 초부터 다수가 민주주의를 향유할 수 있도록 요구했을 뿐만 아니라 동시에 자본주의의 한계를 비판하며 혁명을 예고했다는 사실을 밝혔다. 이는 곧 전후 대중 운동이 미국이나 소련 혹은 유럽의 완화된 입헌주의에 대한 관점의 수용 여부와 상관없이

동등하게 평가받아야 한다는 것을 의미했다.[32]

홉스봄은 1970년대와 1980년대에 줄곧 장기적인 정치 변동의 이론가로 자리를 지키며, 현재의 변화를 위한 과거의 선례의 집합으로서 역사를 적극적으로 활용해야 한다는 주장을 강력하게 펼쳤다. 홉스봄은 빅토리아 시대 도시 빈민가 철거의 주된 방식이었던 강제 퇴거와 고속도로 건설의 시대 근대적인 도시 빈민가 철거의 유사성에 착목했던 같은 시기 미국의 역사학자 루이스 멈퍼드Lewis Mumford와 도시 철거에 주목했던 역사학자들의 연구에 찬동했다. 그와 동시에 홉스봄은 정치적인 목적을 위해 환원주의적으로 역사를 서술하는 것, 예를 들어 과거를 더 도덕적인 시대로 순진하게 바라보는 보수주의적 해석은 강하게 비판했다.[33]

타우니와 웹 부부 그리고 홉스봄처럼 현실 정치와 관련해 조언을 하고자 역사를 활용하는 것은 전혀 유별난 일이 아니었다. 모든 나라에서 개혁의 정신을 담아 자국의 역사national history를 다시 썼으며, 그러한 역사는 진보적인 정치에 적합한 새로운 소속 의식과 개혁의 상을 제시했다. 미국에서는 찰스 비어드Charles Beard와 아서 슐레진저 시니어Arthur Schlesinger Sr가 미국의 정체성에 관한 장기 지속 역사서를 써 내려가면서 미국을 인종 중심성racial centrality이 아니라 인종 다원주의racial pluralism에 입각해 새롭게 고찰했다. 개혁을 추구하며 좌파적인 정치 비판을 했던 수많은 미

---

32 E. J. Hobsbawm, *Labouring Men: Studies in the History of Labour*(London, 1965); Hobsbawm, *Primitive Rebels: Studies in Archaic Forms of Social Movement in the 19th and 20th Centuries*(London, 1965); Hobsbawm, *The Age of Revolution: Europe 1789-1848*(London, 1962).

33 E. J. Hobsbawm, "The Social Fuction of the Past: Some Questions", *Past & Present* 55(1972), 3-17; Hobsbawm, *On History*(New York, 1997); Hobsbawm, *On the Edge of the New Century*(London, 2000); Hobsbawm, *On Empire: America, War, and Global Supremacy*(London, 2008); Gregory Elliott, *Hobsbawm: History and Politics*(London, 2010).

국의 역사학자 중에는 메를 커티Merle Curti가 수동적인 저항과 평화 구축 그리고 민주주의에 대한 장기 지속 역사서를 집필했던 1950년대 위스콘 신 대학 역사학과가 대표적이다.[34]

영국의 급진적인 역사학자들은 근대 초 유럽의 농민 소유 토지의 탈 취에 비추어 도시 계획이 빈곤층의 입장에서 이루어져야 할 이유를 재 조명했다. 일부 역사학자들은 미래의 개혁가를 고취할 정부 개혁의 모 델을 수립하는 일에 뛰어들기도 했다. 존 해먼드John Hammond와 바버라 해먼드Barbara Hammond, W. G. 호스킨스Hoskins, 모리스 베레스퍼드Maurice Beresford, 그리고 칼 폴라니Karl Polanyi와 같은 역사학자는 자신들이 자본주 의의 원죄original sin로 파악한 것이 교정되어야 한다고 보았으며, 과거에 대한 그 같은 이해를 기반으로 하여 그들은 복지와 보건 진료 그리고 공 원과 주택을 자본주의가 빈공층으로부터 빼앗아간, 따라서 정부가 되돌 려줘야 할 삶의 필수품으로 권고했다.[35]

식민지에서 벗어난 지역에서도 1920년부터 1960년 사이의 역사를 되 돌아보는 것은 앞을 보기 위해 필요한 선행 조건이 되었다. 독립을 쟁취 하기까지 실패했던 수많은 봉기의 기나긴 궤적을 설명하고자, 그리고 그 러한 유산이 제대로 계승되었다는 것을 보여주기 위한 척도로서, 예를 들어 토지 재분배와 같은 특정한 평등주의적 개혁을 강조하고자 자국의

---

34 Charles Beard, *American Government and Politics*(New York, 1910); Charles Beard and Mary Beard, *The Rise of American Civilization*(New York, 1928); Merle Curti, *The American Peace Crusade, 1815-1860*(Durham, NC, 1929); Curti, *Peace or War: The American Struggle*(New York, 1936).

35 J. L. Hammond and Barbara Hammond, *The Village Labourer, 1760-1832: A Study in the Government of England before the Reform Bill*(London, 1911); Karl Polanyi, *The Great Transformation*(New York, 1944); W. G. Hoskins, *The Making of the English Landscape*(London, 1955); M. W. Beresford, *History on the Ground: Six Studies in Maps and Landscape*(London, 1957).

역사를 다시 쓰기 시작했다. 대표적으로 C. L. R. 제임스James와 V. D. 사바카르Savarkar의 연구가 이에 속했다. 가나와 델리에서는 심지어 총리가 역사학자가 되었다(트리니다드 토바고에서는 역사학자 — 에릭 윌리엄스Eric Williams — 가 후일 총리가 되었다). 깊은 과거에 대한 인식은 이들과 같은 새로 탄생한 국가의 통치자들에게 그 나름의 목적 의식과 자부심을 가져다주었다. 또한 깊은 과거에 대한 인식은 수 세기에 걸친 민족 투쟁을 거치며 형성된 자국의 역사적 특수성뿐만 아니라 그와 함께 작동하고 있었던 서양의 입헌주의 전통의 유산에 대해서도 고민하도록 이끌었다.[36]

역사학자만 앞을 보기 위해 뒤를 살폈던 것은 아니다. 한나 아렌트 Hannah Arendt와 위르겐 하버마스Jürgen Habermas처럼 지난 수 세기에 걸친 증거를 민주주의에 대한 강고한 새 이론과 접목시킨 정치 이론가도 있었다.[37] 도시 계획에 관심을 가졌던 언론인 루이스 멈퍼드는 주간 고속도로 시스템interstate highway system의 시대 교외로의 스프롤 현상suburban sprawl이나 도시 빈민가 철거 — 자신이 빅토리아 시대 도시 빈민가 철거와 진보주의 운동의 역사를 통해 조명했던 당시의 정치 현실 — 의 위험을 알리고자 장기 지속 역사가로 변신했다. 특히『기술과 문명Technics and Civilization』에서처럼 멈퍼드의 거시적인 개관은 한참 뒤에야 등장할 미셸 푸코Michel Foucault와 E. P. 톰슨Thompson의 영향력 있는 이론에 앞서 산업화, 기계화, 시간 규율time discipline 그리고 노동자 계급의 소외에 관한 모든 이론을 포괄했다.[38]

---

36 Jawaharlal Nehru, *Glimpses of World History*(Kitabistan, 1934); Vinayak Domodar Savarkar, *Six Glorious Epochs of Indian History*(Delhi, 1963); C. L. R. James, *State Capitalism and World Revolution*(Chicago, 1986); James, *The Future in the Present*(London, 1977).

37 Hannah Arendt, *The Human Condition*(Chicago, 1958); Arendt, *The Origins of Totalitarianism*(New York, 1958); Arendt, *Between Past and Future: Six Exercises in Political Thought*(New York, 1961).

이들 역사학자 모두 일반 대중 독자를 대신해 미래를 제대로 이해하고 정부 정책에 직접적으로 영향력을 행사하고자 과거를 살폈다. 비어드와 슐레진저의 책은 미국 전역에서 교과서로 채택되었으며, 여러 쇄를 찍었다.[39] 멈퍼드의 연구는 《뉴 리퍼블릭New Republic》, 《더 뉴요커The New Yorker》, 《하퍼스 매거진Harper's Magazine》과 같은 시사 잡지에 종종 게재된 짧은 글을 비롯해 수백 편에 달했다. 멈퍼드는 로버트 모제스Robert Moses 의 뉴욕시 도시 빈민가 철거 정책을 비판하면서, 또 제인 제이콥스Jane Jacobs를 중심으로 한 도시문제 관련 시민운동에 지적 뼈대를 제공하면서, 인종과 도시 재생을 둘러싼 미국 내 논쟁의 중심 인사가 되었다.[40]

이와 같은 논쟁은 역사학자는 자신이 일정 부분 공무원을 독자로 염두에 두고 연구한다고 생각했던, 그리고 사회과학자는 역사학자의 장기 지속의 관점을 공공 개혁을 위한 자료로 활용했던 환경하에서 이루어졌다. 1930년대 타우니에서부터 1980년대에 이르기까지 토지 문제에 대해 글을 썼던 서양과 인도의 전문 역사학자들은 행위자로서 제도와 공적 목적에 대한 큰 질문을 제기하고자 장기 지속에 몰두하기 시작했다. 구체적인 문서와 사건 그리고 인물에 대한 세밀한 독해 그리고 무엇보다 여러 동료 학자의 연구 덕택에 수 세기를 다룰 수 있었던 이들의 학문적 작업

---

38 Lewis Mumford, *The Story of Utopias*(New York, 1922); Mumford, *Technics and Civilization*(New York, 1934); Mumford, *The Culture of Cities*(New York, 1938); Thomas P. Hughes, *Lewis Mumford: Public Intellectual*(Oxford, 1990).

39 Charles Beard, *American Government and Politics*(New York, 1910, and later edns); Arthur Schlesigner, Sr, *Political and Social History of the United States, 1829-1925*(New York, 1925, and later edns).

40 예를 들어, Lewis Mumford, "The Intolerable City: Must It Keep on Growing?" *Harper's Magazine* 152(1926), 283-93; Mumford, "Magnified Impotence", *New Republic* 49(22 December 1926), 138-40; Mumford, "The Sky Line: Bigger Slums or Better City?" *The New Yorker* 26(24 June 1950), 78-84.

은 분과 학문으로서 역사학과 국제 거버넌스 기구 사이의 대화를 주도했다. 1950년대와 1960년대 성년이 되었던 학자에게 장기 지속 역사는 관료를 설득하고, 정책을 수립하는 도구였던 것이다.

오늘날 역사학자와는 달리 당시 전문 역사학자는 관료와 일을 같이 하건 아니면 대중 운동에 참여하건, 정책에 대한 영향력 행사를 기대할 수 있었다. 아서 슐레진저 주니어Arthur Schlesinger Jr는 미국 대통령 존 피츠제럴드 케네디John Fitzgerald Kennedy의 정책 수립에 깊이 관여했다. 미국 국제관계사에 대한 광범위한 역사서를 여러 권 집필한 윌리엄 애플먼 윌리엄스William Appleman Williams는 장기 지속 연구를 통해 미국의 냉전에의 연루의 위험을 지적했을 뿐만 아니라, 이를 다수의 논문을 통해 대중과 공유하기도 했다. 미국인들에게 정치적 행동을 취할 것을 호소했던 윌리엄스의 글은 《더 네이션The Nation》에 그리고 여러 권의 단행본으로 출판되었으며, 그의 저서는 학계 전반에 걸쳐 읽히고, 호평을 받고, 또 비판을 받았다(윌리엄스는 케네디 행정부에서 자리를 거부했다).[41]

국제개발기구는 자유와 독립 그리고 경제 성장과 국가 간 상호 평화 구축의 로드맵roadmap을 제공하고자 역사를 살폈다. 예컨대, 국제연합 식량농업기구United Nations Food and Agriculture Organization의 초대 의장이었던 존 보이드 오어John Boyd Orr는 율리우스 시저Julius Caesar의 영국 정복에서 시작해 1920년 농업법Agricultural Act을 통한 농장 노동자와 지주 간의 관계 개선으로 끝을 맺는 기아에 대한 회고적인 역사서를 출판하면서 활동을 개시했다.[42] 1960년대에 이르면 데이비드 랜즈David Landes와 같은 경제사

---

41 William Appleman Williams, *The Tragedy of American Diplomacy*(New York, 1962); Kevin Mattson, *Intellectuals in Action: The Origins of the New Left and Radical Liberalism, 1945-1970*(University Park, PA, 2002), 147-51, 159.

42 John Boyd Orr, *A Short History of British Agriculture*(London, 1922). 이 책은

가들이 녹색혁명Green Revolution 시대에 걸맞은 개발 정책을 지원하고자 산업혁명Industrial Revolution의 역사를 새롭게 고찰했으며, 계속된 발명의 역사를 등에 업고 부로 넘쳐나는 미래를 전망했다.[43] 그리고 1970년대에는 토지경제학자 엘리아스 투마Elias Tuma와 영국의 지리학자 러셀 킹Russell King과 같은 토지 개혁 이론가가 장기 지속 역사에 주목하기 시작했다. 이들은 국제 정책 기구에 조언하고자 당시 토지 개혁을 농업 제국의 혜택을 누리고자 고대 로마에서부터 시작해 수 세기에 걸쳐 싸워왔던 농민의 경험에 비추어 조명했으며, 이로써 역사학자들의 연구를 종합해나갔다.[44]

그들이 활용할 수 있는 토지 정책과 관련된 장기 지속 역사는 넘쳐났다. 당시 국제연합의 창설자들은 질서정연한 세계를 향한 평화적인 궤도 위에 세계를 안착시키고자 남반부Global South에 대한 적절한 수준의 개입에 대해 논의하고 있었다. 이에 여전히 헨리 조지를 따르던 수많은 대서양 양측의 학자들이 지주의 독점을 근대 역사의 징후적 범죄로 파악하면서 토지의 대중 소유를 이를 멈추기 위한 해법으로 다루는 역사 해석을 제공하고자 장기 지속에 주목하기 시작했다. 그에 따라 1940년대와 1950년대 헨리 조지의 관점에 입각한 역사 연구가 진행되기 시작했으며

상대적으로 덜 알려져 있다. 하지만 제도가 농업을 어떻게 혁명적으로 변화시킬 수 있을까에 대한 오어의 역사적인 시각은 이후 수십 년 동안 그가 설립을 도운 여러 국제연합 기구에 의해 전 지구적 차원에서 실천에 옮겨졌다.

43 David Landes, *The Unbound Prometheus: Technological Change and Industrial Development in Western Europe from 1750 to the Present* (London, 1969); William J. Ashworth, "The British Industrial Revolution and the Ideological Revolution: Science, Neoliberalism and History", *History of Science*(2014): doi: 10.1177/0073275314529860.

44 Elias H. Tuma, *Twenty-Six Centuries of Agrarian Reform: A Comparative Analysis*(Berkeley, 1965); Russell King, *Land Reform: A World Survey* (London, 1977).

토머스 제퍼슨Thomas Jefferson 이래 미국의 농업 전통agrarian tradition에 관한 서사가 정립되었다. 헨리 조지를 추종하는 여러 역사학자는 지주들의 수많은 악폐와 그들의 토지 찬탈을 막기 위해서는 민중주의 정부populist government가 필요하다는 것을 입증하고자 많은 노력을 기울였다. 같은 목적으로 알프레드 노블릿 챈들러Alfred Noblit Chandler는 『토지 소유권의 기원, 무력과 사기의 이야기Land Title Origins, A Tale of Force and Fraude』(1945)를 내놓았다. 이 책은 토지에 대한 자본가들의 지배력 증대를 다룬 역사서로, 문제의 발단을 헨리 조지와 같은 시대를 살았던 철도왕들railway barons과 정부로부터 재정 지원을 받았던 미국 공립 대학들 — 1862년 모릴 법 Morrill Act에 의해 재정 지원을 받았던 소위 '무상 토지land-grant' 대학들 — 에 대한 그들의 영향에서 찾았다.[45] 이와 유사하게 아론 사콜스키Aaron Sakolski는 『미국의 토지 소유와 토지세Land Tenure and Land Taxation in America』(1957)란 책을 내놓았다. 이 책에서 사콜스키는 핸리 메인Henry Maine, 누마 데니스 퓌스텔 드 쿨랑주Numa Denis Fustel de Coulanges, F. W. 메이트랜드Maitland, 폴 비노그라도프Paul Vinogradoff, 막스 베버Max Weber, 그리고 G. R. 가이거 Geiger로 이어지는 토지 소유권의 역사를 둘러싼 오랜 논쟁의 역사를 검토하면서, 재산법 수정 조항의 긴 역사에 기초한 미국 지성사를 선사했다.[46] 궁극적으로 사콜스키에 따르면 토지와 관련된 법규는 정의 개념의 반영이며, 정의의 핵심은 일련의 정신적이고 종교적인 가치였다. 이에 사콜스키는 토지에 대한 자유로운 접근은 부자와 빈자 모두를 동등한 인

---

45 Alfred N. Chandler, *Land Title Origins: A Tale of Force and Fraud*(New York, 1945).

46 George Raymond Geiger, *The Theory of the Land Question*(New York, 1936); Paolo Grossi, *An Alternative to Private Property: Collective Property in the Juridical Consciousness of the Nineteenth Century*(trans.) Lydia G. Cochrane(Chicago, 1981).

간으로 대우하는 교리의 직접적인 반영이라고 추론했다. 사콜스키는 "초기 기독교 교부들은 고대 히브리 전통에 젖어 있었으며, 토지 소유 문제에 대한 그들의 정의 개념은 이를 따랐다"고 기술했다.[47] 토지 소유 엘리트 계층에 의한 자본 축적에 반하는 도덕적 선례는 심지어 『성서Bible』의 시대로까지 거슬러 올라가 찾을 수도 있었다. 그리고 그와 같은 선례는 이제 국가 차원에서만 아니라 국제적인 차원에서 법적 행동을 촉구하기 위해 한데 모아졌다.

　하지만 타우니와 같이 사회 변혁의 필요성을 알리고자 제도와 운동의 오랜 과거에 대한 자신의 지식을 활용했던 사회사가의 고전적인 장기 지속은 싱크 탱크와 비정부 기구에 의해 "더러운 장기 지속dirty longue durée"이라 칭할 수 있는 것으로 전용되었다. 역사학 교육을 받지 않은 "더러운 장기 지속" 역사서의 저자들은 허술한 역사적 증거에 기대어 역사의 진보에 대한 관대한 결론을 도출했다. 이들은 문제가 되는 시기나 사건을 다루면서 2차 문헌이나 이전의 전통은 거의 고려치 않았다. 특히 이들은 마르크스주의와 여타의 좌파적인 관점을 완전히 부정했으며, 대신 자유 시장에 대한 신념과 기술 발전에 대한 확신 그리고 서양의 창조적 능력에 의해 보장된 미래의 혜택과 일면 조응하는 듯한 역사 해석을 내놓았다. 물론 '더러운 장기 지속'에도 선례가 있었으며, 이는 일반 대중을 교육할 의도로 쓰인 대중적인 역사서와 밀접하게 관련되어 있었다. 그러한 역사서는 적어도 찰스 듀팽Charles Dupin의 『영국의 상업력The Commercial Power of Great Britain』(1825)에서 시작되었으며, 1850년대 과학 기술에 관한 대중적인 역사서로 이어졌다.[48]

47　Aaron M. Sakolski, *Land Tenure and Land Taxation in America*(New York, 1957), 13; 이를 Eric Nelson, *The Hebrew Republic: Jewish Sources and the Transformation of European Political Thought*(Cambridge, MA, 2010), 57-87 과 비교하라.

역사가 정치적인 편견을 조장하기 위해 활용될 수 있다는 것은 전혀 새로운 사실이 아니다. 하지만 새로운 장르가 만들어지려면 정치적 환경과 제도적 환경이 모두 뒷받침이 되어야 한다. 전후 미국의 경우에는 비정부 기구의 증가, 미국 패권의 확장, 국제연합과 같은 초국가적인 거버넌스 기구의 확대, 그리고 세계은행의 탄생에 따라 장기 지속 역사를 소비할 여력을 갖춘, 기아와 가난 그리고 가뭄과 독재와 같은 중대한 문제에 대한 대응책에 목말라하는 폭넓은 계층이 형성될 수 있는 환경이 마련되었다. 이후 베이비 붐 시기에 태어난 역사학자들이 이와 같은 문제를 직접 다루기를 포기하고 인종과 계급에 관한 미시사로 후퇴하면서 장기지속 역사는 역사학 교육을 제대로 받지 않은 작가들의 차지가 되어버렸다. 그들 중 일부는 로마 클럽Club of Rome이나 랜드 연구소Rand Corporation에 의해 고용된 인구학자이거나 경제학자였으며, 또 다른 일부는 심리학자, 생물학자, 자칭 미래학자, 혹은 소위 '인구 폭탄population bomb'과 '성장의 한계limits to growth'의 시대에 대중 독자를 위해 글을 쓴 아마추어 역사학자였다. '더러운 장기 지속' 역사는 만발했지만, 역사학자는 자신의 손을 더럽히고자 하지 않았다.[49]

---

48 Charles Dupin, *The Commercial Power of Great Britain*(1824)(Eng. trans.), 2 vols. (London, 1825).

49 예를 들어 Paul R. Ehrlich, *The Population Bomb*(New York, 1968); Erich Fromm, *The Revolution of Hope: Toward a Humanized Technology*(New York, 1968); R. Buckminster Fuller, *Utopia or Oblivion: The Prospects for Humanity*(London, 1969); Alvin Toffler, *Future Shock*(New York, 1970); Norman Kahn and B. Bruce Briggs, *Things to Come: Thinking about the Seventies and Eighties*(New York, 1972); George Leonard, *The Transformation: A Guide to the Inevitable Changes in Humankind*(New York, 1972); Donella Meadows *et al.*, *The Limits to Growth: Report for the Club of Rome's Project on the Predicament of Mankind*(New York, 1972); Adrian Berry, *The Next Ten Thousands Years: A Vision of Man's Future in the Universe*(New York,

소위 쓸모 있는 역사 이야기에 대한 국제 거버넌스 기구의 수요는 어이가 없을 정도로 모든 것을 포괄하는 엄청난 스케일에서의 종합을 촉발했다. 역사적 이해에 대한 그 같은 수요는, 특히 역사적 데이터에 입각한 합리성과 추상의 비약은 점점 더 늘어만 갔다. 그러한 주장 중 가장 기상천외한 주장을 내놓은 이는 시스템 이론가이자 미래학자로 변신한 물리학자 헤르만 칸Herman Kahn이었다. 칸은 세계사 속 장기적인 추이를 검토함으로써 자원 이용과 환경 재앙 그리고 소비에 관한 논쟁을 종결지을 수 있다고 장담했다. 칸과 그와 뜻을 같이한 이들은 미래의 과학 기술 발전과 인구 통제에 관한 예언에 맞서 기원전 8000년 이래 인구 증가에 대한 역사적 데이터를 간략히 정리해 제시한 후, "갈수록 더 풍요로워지는" 탈산업화한post-industrial 세상을 예견하며 결론을 맺었다.[50]

* * * * *

미래지향적인 의도를 지녔던 이 같은 장기 지속 역사 서술의 선례를 염두에 두고, 이제 우리는 좀 더 일반적인 차원에서 과거에 대해 어떤 방식으로 사고하는 것이 미래에 대해 논하는 데 도움이 될 수 있는지, 특히

1974); Mihajlo Mesarović and Eduard Pestel, *Mankind at the Turning Point: The Second Report to the Club of Rome*(New York, 1974); Herman Kahn, William Brown, and Leon Martel, *The Next 200 Years: A Scenario for America and the World*(New York, 1976); Wayne I. Boucher(ed.), *The Study of the Future: An Agenda for Research*(Washington, DC, 1977); Ervin Lázló *et al.*, *Goals for Mankind: A Report to the Club of Rome on the New Horizons of Global Community*(New York, 1977)를 보라.

50 Kahn, Brown, and Martel, *The Next 200 Years*; Paul Dragoş Aligică, *Prophecies of Doom and Scenarios of Progress: Herman Kahn, Julian Simon, and the Prospective Imagination*(New York, 2007); Andersson, "The Great Future Debate and the Struggle for the World", 1416.

우리가 공적 미래라고 정의내린 이와 같은 온당한 목적을 달성하는 데 도움이 될 수 있는지 논할 차례이다. 역사가 어떻게 도움이 되는지에 대해서는 많은 ― 일부는 미래의 지도자를 가르치기 위해 위인의 삶을 활용하고 자 한 고대 신학과 정치 철학에서 기원하며, 다른 일부는 투쟁하는 대중을 지원 하기 위해 역사를 활용하고자 했던 마르크스주의의 헌신에서 유래하는 ― 논 의가 있어왔다. 그와 같은 전통은 많은 기여를 할 수 있다. 예컨대, 자유 의지와 운명은 정해져 있지 않을 수도 있다는 가능성을 강조할 수도, 또 는 현재의 제도와 가치 혹은 기술이 필연적인 것이라는 생각을 뒤흔드는 반사실적 사고의 힘을 보여주는 증거를 제공할 수도, 혹은 지금 우리가 알고 있는 세상보다 더 나은 세상을 보여주는 전통을 다룬 이상향주의적 역사를 제공할 수도 있다.

아래의 논의는 우리 ― 기관에 속해 있는 사람이나 교육받은 개혁가나 혹 은 권력으로부터 배제된 이들의 목소리를 대변하고자 싸우고 있는 급진주의자 ― 가 각자의 선택지에 대해 역사적으로 생각해보고자 한다면, 어떻게 역사에 대한 지식을 활용해야 하는지 알려주는 몇 가지 제안이다. 우리 가 제공하고자 하는 것은 미래에 대한 생각이 국제정치학이나 경제학 혹 은 환경과학이든 상관없이 결코 전문가에게 내맡겨지지 않는 역사학이 다. 우리가 제공하고자 하는 것은 새로운 미래를 만드는 것이 과거로부 터의 이야기를 읽고 논할 수 있는 모든 이에게 다시 한 번 열려 있는 역 사학이다. 바로 이와 같은 초석 위에서 우리는 우리 모두가 공유하는 미 래를 만들기 위한 역사적 사고의 세 가지 접근법을 공개적으로 그리고 윤리적인 견지에서 추천하고자 한다. 이들 방법은 운명과 자유 의지, 반 사실적 사고의 힘, 그리고 이상향주의적 사고에 대한 실용적인 논의라 하겠다.

1. 운명과 자유 의지에 대해 생각하기

사회가 붕괴되지 않으면서 실제로 바뀔 수는 없을까? '개혁'은 어떠할까? 가공되지 않은 자료와 추상적인 모델을 축적하는 것만이 인간이 자신의 문명을 새롭게 만드는 유일한 방도일까? 자원을 고갈시키고 대기와 물을 오염시켜온 문명이 이를 멈추고 자원을 모두를 위한 지속 가능한 미래를 위해 쓰기로 결정할 수 있을까? 혹은 경제학의 법칙은 대중의 절망과 극소수만의 생존을 예고하는 것일까?

환경과학과 경제학이 흔히 대안적인 미래가 거의 사라지거나 전혀 존재하지 않는 세상을 그려왔다면, 역사학의 역할은 기후 변화에 대한 책임 소재를 둘러싼 데이터만 살펴보는 것이 아니라 지금까지 고안된 대안적인 방향과 이상향적인 옆길 그리고 대안적인 농업과 소비 양식에 주의를 환기시키는 데 있다고 하겠다. 문화지리학자 마이크 흄Mike Hulme이 지적하듯이, 수많은 기후 논쟁에서 "인간은 기후 변화에 따른 자신의 운명을 수동적으로 기다리는 '어리석은 농부dumb farmers'로 묘사되고 있다. 행위자로서 인간의 가능성은 각주에서 취급되고 있으며, 논의에서 문화 규범의 변화와 실천은 사라지고 인간의 상상력의 창조적인 잠재력은 무시되고 있다".[51] 기후 변화와 진화론적 인류학 그리고 경제학은 종으로서 인간을 자신의 이기적인 유전자의 희생자로, 어찌 되었건 탐욕과 착취로 우리를 이끄는 DNA의 희생자로 묘사할 수도 있겠지만, 역사학과 인류학은 다양한 인간의 가치와 상호 부조의 형태를 거듭 상기시켜준다.

이 같은 질문을 제기하면서 기후과학은 미래에 대해 다르게 사고하는 법을 이제 막 다시 발견하고 있다. 오스트레일리아의 환경사학자 리비

---

51 Mike Hulme, "Reducing the Future to Climate: A Story of Climate Determinism and Reductionism", *Osiris* 26 (2011), 256.

로빈Libby Robin이 주장하듯, 지난 10년 동안 기후 논쟁에서 중심된 주제는 "과거의 변화 중 그 영향이 현재 점증하고 있는 것"이라 할 수 있다.[52] 다시 말해, 기후과학자들과 정책 입안자들은 일련의 결과를 촉발한 본래의 원인들 중 가장 핵심적이고 결정적인 원인을 찾아내는 문제를 두고 다퉈 왔던 것이다. 기후든 정치 체제든 간에 장기적인 변화를 이해하고자 하는 학자라면 반드시 상이한 시간 범위, 행위자, 시대, 그리고 사건을 그 나름의 복잡한 상호 관계 속에서 파악해야 한다. 그리고 바로 이것이 학문 분야로서 역사학의 주요한 능력 중 하나이다. 이는 곧 환경 담론이 만약 아직도 그러하지 않고 있다면 역사학의 영역 안으로 확실히 들어와야 한다는 것을 의미한다. 만약 우리가 진정으로 장기적인 지속 가능성을 이해하길 원한다면, 우리는 과거를 되돌아봐야 한다. 우리의 문명 이전 수천의 문명이 위계질서에 대해 의문을 제기했으며, 종종 성공했다. 그러므로 과거에 대한 지식은 우리가 미래에 얼마만큼의 자유 의지를 지닐 수 있을 것인지를 알아보는 원천이다.

2. 반사실적 사고

지속 가능한 경제에 대해 논할 때 우리가 흔히 고민하는 것은 원래대로 되돌릴 수 있는가이다. 예를 들어, 만약 우리가 증기 기관을 없앤다면 기후 변화의 길을 되돌릴 수 있을까? 풍력 범선과 효율적인 철도 노선으로 연결된 빅토리아 시대 경제로 세계 주요 지역을 지탱할 수 있을까? 지속 가능한 농촌 생태 환경을 조성하고자 한다면 소에 의존한 농업을 재고해야만 할까? 지구를 구하려면 얼마나 많은 시간을 거슬러 올라가야

---

52 Libby Robin, "Histories for Changing Times: Entering the Anthropocene?" *Australian Historical Studies* 44 (2013), 333.

할까? 마찬가지로 과거의 실수를 모아 만든 색인은 21세기 미국을 이끈 원칙이 아닌 다른 원칙에 따라 경제가 운영될 경우에도 계속 성장을 할 수 있는지 여부에 대한 경제학자들의 고민에도 도움이 된다. 예컨대 물 공급을 보호하거나 국유화한 볼리비아와 같은 나라가 사적 이익에 의해 지배받는 자유 시장 세계와 제대로 된 경쟁을 할 수 있을까? 대단히 효율적인 19세기 국가 행정 관료 기구가 세계화된 근대 경제 체제와 경쟁할 수 있을까? 만약 우리가 오늘날 우리의 불만의 뿌리를 찾고자 한다면, 또한 우리의 바다를 살리고 가난한 이들의 식량과 식수에 대한 권리를 지켜주고자 한다면, 우리는 얼마나 더 뒤로 거슬러 올라가야 할까?

지속 가능성의 시대, 이 같은 질문은 한가한 사색 거리가 아니다. 지난 30년 동안 캔사스에 있는 토지 연구소Land Institute에서 지속 가능한 책임 농업의 원칙을 연구해온 유전학자 웨스 잭슨Wes Jackson을 비롯한 다수의 과학자가 앞으로의 방향을 모색하기 위한 수단으로 반사실적 사고를 면밀히 검토했다.[53] 지속 가능한 농업을 정착시키기 위한 방도를 논한 성찰적인 논문에서 잭슨은 자신의 토지 연구소와 협업을 한 수학자들이 농장에 트랙터를 구비하고 유지하기 위해 필요한 상품 네트워크의 규모에 관한, 점점 더 확장되는 반사실적 질문에 대해 어떻게 고민했는지 묘사했다. 만약 정부의 지원을 받아 건설된 고속도로가 없다면 트랙터에 필요한 나사는 어떻게 구할 것인가? 만약 트랙터를 만든 회사의 전 세계 임원진을 한데 모아줄 비행기가 없다면 어떻게 할 것인가? 트랙터에 의존한 농업이 탈탄소 세계에서도 여전히 가능할 것인가?

이러한 고민은 탄소 위기의 시대를 넘어서 급변하는 기후와 교통 그리

53 Bill Vitek and Wes Jackson(eds.), *The Virtues of Ignorance: Complexity, Sustainability, and the Limits of Knowledge*(Lexington, KY, 2008); Wes Jackson, *Consulting the Genius of the Place: An Ecological Approach to a New Agriculture*(Berkeley, 2010).

고 공급망의 세계로 우리의 도시가 나아갈 수 있도록 먹여 살릴 농업 양식의 모색을 자신의 연구 목표로 삼고 자료 수집을 하는 과학자에게 즉각 해당된다. 그것은 역사학자에게는 매우 익숙한 질문의 형태, 즉 반사실적 논리를 대표한다. 반사실적 사고는 역사학자가 만약 나폴레옹이 워털루 전투battle of Waterloo에서 패하지 않았다면 어떤 일이 벌어졌을까, 또는 제1차 세계대전의 발발을 막기 위한 필요 조건은 무엇일까 추측해보는 것과 같은 작업이다. 반사실적 사고는 − 만약 클레오파트라Cleopatra의 코가 짧았다면 세상은 달라졌을까라고 볼테르Voltaire, François-Marie Arouet가 짓궂게 물었던 것처럼 − 말장난에 지나지 않을 수도 있지만, 인과 관계에 대한, 따라서 책임 소재를 가리고자 하는 모든 역사적 사고에 도움이 된다.[54] 지속 가능성의 시대에 반사실적 사고는 우리 모두의 일이다. 반사실적 사고는 내후성이 좋은 트랙터를 만들고자 하는 발명가나 사업가에게만이 아니라 지속 가능한 세계를 위한 농업 양식을 모색하는 유전학자에게도 반드시 필요한 역사적 논리의 한 형태이다.

공개적으로 또 지면을 통해 지속 가능성 전문가는 부지불식간에 역사학자가 되어가고 있다. 환경과학자와 정책 전문가가 답변을 내놓고자 한 주된 추상적인 고민거리는 시대 구분과 사건 그리고 인과 관계에 관한 것으로, 이는 다름 아닌 역사 철학의 문제였다. 우리는 점점 더 많은 이가 전 지구적 사태의 변화하는 본질을 파악하고자 역사를 살피는 그러한 세상에 살고 있다. 하지만 만약 번영을 포기해야만 지구를 지킬 수 있다면 어찌할 것인가?[55] 그와 같은 생각은 현재 기업과 정책을 지배하고 있

54 Niall Ferguson(ed.), *Virtual History: Alternatives and Counterfactuals* (London, 1997); Richard Evans, *Altered Past: Counterfactuals in History* (London, 2014).

55 Humberto Llavador, John E. Roemer, and Joaquim Silvestre, "A Dynamic Analysis of Human Welfare in a Warming Planet", *Journal of Public*

는 것과는 매우 다른 이론적 도구 세트를 필요로 할 것이다. 더 나아가 진정한 지속 가능성은 근대 자본주의가 지난 두 세기 동안의 역사적인 발전을 통해 물려받은, 그리고 모든 경제학자의 성공에 대한 정의에 내재되어 있는 '개선improvement', '발전development', '성장growth'과 같은 용어가 지닌 힘에 대한 생각을 고쳐잡는 일을 포함할 것이다.[56]

마찬가지로 역사적인 사례는 언제부터 정책을 수립하는 이들이 좀 더 지속 가능한 세상을 만들기를 포기했는지 정확히 짚어내는 데서도 도움을 줄 수 있다. 폴 톰슨Paul Thompson은 1980년대와 1990년대 국제 합작 기업을 통한 지속 가능한 정책 입안의 기록을 추적했다. 톰슨은 미국과 남반부의 입장을 '죄수의 딜레마prisoner's dilemma'로 규정한, 즉 전 지구적 기후 변화에 대한 인도와 중국의 입장이 확정되지 않은 상황에서 미국이 행동을 취하기를 기대하기란 어렵다는 점을 확인한 주요한 사건으로 1987년 부른트란트 위원회Brundtland Committee의 보고서 『우리의 공동의 미래Our Common Future』의 발간을 꼽았다.[57] 진심으로 전 지구적 마비 상태로부터 벗어날 방도를 구하는, 그리고 과학자들의 경고를 문자 그대로 받아들이는 정책 입안자나 기업가에게 이 같은 역사 연구는 공적 담론을 망쳐놓은 수세대에 걸친 나쁜 정책을 뒷받침했던 인지적 오염원cognitive

---

Economics 95 (2011), 1607-20; Llavador, Roemer, and Silvestre, *Sustainability for a Warming Planet*(Cambridge, MA, 2015).

56 Ted Steinberg, "Can Capitalism Save the Planet? On the Origins of Green Liberalism", *Radical History Review* 107 (2010), 7-24; Emma Rothschild, Paul Warde, and Alison Frank, "Forum: The Idea of Sustainability", *Modern Intellectual History* 8 (2011), 147-212; Joshua J. Yates, "Abundance on Trial: The Cultural Significance of 'Sustainability'", *The Hedgehog Review* 14 (2012), 8-25.

57 World Commission on Environment and Development, *Our Common Future* (New York, 1987); Paul B. Thompson, *The Agrarian Vision: Sustainability and Environmental Ethics*(Lexington, KY, 2010), 197-200.

pollutants 목록을 제공한다. 그와 같은 방해물을 제거하지 않고서는 — '위장환경주의green-washing'를 폭로하고, '죄수의 딜레마'를 극복하고, 지속 가능성이 지구와 인류를 구하는 데 별다른 도움이 되지도 않을 뿐만 아니라 번영을 가져오지도 못할 수도 있다는 점을 인정하지 않고서는 — 기후 운동가에게 실용적인 미래는 어쩌면 없을 수도 있다.

그러나 사건과 제도 그리고 담론에 대한 이와 같은 지식을 가진다면, 우리가 행동을 취할 수 있는 미래의 가능성은 다시금 높아질 수 있다. 이러한 이야기는 우리 시대에 매우 중요하다. 왜냐하면 이러한 이야기는 미래에 대한 생각을 명확히 하는 데 서사적인 역사narrative history가 얼마나 중요한지 보여주기 때문이다. 또한 이러한 이야기는 지금 현재 우리가 가장 필요로 하는 이야기 전달 방식story telling은 어떤 것인가에 관한 질문도 제기한다.

3. 이상향주의적 사고

이러한 대안에 대한 증거를 찾는 일에 뛰어든 역사학자는 극소수에 지나지 않는다. 이유인즉, 미시사는 대안적인 이상향에 대한 증거를 찾는 일이 아니라 주류 사회에서 희생된 사람들에 대한 증거를 찾는 일을 연구의 중심에 두기 때문이다.

장기 지속 이상향주의 전통은 풍요로운 전통이다. 루이스 멈퍼드의 『이상향의 이야기The Story of Utopias』(1922)는 토머스 모어 경Sir Thomas More으로부터 19세기 판타지 작가인 H. 라이더 해거드Rider Haggard에 이르는 이상향주의적 사고의 역사를 기술하고 있다. 하지만 이 전통은 더 뒤로 플라톤Plato으로까지 거슬러 올라갈 수 있으며, 오늘날 대부분의 공상과학 소설로까지 이어진다고 할 수 있다. 멈퍼드는 그와 같은 글들이, 진지한 것만 아니라 허무맹랑한 것도, 도시 개혁에 관한 생각의 주된 원천을 알려줄뿐더러 19세기 후반 도시 계획의 부흥에 기여한 주된 지적 원천 중 하나라고 주장했다.[58] 이후 웨스 잭슨의 『농업의 새로운 근원New Roots for Agriculture』은 선험론자들과 근대 토양 과학으로 이어지는 고대로 부터의 전통을 정리하면서, 자연의 주기를 무시한 농업의 결과에 대해 경고했다. 잭슨은 공장식 농업과 하향식 관리 체제를 중심으로 한 새로운 농법의 부상을 그와 같은 실패로 파악하는 동시에 대안적인 유기 농업 운동의 성장도 면밀히 살폈다.[59] 이러한 이야기는 환경 문제에 대한 사회의 대응 방식을 둘러싼 제도적 투쟁에 관한 최신 정보를 제공한다. 또한 이러한 이야기는 기후 변화가 우리의 이기적인 유전자에 전쟁을 선포하고, 우리의 DNA 구조와 전혀 맞지 않는, 도저히 논박할 수 없는 힘의 망령이 아니라는 점을 보여줌으로써 기후 변화와 지속 가능성을 인간이 만든 제도의 영역 안으로, 즉 사회 개혁과 정치 개혁의 문제로 되돌려 놓는다.

그러므로 우리 시대 개혁의 전통에 대해 고민할 수 있다는 것은 전문 경제학이나 기후과학의 접근과는 전혀 다른 차원에서 농업과 기후 변화에 대해 지속적으로 대응하는 데 대단히 중요하다. 가부장제와 생태학의 역사를 장기 지속의 관점에서 새롭게 다룬, 과학사에서 뻗어나온 역사 연구는 녹색혁명의 결과에 대해 다시 생각해보고자 했던 1980년대와 1990년대의 과학자들에게 큰 영감이 되었다. 특히 프랜시스 베이컨 Francis Bacon의 전통에서부터 공장식 농업에 이르는 수 세기에 대한 재고는 비판적 과학자들 사이에서 반향을 일으켰으며, 이들의 연구는 후일 유기 농업에 기초한 미래를 구상하는 중요한 목소리를 대변하게 된다. 더 근래 장기 지속 역사 연구에서 이상향주의적 전통의 부활은 오스트레

---

58 Mumford, *The Story of Utopias*; Gregory Claeys, *Searching for Utopia: The History of an Idea*(London, 2011).

59 Wes Jackson, *New Roots for Agriculture*(San Francisco, 1980).

일리아 정부의 지원하에 이루어진 지속 가능한 농업permaculture, permanent agriculture에 관한 연구의 성장에 주목하고 있다.[60] 오스트레일리아의 경우 물 부족으로 인해 이미 1930년대부터 대안 농업이 위로부터의 입법과 연구의 주제로 큰 관심을 받아왔다. 30년 전 처음으로 꽃을 폈던 그와 같은 대안은 오늘날 집약적이고 지속 가능한 소규모 농업을 지원하는 과학과 대안적인 제도로 다채롭게 발전되었으며, 그러한 농업은 지역 나름의 조건과 제도에 맞추어질 경우 전 세계에 전파될 수도 있다.

대안 농업의 원천이 된 이야기 중 일부는 산업화된 농업과 중앙 정부와 관련된 문서고를 짧게 수차례 방문해 조사함으로써 얻어진 것이다. 하지만 그보다 훨씬 많은 수는 수세대에 걸친 사상사를 되짚으면서, 현재 사회 운동가들에게 그들의 비판적인 시각이 사실은 장구한 논쟁의 전통에서 나온 것이라는 점을 일깨워주는 이야기라 하겠다. 다른 시공간을 특징짓는 위협과 위험을 보여주는 지역 농업에 관한 장기 지속 역사 연구는 그리 어렵지 않다. 대안적인 자본주의 형태에 대한 다른 장기 지속 연구는 세계 노동자 협동조합 운동world worker-cooperative movement의 성공과 외교 정책 차원에서 이루어진 탄압에 관한 놀라운 이야기를 포함한다.[61] 이 역시 좀 더 민주적이고 지속 가능한 미래를 우리 세대에 이룩하기 위해 실현 가능한 대안을 찾는, 그리고 이를 위해 우리가 잊고 있는

---

60 Martin Mulligan and Stuart Hill, *Ecological Pioneers: A Social History of Australian Ecological Thought and Action*(Cambridge, 2001), 195-200.

61 L. C. Jain and Karen Coelho, *In the Wake of Freedom: India's Tryst with Cooperatives*(New Delhi, 1996); John Curl, "The Cooperative Movement in Century 21", *Affinities: A Journal of Radical Theory, Culture, and Action* 4 (2010), 12-29; John Restakis, *Humanizing the Economy: Co-operatives in the Age of Capital*(Philadelphia, 2010); John Curl, *For All the People*(Oakland, CA, 2012); John F. Wilson, Anthony Webster, and Rachael Vorberg-Rugh, *Building Co-operation: A Business History of the Co-operative Group, 1863-2013*(Oxford, 2013); Jessica Gordon Nembhard, *Collective Courage: A*

자본주의의 다양성에 궁극적으로 초점을 맞춘 장기 지속 역사 연구라 할 수 있다. 장기 지속 연구에 힘입어 점점 더 다양해지고 있는 과거와 대안적인 사회의 모습은 우리가 대안의 지평과 미래의 가능성을 확장할 수 있도록 돕는다. 이 같은 대화를 통해 역사학자는 경제학자와 기후과학자에게 다양한 과거의 대응과 미래의 가능성을 일깨워준다. 미래에 대한 대화가 깊은 과거의 맥락 속에서 다시금 가능해질 수 있는 것이다. 그것이 어떻게 가능할 수 있는지 — 그리고 그것이 어떠한 저항에 부딪힐 것인지 — 알기 위해서는 20세기 후반 역사학계 내에서 나타난 장기 지속의 후퇴에 대해 좀 더 살펴봐야 한다.

* * * * *

장기적인 논증long-term argumentation은 장기적인 개괄long-term survey보다 훨씬 더 다른 방식으로 이야기를 다룬다. 장기적인 논증을 위한 연구는 미시사 연구에서와 달리 분석할 한 부분을 추출하는 것이 아니라 연구 대상의 발전 과정 전체를 살펴봐야 한다. 우리는 연구 대상에 속한 여러 사건을 기존의 미시사 연구의 도움을 받아 면밀히 검토해야 하며, 이를 통해 역사 속 특정한 전환점과 분기점을, 제도와 기후 그리고 사회를 뒤흔든 혁명의 순간을 정확히 포착해야만 한다. 그와 같은 장기적인 역사 연구는 전형이 되는 특수exemplary particular, 즉 권력과 위계질서 그리고 상상력의 구조가 드러나는 역사 속 짧은 순간에 대한 미시사 연구의 치밀한 분석으로부터 도움을 받아야만 한다.

이미 이 같은 시간의 제련은 상당 기간 동안 진행되어왔다. 역사학 교

History of African American Cooperative Economic Thought and Practice (University Park, PA, 2014).

수 대다수는 어느 때에 이르면 수업 계획서의 형태로 장기적인 시간의 개괄을 짜게 된다. 역사학과에서 그러한 개괄은 '세계 문명' 혹은 '미국사, 1760년에서 1865년까지'와 같은 과목으로 불린다. 책의 형태로 이루어진 경우 그러한 개괄은 종종 서로 관련이 적은 별도의 시대를 다룬 개별 논문을 일관성 없이 모아놓은 형태를 취한다. 그러나 전환점을 새로운 방식으로 이해하고자 시도한 경우도 있다. 이미 1987년 윌리엄 맥닐 William H. McNeil은 지구화globalisation를 향한 중대한 전환점이 기원전 1000년 무렵, 새로운 무역로가 그보다 더 근저에 놓인 교환의 양태와 결합하면서 이루어졌다고 주장한 바 있다.[62] 이후 수십 년 동안 세계사학자들은 지구화의 역사뿐만 아니라, 일부만 언급하자면, 인종주의적 사고와 인종주의의 역사, 계급 의식의 역사, 평화 조성의 역사, 민주주의의 역사를 다루기 위해 미묘하게 차이가 나는 시점을 비교, 분석했다.[63] 분기점에 대한 우리의 이해를 정교화하는 이 모든 시도는 미시사 연구의 단단한 기초 위에서 이루어진 것이다.

사실 역사학자들이 제안한 전환점 및 시대era의 개수와 변형은, 위르겐 오스터함멜Jürgen Osterhammel이 추측한 바와 같이, "시대epoch에 대한 생각이 꾸준히 약화되고" 있음을 보여준다.[64] 우리가 시간에 대해 생각하는

---

62 William H. McNeil, "Organizing Concepts for World History", *World History Bulletin* 4(1986-7), 1-4; Peter N. Stearns, "Periodization in World History Teaching: Identifying the Big Changes", *The History Teacher* 20(1987), 561-80.

63 William A. Green, "Periodization in European and World History", *Journal of World History* 3(1992), 13-53; Jerry H. Bentley, "Cross-Cultural Interaction and Periodization in World History", *The American Historical Review* 101 (1996), 749-70.

64 Jürgen Osterhammel, *The Transformation of the World: A Global History of the Nineteenth Century*(Princeton, NJ, 2014), 48. 또한 Wolfgang Reinhard, "The Idea of Early Modern History", in Michael Bentley(ed.), *Companion to*

방식과 관련해볼 때, 한 시대에서 다음 시대로 이어지는 수평적인 연대기는 상호 교차하며 엮어지는 '다양한 근대성multiple modernities'의 위상적인 흐름에 의해 대체되고 있다. 마누엘 데 란다Manuel De Landa에 따르면, 이를 움직이는 힘은 다양한 요소 ― 돌, 물, 공기 ― 로 개념화될 수 있으며, 모두 변하지만, 어떤 것은 다른 것보다 더 빠른 속도로 변하기도 한다.[65] 역사학이 시간에 대한 큰 그림에 기초한 이야기를 판정할 자격을 마땅히 지니고 있다고 한다면, 역사학이 직면하고 있는 도전은 우리의 문명에 악몽을 가져다준 기후와 불평등의 역사를 새롭게 다시 쓰는 일이라 하겠다. 그리고 그렇게 쓰인 역사는 데이터에 기초한 이해하기 쉬운 지식이 되어야 할 뿐만 아니라, 구체적인 사건과 구조 그리고 인과 관계의 중층적인 묘사가 되어야 할 것이다.

장기적인 주장을 담은 이야기는 신화를 물리치고, 잘못된 법칙을 뒤집는 강력한 효과를 발휘할 수 있다. 아득한 옛날에 대한 단순한 감상이 아니라 바로 이것이 대학에 역사학과가 존재하고, 역사학의 전통적인 역할이 삶의 모든 면에서 스승magistra vitae, teacher of all aspects of life이 되는 까닭이라 하겠다. 만약 과거의 신화가 우리의 정책 수립과 관계를 지배하는 것을 원치 않는다면, 우리는 과거에 만들어진 거짓을 폭로하고, 현재와 미래를 위한 여지를 만드는, 즉 우리가 반드시 해야 하는 일을 위해 과거를 활용해야 할 것이다.

장기 지속 역사학은 우리가 국민국가 중심의 역사의 한계를 벗어나 수십 년, 수 세기, 심지어는 수천 년에 걸친 장기적인 복합성의 증가에 대해 질문을 던질 수 있도록 돕는다. 오늘날 전 지구적인 불만의 기원을 설명하고 이해하고자 한다면, 우리의 연구를 그같이 긴 기간으로 확장해야

Historiography(London, 1997), 290; Penelope Corfield, *Time and the Shape of History*(New Haven, 2007), 134-8.

65 Manuel De Landa, *A Thousand Years of Nonlinear History*(New York, 1997).

만 한다. 흔히 우리가 '전 지구적' 문제라 부르는 것은 더 보편적인 위기의 부분으로 여겨지는 지역적인 문제의 총합이다. 하지만 지역적인 문제를 한데 모으고 있다는 사실 — 즉 지역적인 위기가 정치경제나 거버넌스의 더 큰 구조적 문제의 일부분에 지나지 않는다는 인식 — 은 현재 우리가 직면하고 있는 도전을 이해하기 위해 더 큰 공간적인 스케일을 취하고자 하는 움직임의 징후이다. 이러한 도전은 더 긴 시간적인 스케일에 따라서도 살펴봐야 할 것이다. 장기 지속 역사학은 이 같은 점에서 윤리적인 목적을 지닌다. 장기 지속 역사학은 우리 자신의 위기, 인문학 내의 위기만 아니라 전 지구적 체제 전체의 위기의 순간을 특징짓는 지식 생산 방식에 질문을 던지는 현실 참여적인 학계를 제안한다.

제 2 장

짧은 과거
혹은 장기 지속의 후퇴

역사학을 전공하는 한 학부생이 하던 숙제를 접어두고 몇 시간 동안 인터넷을 검색하는데, 거기서 본 것이 그녀를 근심케 한다. 인터넷은 매번 그녀를 괴롭히는데, 왜냐하면 그녀의 양심이 자신의 공부를 대학 밖의 세상과 어떻게 연관 지을 것인지 거듭 캐묻기 때문이다. 그녀는 스스로를 개혁가로 여기며, 부패와 환경 오염 그리고 불평등은 그녀의 정의관을 경악케 한다. 그녀가 변화를 가져다줄 지렛대에 대해 배우고, 그것이 어떻게 작동하는지 대중에게 알려주기 위해, 그리고 이와 같은 문제에 대해 고민할 학생회를 조직하기 위해 무엇을 할 수 있을까? 그녀의 선생들이 그녀에게 제시한 답은 실망스러운 한 단어로 요약될 수 있을 것이다. 집중하라. 자신의 질문에 집중하고, 문서고 자료에 집중하라. 그녀는 대학 교육은 큰 질문에 답하는 것이 아니라 증거를 분석하는 데 필요한 전문 지식을 계발하는 데 있다고 수많은 수업에서 듣는다. 과거에 대한 자료를 섬세하게 다루는 일은 정밀하고 학문적인 질문을 제기하는데 그리고 그에 대해 답하는 데 충분할 수도 있겠지만, 종종 우리의 학생들은 언제 그리고 어떻게 큰 질문을 던져야 하는지 그리고 누가 그러한 질문을 던질 수 있는지 궁금해한다.

역사에 대한 질문과 그 질문의 적실성과 관련해 1960년대 옥스퍼드 대학의 학생들의 경험은 이와는 매우 달랐다. 그들은 파리의 노동조합 파업과 그에 동참하고자 시위에 나선 학생들을 다룬 신문 기사를 읽었다. 그들은 소유권과 환각제 그리고 공동체 생활을 실험하는 샌프란시스코의 야영지 곳곳에서 한데 어우러진 성 혁명sexual revolution과 미국 역사상 가장 큰 규모의 이주에 관해 읽었다. 같은 시기 에릭 홉스봄과 같은 장기 지속 역사학자는 1968년 5월 혁명을 지난 수 세기 동안의 저항의 역사 속에서 바라보는 연구서를 내놓았다. 이들은 그 사태가 아무런 맥락도 없이 터진 것이 아니라고 주장했다. 그 나름의 요구 사항을 공공연히 표명했던 당시 수많은 정치 운동에 앞서 노예와 노동자 그리고 여성의 수 세기에 걸친 투쟁이 있어왔으며, 그러한 투쟁이 당시 정치 운동을 가능케 했던 것이다.[1] 이에 파리에서의 사태나 프라하의 봄Prague Spring에 관한 소식을 접한 수많은 옥스퍼드 대학의 학생들이 그에 동참했으며, 일부 급진적인 학생들은 다른 길을 택해 역사학 공부를 시작했다.

---

1 E. J. Hobsbawm, *Primitive Rebels: Studies in Archaic Forms of Social Movement in the 19th and 20th Centuries*(Manchester, 1959); Hobsbawm, *The Age of Revolution*; Hobsbawm, *Labouring Men: Studies in the History of Labour*(London, 1964); Hobsbawm, *Industry and Empire: The Making of Modern English Society, 1750 to the Present Day*(London, 1968); Hobsbawm, *Bandits*(New York, 1969). 68 혁명에 대해서는 Ronald Fraser, *1968: A Student Generation in Revolt*(New York, 1988); Michael Seidman, *The Imaginary Revolution: Parisian Students and Workers in 1968*(New York, 2004); Rainer Horn, *The Spirit of '68: Rebellion in Western Europe and North America, 1956-1976*(Oxford, 2007); Martin Klimke, *The Other Alliance: Student Protest in West Germany and the United States in the Global Sixties*(Princeton, NJ, 2011).

후일 독일사가가 된 제프 일리Geoff Eley가 자신의 회고록의 첫 문장에서 밝히고 있듯이, 그 역시 "세계를 변혁하고자 한 청년", 그러한 학생 중한 명이었다.[2] 당시 수많은 역사학과 학부생이 그랬듯이, 막 불붙은 수많은 정치 운동의 정당성과 잠재력을 파악하기 위한 최상의 방법은 이를 장기적인 정치 변화에 비추어 살피는 것이었다. 대중이 장기적인 변화를 논하는 사상가를 필요로 하는지에 대해 일리는 생각할 필요가 없었다. 변화는 그들 주변 도처에서 일어나고 있었다. 낮에는 타우니와 홉스봄을 읽고, 저녁에는 텔레비전을 통해 혁명을 지켜본 학생에게 역사의 절박함은 의심할 여지가 없는 것이었다. 일리의 세대에게 미래에 대해 고민하는 것은 거의 자동적으로 이를 위해 과거를 살피는 것을 뜻했다. 하지만 어떠한 역사를 선택해 살피든 자신의 사고나 야망을 좁히는 것에 대해서는 일말의 의문 제기도 없었다.

1970년대 초 서섹스 대학에서 전문 역사학자가 되고자 공부할 때, 일리는 자신의 시야와 자료를 좁힘으로써 큰 질문에 답하고자 했다. 일리의 박사학위 논문은 독일 해양사 중 16년을 다루었으며, 초기 학술 논문은 한 번에 10년 혹은 20년을 범위로 삼았다. 이를 위해 일리는 제3제국 Third Reich 탄생 이전 수십 년 동안 군부와 협력하면서 독일을 민족주의로 이끌었던 소수 독일 엘리트 집단과 관련된 문서고를 뒤졌다. 일리는 그들이 자신들의 정치 조직과 국가 그리고 민족과 외교 정책에 대해 어떻게 말했는지 알아내고자 그들의 서간을 찾았으며, 이에 프라이부르크 지역 문서고와 군사 문서고를 뒤졌다.[3] 일리와 그 세대 대다수는 한 번에 한 문서고를 샅샅이 뒤졌으며, '짧은 과거Short Past'의 역사에 대한 그와 같

---

2 Geoff Eley, *A Crooked Line: From Cultural History to the History of Society* (Ann Arbor, MI, 2005), ix.

3 Geoff Eley, "The German Navy League in German Politics, 1898-1914" (DPhil. thesis, University of Sussex, 1974); Eley, "Reshaping the Right: Radical

은 강도 높은 탐색이 당시 정치에 대한 이해를 도우리라 믿었다.

1968년 이래 수십 년 동안 대부분 대학의 역사학 교육을 지배한 것은 짧은 시간 범위에 대한 이와 같은 집중이었다. 우리가 연구서를 집필하는 방식뿐만 아니라 자료를 어디에서 구하는지 그리고 우리가 어떠한 논쟁에 참여해야 하는지도 그에 따라 결정되었다. 또한 대화를 어디에서 멈춰야 하는지도 그에 따라 정해졌다. 하지만 어떠한 혁명도 희생 없이는 일어나지 않는다. 짧은 과거로의 이전은, 예를 들어 연구의 대상을 수 세기만이 아니라 여러 대륙으로까지 확장하고자 했던 에릭 홉스봄으로 대표되는 장기적인 관점에서 교육을 받는 학생의 수의 급감을 뜻했다. 학부생이든 대학원생이든 혹은 교수든 간에 시간에 대한 자료를 다루는 이들 대다수는 과거를 장기 지속을 특징짓는 제도의 흥망에 관한 세대를 뛰어넘는 관점이 아니라, 개인의 삶의 단위에서 살펴보도록 훈련받았다. 교실에서 학생들이 좁히고 집중하라는 말을 들었다면, 과거와 미래를 다루는 전문가들은 자료와 데이터만이 아니라 종종 자신들의 생각도 제한하기 시작했다.

이 장의 예는 대부분 영어권 세계에서 가져온 것이긴 하지만, 우리는 이 장만 아니라 이 책 전체를 관통하는 주장이 단기적인 지평이 우리의 제도 대부분의 시야를 단단히 옥죄이는 오늘날에 더 많은 역사학자에게 적합한 것이라고 확신한다. 일부 분야에서는, 예컨대 역사사회학이나 세계체제론에서는 광대한 역사적 시간 범위가 사라진 적이 없다.[4] 하지만 역사학 분야에서 – 앞서 다루었듯이, 페르낭 브로델과 프랑스 아날 학파의

Nationalism and the German Navy League, 1898-1908", *The Historical Journal* 21 (1978), 327-54.

4 예를 들어, Charles Tilly, *Big Structures, Large Processes, Huge Comparisons* (New York, 1984); Richard E. Lee(ed.), *The Longue Durée and World-Systems Analysis*(Albany, NY, 2012).

역사학자들과 관련된, 하지만 얼마 지나지 않아 더 광범위하게 전파된 ─ 장기 지속은 잠시 흥하는 듯싶다가 곧 사그라들었다. 장기 지속을 대체한 것 ─ 짧은 과거에 대한 관점 ─ 은 종종 그 나름의 급진적인, 즉 세계를 변혁하겠다는 사명을 품고 있었지만, 그 나름의 한계도 노정하고 있었다.

*   *   *   *   *

1968년 성년이 된 역사학자들은 한 세대 이전 장기 지속 역사학자들과는 매우 다른 방식으로 과거에 접근했다. 학생으로서, 역사 작가로서, 사상가로서, 공적 지식인으로서 이 세대는 아마도 이전 그 어느 세대보다 더 많은 자료를 단기적인 역사 속에서 발굴해냈다. 프랑스 남부나 영국 북부 노동조합과 관련된 자료를 보관하고 있는 잘 알려지지 않은 문서고를 조사함으로써 그들은 일반 노동자들과 지도자들 사이의 미세한 동학을 살펴볼 수 있었으며, 어떻게 그리고 언제 단체의 의사 결정이 가능했는지와 더불어 언제 그리고 어떻게 조직화된 개인으로 이루어진 작은 모임이 시대에 뒤떨어진 특혜와 생산 체제 전체를 전복시킬 수 있었는지에 대한 질문을 제기할 수 있었다. 오히려 그들은 연구의 주제를 좁힘으로써 더 권위를 가지고 통찰력 있는 관점에서 글을 쓸 수 있게 되었다. 예를 들어, 인종주의나 민족주의가 인간의 사고를 영구적으로 제약하는 자연스러운 사회 질서가 아니라 그 나름의 맥락 속에서 발전된 역사적 현상이라는 사실을 밝힘으로써 더 큰 사고를 할 수 있도록 도왔다.

짧은 과거를 살피는 미시사의 관점은 제프 일리와 같은 역사학자가 더 큰 관점에서 정치에 대해 숙고할 수 있도록 도왔다. 독일의 피할 수 없는 특수한 길Sonderweg에 대한 신화를 비판하고자 일리가 공저한, 놀랍도록 선구적인 전문 학술서 『독일사의 특수성The Peculiarities of German History』(1984)은 그 단적인 예이다.[5] 때때로 일리는 일반 대중을 위해 글을 쓰기도 했으며, 그의 글은 《런던 서평London Review of Books》과 같은 잡지에 실렸다. 이를 통해 일리는 홀로코스트Holocaust 혹은 유대인 대학살에 대한 논쟁을 이어가는 한편, 이를 브릭스톤 봉기Brixton Riots 당시 마거릿 대처 Margaret Thatcher 시대 영국을 뒤흔들었던 인종주의와 연결시키고자 노력했다.[6] 일리와 그에 동조했던 이들은 광대한 시간의 범위 내에서 시민 사회와 국제 질서를 재조명하기 위한 도구로 인문학을 포함한 분과 학문을 활용할 수 있다고 믿었던 대학의 일원이었다. 일리가 퓨처리즘futurism적인, 빨간 벽돌 모더니즘modernism 양식 건물로 이루어진 서섹스 대학에서 대학원 교육을 받을 당시 서섹스 대학의 인류학과, 사회학과, 경제학과 소속의 동료들은 국제연합과 세계은행에 주택과 민주주의의 미래에 대해 조언을 하고자 연구를 진행하고 있었다. 그들은 국제 원조 및 경제개발계획을 재수립하기 위해 기술의 역사를 다룬 최신의 연구를 활용했다. 그들은 해묵은 국제 질서를 뒤짚어 엎을 수 있다고, 제국에서 갓 벗어난 인도와 아프리카의 미래에 대해 새롭게 생각할 수 있다고, 그리고 기술과 민주주의를 통해 모두를 부흥시킬 수 있다고 확신했다.[7] 서섹스 대학

5   David Blackburn and Geoff Eley, *Mythen deutscher Geschichtsschreibung. Die gescheiterte bürgerliche Revolution von 1848*(Frankfurt, 1980); Blackbourn and Eley, *The Peculiarities of German History: Bourgeois Society and Politics in Nineteenth-Century Germany*(Oxford, 1984).

6   Geoff Eley, "Holocaust History", *London Review of Books*(3 March 1983), 6-9.

7   Gerald Bloom, "Science and Technology for Health: Toward Universal Access in a Changing World", 2009: http://opendocs.ids.ac.uk/opendocs/handle/123456789/2282; Adrian Ely and Martin Bell, "The Original 'Sussex Manifesto': Its Past and Future Relevance", 2009: http://opendocs.ids.ac.uk/opendocs/handle/123456789/2283; Melissa Leach, "Sustainability, Development, Social Justice: Towards a New Politics of Innovation", in Leach, *Technology and Innovations for Development*(Springer, 2012), 19-29; Esha Shah, "Manifesting Utopia: History and Philosophy of UN Debates on Science and Technology

과 같은 대학 내에서는 여전히 과거에 대한 탐구가 전 지구적 차원에서 미래에 대해 고민하는 데 필요한 재료를 풍부히 담고 있는 자원으로 여겨졌다.

현재에 대한 통찰을 얻기 위해서는 과거에 초점을 맞춰야 한다는 우리의 주장이 설득력을 가진다면, 이는 세상을 바꾸겠다는 야망을 품었던 바로 이 세대 덕택이다. 제프 일리가 자신의 직업에 대해 배우고 있던 시기, 짧은 과거는 봉기와 혁명 그리고 개혁과 밀접히 연결되어 공적 담론과 세계의 변혁을 추구하고 있었다. 역사학자와 사회 운동 간의 이 같은 긴밀한 관계는 시드니 웹과 비어트리스 웹 그리고 R. H. 타우니의 세대에 확고히 자리를 잡았으며, 이는 미국 외교사가 윌리엄 애플맨 윌리엄스가 전국 유색인종협회National Association for the Advancement of Colored People와 함께 텍사스 해안의 작은 도시에서 같이 일했던, 그리고 노동자 계급의 역사학자 E. P. 톰슨이 핵무기 철폐를 위한 유럽 내 주요 운동의 초석을 다지기에 앞서 런던에서 진행되고 있었던 평화 집회에서 연설을 하고 다녔던 1960년대와 1970년대까지 이어졌다.[8] 1970년대 홉스봄의 관심사는 혁명에서 발명된 전통invented traditions의 역사로 이동했으며, 이로써 홉스봄은 나치 독일과 가나 공화국 그리고 멕시코 혁명에서 전통의 발명과 더불어 건국된 지 얼마 되지 않은 이스라엘의 고대 마사다 전투battle of Masada 유적에 대한 찬양을 그 나름의 맥락 속에서 살폈다.[9] 1968년 혁명

---

for Sustainable Development", 2009: http://mobile.opendocs.ides.ac.uk/opendocs/handle/123456789/2451.

8 William Robbins, "William Appleman Williams: 'Doing History is Best of All. No Regrets'", in Lloyd Gardner(ed.), *Redefining the Past: Essays in Diplomatic History in Honor of William Appleman Williams*(Corvallis, OR, 1986), 4-5; Michael D. Bess, "E. P. Thompson: The Historian as Activist", *The American Historical Review* 98 (1993), 18-38.

9 E. J. Hobsbawm, "The Social Function of the Past: Some Questions", *Past &*

에 참여했던 이들이 성년이 되었을 무렵에도 그들 주위의 원로 사학자들은 여전히 현재를 이해하기 위해 과거를 살피면서, 당대 정치 사태와 사회 조건에 대해 고민했고 개입을 하기도 했다. 시간을 거슬러 올라가 과거를 살피고, 이를 통해 미래에 대한 견해를 확고히 정립하는 일은 새로운 것이 아니었다. 하지만 1970년대 정치 운동은 오이디푸스Oedipus의 탈을 쓸 수도 있었다.

1970년대에 성년이 된 젊은이들은 이전 세대의 전형적인 정부와의 관계를 거세게 거부하는 정치적 생태계에 들어섰다. 당시 수많은 학생운동에 영감을 줬던 이들 중 한 명이었던 무정부주의자 폴 굿맨Paul Goodman에 의하면, 베트남 전쟁 시기 미국에서 통치 기구와의 관계는 앞선 세대의 부패의 징표였다. 굿맨에 따르면, "교수들"은 "공무원과 경찰의 친구가 되고자 시민으로서의 독립성과 비판의 자유"를 저버렸던 것이다.[10] 진정한 반란은 정책과의 관련을 끊어내는 데 있었다.

젊은 역사학자들은 스스로를 반란자로 인식했다. 일리에 따르면, 문화적 전환은 당시 "역사 연구 일반을 특징지었던 건조하고 영혼 없는 작업에 고개를 치켜든", 이론이 "문서고에 인식론적 생명을 불어넣는다고 여긴" 젊은 역사학자들에게 개인적인 해방의 한 형태였다. 이 점에서 이전 세대에 맞선 젊은 역사학자들의 반란은 그 수사rhetoric에서 같은 시기인 1960년대 후반과 1970년대를 휩쓴 반전, 자유 언론, 그리고 반인종주의 청년 운동과 조응했다. 그것은 양심에 대한 호소, 즉 역사학을 좀 더 비

Present 55 (May 1972), 3-17; Hobsbawm, "Mass-Producing Traditions: Europe, 1870-1914", in Hobsbawm and T. O. Ranger(eds.), *The Invention of Tradition* (Cambridge, 1983), 263-307.

10 Paul Goodman, "The Devolution of Democracy", *Dissent* 9(1962), 10, in Kevin Mattson, *Intellectuals in Action: The Origins of the New Left and Radical Liberalism, 1945-1970*(University Park, PA, 2002), 124에서 재인용.

판적인 정치와 결합시키고자 한 결심의 반영이었다. 이러한 반발의 '큰 함의'에 대해 일리는 단도직입적으로 말하고 있다. 일리와 같은 세대의 역사학자에게 수세대 전 장기 지속 역사의 주된 소비자였던 바로 그 국제적인 지배의 썩은 제도와 단절하는 것은 그 나름의 정치 행위였던 것이다.[11]

1970년, 짧은 과거는 장기 지속에 비해 또 다른 현실적인 이점을 누리게 된다. 짧은 과거는 전문화와 경쟁이 극심한 학계의 취업 시장에 무엇인가 새로운 것을 가지고 뛰어들 수 있도록 도왔다. 학계에 일자리를 구할 수 있는 전망이 극히 제한된 세대는 각자 나름의 문서고에 대한 숙달을 통해 자신을 규정하기 시작했다. 젊은 역사학자들이 일제히 당시 분위기의 큰 부분을 이루고 있었던 저항과 정체성의 정치의 일환으로 문서고를 방문하기 시작하면서 짧은 과거는 영어권 역사학자 사이에서 광범위하게 받아들여졌으며, 그 결과는 유난히 세밀한 단행본 역사서의 출판이었다.

미국에서는 1944년 군인법GI Bill에 따라 사회에 복귀하는 군 장병의 교육을 위한 정부 보조금 덕분에 역사학을 포함한 모든 학문 분야에 걸쳐 전후 대학원 과정이 폭발적으로 증가했다. 박사학위를 위한 교육 과정은 3년에서 6년으로 늘어났으며, 종종 그 이상으로까지 늘어나기도 했다. 국립과학재단National Science Foundation의 보고서에 따르면, 전문화된 대학의 틀 안에서 새로운 미국의 대학원생 세대가 성년이 된 1970년대 후반, "대부분 분야에서 학계의 취업 시장은 포화되었으며, 박사학위자가 과도하게 양산되고 있다는 우려가 제기되었다", "박사학위자의 수는 1957년 8611명에서 1973년 3만 3755명으로 매해 거의 9% 가까이 증가했다".[12]

---

11 Eley, *A Crooked Line*, 129-30.

12 Lori Thurgood, Mary J. Golladay, and Susan T. Hill, "US Doctorates in the 20th Century: Special Report"(National Science Foundation, June 2006), 7:

그러나 이 모든 박사를 품어줄 일자리는 충분히 마련되어 있지 않았으며, 역사학과 졸업생은 자신을 자신의 동료들로부터 구분시키기 위해서 문서고에 대한 혁신적인 접근법에 매달릴 수밖에 없었다. 미국에서 역사학 박사과정 교육이 시작될 무렵 박사학위 논문은 프레데릭 잭슨 터너 Frederick Jackson Turner의 북미 역사 전반에 걸친 교역소에 관한 연구나 W. E. B. 듀보이스Du Bois의 1638년에서 1870년 사이 아프리카 노예 무역의 금지에 관한 연구처럼 두 세기나 그 이상을 다룰 수 있었다.[13] 1880년대 이래 미국에서 제출된 8000여에 이르는 역사학 박사학위 논문에 대한 2013년 조사에 의하면, 1900년에 논문에서 다룬 평균 기간이 대략 75년이었다면 1975년에 이는 대략 30년으로 떨어졌다. 이러한 경향은 21세기에 들어서야 75년에서 100년 사이로 다시 뛰어올랐다(도표 2 참조).[14]

대서양 반대편의 경우도 사정은 이와 다르지 않았다. 일자리를 구하기가 점점 더 힘들어지던 당시에 대한 일리의 회고록은 그가 교수 자리를 놓고 동료들과 어떻게 싸웠는지 여실히 보여주고 있다. 그 싸움에서 사용된 주된 무기는 세부 사항에 주의를 기울이는 것으로, 이는 도시 공동체에 관한 이야기의 한 형태로 흔히 노동 쟁의를 다루었던 독일과 영국의 도시사 연구 전통에서 유래한 것이었다. 사실 가레스 스테드먼 존스

---

www.nsf.gov/statistics/nsf06319/pdf/nsf06319.pdf.

13 Frederick Jackson Turner, *The Character and Influence of the Indian Trade in Wisconsin: A Study of the Trading Post as an Institution*(Baltimore, 1891); W. E. B. Dubois, "Suppression of the African Slave Trade in the United States" (PhD dissertation, Harvard University, 1895); Du Bois, *The Suppression of the African Slave-Trade to the United States of America, 1638-1870*(New York, 1896).

14 Benjamin Schmidt, "What Years Do Historians Write About?" *Sapping Attention* (9 May 2013): http://sappingattention.blogspot.com/2013/05/what-years-do-historians-write-about.html. 자신의 최근 연구 결과를 공유하고, 박사학위 논문의 경향에 대한 자신의 시각화를 사용할 수 있도록 허락해준 슈미트에게 감사한다.

도표 2 1885년 무렵부터 2012년 사이 미국 역사학 학위 논문의 연구 대상 연수

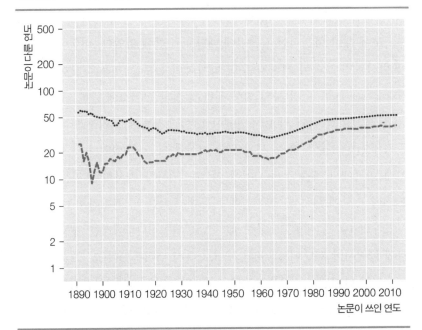

참고: 단속선은 중앙값median time covered, 점선은 평균값mean length of time.
자료: Benjamin Schmidt, 'What Years Do Historians Write About?', *Sapping Attention*(9 May 2013).

Gareth Stedman Jones와 데이비드 뢰딩어David Roedinger와 같은 역사학자의 연구에서 지극히 지역적인 경험에 대한 강조 덕분에 이후 역사학자는 노동자 계급 운동에 의한 정부 개혁 시도의 실패를 우연적인 것으로 파악할 수 있었을 뿐만 아니라, 도시 공동체 내 인종, 계급, 권력과 관련해서도 유사한 방식의 조사를 할 수 있었다.[15] 문서고를 탐색하는 것은 역사학자가 성년이 되기 위한 예식이 되었다. 그것은 역사학자가 방법론을 철

---

15 Gareth Stedman Jones, *Outcast London: A Study in the Relationship between Classes in Victorian Society*(Oxford, 1971); Stedman Jones, *Languages of Class: Studies in English Working Class History, 1832-1982*(Cambridge,

저히 준수하고 있는지, 이론적으로 정교한지, 역사 서술의 맥락에 생각을 침윤시키고 있는지, 그리고 자료를 숙지하고 있는지 등을 확인할 수 있는 주된 증거 중 하나가 되었다. 아직까지 활용되지 않은 문서고를 방문하는 일은 학생이 기존 연구에서 간과된 부분을 찾아낼 수 있을 정도로 관련 문헌을 숙지하고 있다는 점을, 그리고 어떠한 역사 서술 기록이라도 ― 그 저자의 정체가 아무리 잘 알려져 있지 않고 복잡할지라도 ― 해석할 수 있는 모든 역사 분석 수단을 자유자재로 쓸 수 있다는 점을 뜻했다. 모든 역사학자는 문서고를 조금이라도 맛보도록 장려되었다. 간단히 말해, 손이 더러워지지 않고서는 사실상 역사학자가 될 수 없었다.[16]

짧은 과거를 다루는 역사학자가 자신과 문서고 그리고 청중과 자신의 관계에 대해 이전과는 다르게 생각하기 시작하면서 문서고에 대한 통달은 전문화의 지표가 되었으며, 시간적 집중temporal focus은 더욱더 필수적이 되어갔다. 극소수의 예외를 제외하고, 1970년대와 1980년대 그리고 1990년대의 대표적인 작업들은, 예를 들자면 심리 상태에서 특정한 무질서의 규정이나 노동운동 중 특정한 봉기에 대한 분석과 같이 특정한 에피소드에 초점을 맞추었다.[17] 거의 모든 사회사가가 제도 형성의 특정한 양상을 고찰할 목적으로 짧은 순간에 대한short-durée 역사적 글쓰기를 실험했으며, 각자 노동, 의학, 젠더gender, 혹은 가사domesticity에 관한 긴 이

1983); David R. Roediger, *Wages of Whiteness: Race and the Making of the American Working Class*(London, 1991).

16 Arlette Farge, *Le Goût de l'archive*(Paris, 1989).

17 예를 들어 R. B. Rose, "The Priestley Riots of 1791", *Past & Present* 18(1960), 68-88; John Bohstedt, *Riots and Community Politics in England and Wales, 1790-1810*(Cambridge, MA, 1983); Colin Haydon, *Anti-Catholicism in Eighteenth-Century England, c. 1714-80*(Manchester, 1993); Ian Haywood and John Seed(eds.), *The Gordon Riots: Politics, Culture and Insurrection in Late Eighteenth-Century Britain*(Cambridge, 2012)을 보라.

야기 중 하나의 에피소드를 채워나갔다. 정신 분석과 관련된 사례의 경우, 개별 연구는 독창적인 작업에 참여했던 의사의 생애와 일치하도록 시기 구분을 조정했다 — 예를 들어 히스테리의 분석이나 최면술의 일시적 유행 혹은 광장공포증의 탄생에 대한 연구가 그러했으며, 20여 년 동안 의료 분야에서 크게 유행을 하다가 갑자기 그 "생태적 지위ecological niche"를 박탈당한 해리성 둔주 혹은 배회증fugue state(19세기 후반에서 20세기 초반 프랑스에서 유행했던 병적인 여행 중독 — 옮긴이)에 대한 이안 해킹 Ian Hacking의 『광란의 여행자들: 일시적 정신병에 대한 실제적 고찰Mad Travelers: Reflections on the Reality of Transient Mental Illness』(1998)의 논의도 마찬가지였다.[18]

5년에서 15년 사이의 생물학적 시간 범위가 역사학 분야에서 혁신적인 연구의 기준이 되었다. 미시사 연구자들은 노동조합, 인종주의, 백인성whiteness의 본질, 그리고 역사학 연구가 이루어지는 과정 자체에 관한 역사 서술을 혁명적으로 바꾸어놓았다. 사실 그때 이후 헤아릴 수 없이 많은 박사학위 논문이 미생물 배양용 유리 접시만큼 작은 시간 범위 내에서 지역적인 것과 구체적인 것에 집중하기 시작했다. 그러한 것만이 역사학자가 일대기와 문서고 해독 그리고 시기 구분에 대한 자신의 기교

18 Ilza Vieth, *Hysteria: The History of a Disease*(Chicago, 1965); Robert Darnton, *Mesmerism and the End of the Enlightenment in France*(Cambridge, MA, 1968); William J. McGrath, *Freud's Discovery of Psychoanalysis: The Politics of Hysteria*(Ithaca, 1986); Ian Hacking, *Mad Travelers: Reflections on the Reality of Transient Mental Illness*(Charlottesville, VA, 1998); Rachel Maines, *The Technology of Orgasm: 'Hysteria', the Vibrator, and Women's Sexual Satisfaction*(Baltimore, 1998); Georges Didi-Huberman, *Invention of Hysteria: Charcot and the Photographic Iconography of the Salpêtrière* (trans.) Alisa Hartz (Cambridge, MA, 2003); David Trotter, "The Invention of Agoraphobia", *Victorian Literature and Culture* 32(2004), 463-74; Marck S. Micale, *Hysterical Men: The Hidden History of Male Nervous Illness* (Cambridge, MA, 2008).

를 확실히 보여줄 수 있는 무대였다. 짧은 과거의 시대, 박사학위 지도교수는 젠더와 인종 그리고 계급에 관한 중요한 작업이 가장 큰 그림이 아니라 가장 작은 그림에서 나온다고 확신했으며, 이에 젊은 역사학자는 장소와 시간에 대한 초점을 넓히지 말고 좁히라고 흔히 조언을 받았다. 그러나 일리에 따르면 정치 참여 지향적인 사회사 연구의 과제는 바로 지역적인 것에 대한 이 같은 과도한 집중으로 인해 사실상 실패로 끝났다. "시간이 지남에 따라 사회 전체가 변하는 방향을 포착하고자 하는 거시사의 관심과 특정한 장소를 다루는 미시사 사이의 밀접성과 상호성은 ― 멀어져 갔다." 심지어 일리는 지역 사회사를 자신의 연구처럼 현재의 역사에 대한 '총체적인total' 비판을 목표로 한 아날 학파의 전통에서 뻗어 나온 또 다른 정치 지향적인 역사에 대비시키기도 했다.[19]

짧은 과거는 '미시사'라 불리는 시간의 지평을 좁히는 근본주의적인 학파를 일구었다. 내털리 제먼 데이비스Natalie Zemon Davis가 분석한 근대 초 프랑스에서 수치심을 유발하는 샤리바리charivaris(간통 등과 같이 중세 시대 성 규범에 반하는 관계를 맺은 남녀에 대해 언어적, 물리적 폭력을 행사해 치욕을 주는 행위 ― 옮긴이)나 로버트 단턴Robert Darnton이 상세히 풀어낸 18세기 파리의 불가사의한 고양이 대학살의 예에서와 같이 미시사는 대개 특정한 사건에 초점을 맞추기 위해 거대 서사나 도덕적 가르침을 포기했다.[20] 미시사는 마르크스주의와 아날 학파의 모든 것을 종합하는 이론에 대한 대응으로, 장기 지속 질문을 시험하기 위한 수단으로 이탈리아에서 탄생했다. 미시사의 원천은 에도아르도 그랜디Edoardo Grendi가 "이례적으로 '정상적인'exceptionally normal, eccezionalmente normale" 것이라 유명하게 칭

19 Eley, *A Crooked Line*, 184, 129.

20 Natalie Zemon Davis, *Society and Culture in Early Modern France: Eight Essays*(Stanford, 1975); Robert Darnton, *The Great Cat Massacre and Other Episodes in French Cultural History*(New York, 1984).

한 것이었으며, 미시사의 목표는 여러 분석의 스케일을 동시에 접합시키는 것이었다.[21] 따라서 미시사의 방법은, 단 며칠에서 1000년에 이르는 역사적 범위를 종횡무진 누빈 카를로 긴즈부르그Carlo Ginzburg의 '베난단티benandanti'(중세 이탈리아 북부 프리울리 지역의 농민 단체로 매년 사계 재일四季齋日 때 마녀 사냥을 나섰다 — 옮긴이)와 마녀 집회에 관한 연구에서처럼, 시간적 깊이와 완전히 배치되는 것은 아니었다.[22] 또한 미시사가 처음부터 학계 밖의 큰 정치적·사회적 질문과 관련이 없었던 것도 아니다. 이탈리아에서 미시사의 근원에는 "강압적인 도덕 규범 체제의 제약 밖에 존재하는" 개인의 행동이 아니라 "그것을 뛰어넘는" 개인의 행동의 전환적 능력에 대한 믿음이 포함되어 있었다.[23] 하지만 영미 역사학계로 옮겨지면서 짧은 과거는 훨씬 더 짧은 시간의 범위와 훨씬 더 집중적인 문서고의 활용에 의존하는 글쓰기 방식을 정착시켰다. 다루는 문서가 잘 알려져 있지 않거나 이해하기 어려울수록 바람직했다. 즉 낯선 문서고가 정체성과 섹슈얼리티sexuality 그리고 전문주의와 행위자에 관한 수많은 서로 경쟁하는 이론 속에서 저자의 정교함을 시험할수록, 문서고의 활용은 학자의 자료에 대한 숙달과 자기 분야에 몰두하고자 하는 의지를 보여주는 증거로 여겨졌다. 거대 서사에 대한 의구심은 일반 독자도 공감할 수 있는 과거의 인물에 감정 이입을 한 이야기를 향한 움직임을 촉발

21 Edoardo Grendi, "Micro-analisi e storia sociale", *Quaderni storici* 35 (1977), 512. 더 일반적인 논의로는 Jacques Revel (ed.), *Jeux d'échelles. La micro-analyse à l'expérience* (Paris, 1996); Paola Lanaro (ed.), *Microstoria. A venticinque anni de l'eredità immateriale* (Milan, 2011); Francesca Trivellato, "Is There a Future for Italian Micro-History in the Age of Global History?" *California Italian Studies* 2 (2011): www.escholarship.org/uc/item/0z94n9hq.

22 Carlo Ginzburg, *Storia notturna. Una decifrazione del sabba* (Turin, 1989).

23 Giovanni Levi, "On Micro-History", in Peter Burke (ed.), *New Perspectives on Historical Writing* (Cambridge, 1991), 94.

하기도 했다. 그와 같은 '감상적인sentimentalist' 이야기는 종종 학계 안팎에서 명성과 유명세를 저자에게 안겨주었음에도, "더 많은 대중과의 소통과 정치적인 문제에 대한 관여를 희생하면서 지역적이고 개인적인 것에만 몰두한다"는 비난을 무릅쓴 것이었다.[24]

이후 세대는 짧은 과거의 시간 지평을 당연하게 받아들였다. 역사학자로 자리를 잡기 위해서는 과거에 대한 혁신적인 해석을 내놓아야 했으며, 짧은 과거는 수많은 새로운 해석과 상반된 주장에 무게를 실어주었다. 68 혁명 세대는 이미 진행되고 있는 사회적 전환, 즉 역사를 '기저로부터from the bottom up' 보는, 엘리트들의 역사에서 일반 사람들, 하층민들, 소외된 이들, 그리고 억압받은 이들의 경험으로의 혁명의 중심에 섰다. 그리고 얼마 지나지 않아 언어학적 전환 — 역사학자가 그 나름의 목적을 위해, 즉 언어와 개념을 통해서 세계와 사회적 경험의 구성을 밝히기 위해 차용한 분석 철학 내 경향 — 이 일어났다.[25] 언어학적 전환은 문화적 전환을 낳았으며, 더 나아가 문화사의 광범위한 부활을 선도했다.[26] 그로부터 국민국가 중심의 역사로부터 벗어나고자 하는 전환이 연속적으로 일어났으며, 그중에는 초국가적 전환, 제국적 전환, 지구적 전환 등 여러 가지가 있다.[27] 이 책의 두 저자도 전환의 언어를 조장한 책임이 있다. 우

---

24 Mark Salber Phillips, *On Historical Distance*(New Haven, 2013), 205-6.

25 Richard Rorty(ed.), *The Linguistic Turn: Recent Essays in Philosophical Method*(Chicago, 1967); Gabrielle M. Spiegel(ed.), *Practicing History: New Directions in Historical Writing after the Linguistic Turn*(London, 2005); Judith Surkis, "When Was the Linguistic Turn? A Genealogy", *The American Historical Review* 117 (2012), 700-22.

26 Victoria E. Bonnell and Lynn Hunt(eds.), *Beyond the Cultural Turn: New Directions in the Study of Society and Culture*(Berkeley, 1999); James W. Cook, Lawrence B. Glickman, and Michael O'Malley(eds.), *The Cultural Turn in US History: Past, Present, and Future*(Chicago, 2005).

27 Antoinette Burton(ed.), *After the Imperial Turn: Thinking with and through*

리 중 한 명은 근래 대부분 분야에 걸쳐 일어난 '공간적 전환'의 계보학에 대해 논했으며, 다른 한 명은 좀 더 구체적으로 지성사에서 '국제적 전환' 의 전망에 대해 개괄한 바 있다.[28] 학문의 동향을 '전환turns'으로 표현하 는 것은 역사학자들이 줄곧 하나의 차선으로 된 고속도로를 따라 미래를 향한 여행을 해왔다는 것을 뜻한다. 설령 그 도로가 많이 구부러지고 휘 어져 있는 우회로라 할지라도 말이다. 바로 그러한 이유로 전환에 대해 조금 더 자세히 논의해야 하며, 그와 함께 장기 지속의 회귀와 같은 회귀 returns의 가치에 대해 적극적으로 고민해야 한다.

이들 전환에 대한 논의는 너무나 빈번히 이루어졌고 또 너무나 불확실 한 것이어서 2012년 영어권 역사학계의 선도적인 학술지인 《미국역사학 보The American Historical Review》는 이 현상을 개관하기 위해 「역사 서술에 서 '전환'에 대한 비판적 고찰」을 놓고 공개 토론을 성황리에 개최한 바 있다.[29] 소위 '비판적 전환'은 전문 역사학자에게 우리가 우리의 자료와 질문을 정말로 새로운 방식으로 검토하고 있다는 사실을 재차 확인시켜 주었다. 그러나 《미국역사학보》의 여러 저자가 지적했듯이, 심지어 비

the Nation(Durham, NC, 2003); Ulf Hedetoft, The Global Turn: National Encounters with the World(Aalborg, 2003); Winfried Fluck, Donald E. Pease, and John Carlos Rowe(eds.), Re-framing the Transnational Turn in American Studies(Hanover, NH, 2011); Durba Ghosh, "Another Set of Imperial Turns?" The American Historical Review 117 (2012), 772-93.

28 Jo Guldi, "What is the Spatial Turn?" (2011): http://spatial.scholarslab.org/ spatial-turn/; David Armitage, "The International Turn in Intellectual History", in Armitage, Foundations of Modern International Thought(Cambridge, 2013), 17-32; 또한 in Darrin M. McMahon and Samuel Moyn(eds.), Rethinking Modern European Intellectual History(New York, 2014), 232-52.

29 Judith Surkis, Gary Wilder, James W. Cook, Durba Ghosh, Julia Adeney Thomas, and Nathan Perl-Rosenthal, "AHR Forum: Historiographic 'Turns' in Critical Perspective", The American Historical Review 117 (2013), 698-813.

판적 전환도 진부해질 수 있다. 전환은 깊이 뿌리내린 오래된 사고의 양식의 탈을 쓸 수도 있다. 우리의 질문이 아무리 큰 질문이라고 해도, 인간 경험의 또 다른 측면 — 공간적, 시간적, 또는 감성적 측면 — 의 구성에 대해 아무리 면밀하게 정리했다고 해도, 역사학의 답은 최근까지도 여전히 동일한 특징을 보여왔다. 즉 짧은 과거에 더 초점을 맞추고, 더 집중해왔던 것이다.

짧은 과거는 사회사에만, 또는 미국 역사학계에만 국한된 것은 아니었다. 같은 시기 케임브리지에서 퀜틴 스키너Quentin Skinner는 지성사 분야에서 긴 범위를 다루는 다양한 경향 — 가장 대표적으로 아서 러브조이Arthur Lovejoy의 통시적인 사상사 그리고 일반적으로 정치이론이 교육되어온 방식인 '고전Great Books'에 대한 정경적 접근법canonical approach — 에 대한 지성사가들의 공격을 주도하면서, 더 촘촘한 수사적 그리고 시간적 맥락화를 주창했다. 이는 전후 영국에서 거대 서사의 몰락, 특히 제국의 후퇴와 기독교의 몰락에 대한 대응으로 읽혔다. "맥락에 대한 집중은 좀 더 엄밀한 학문을 보증하는 동시에 예전의 혹은 새로운 정치적 신화로부터 벗어날 수 있도록 해주었다."[30] 소위 케임브리지 학파Cambridge School의 맥락주의 contextualism는 개개의 주장을 시간을 초월한 사고와 항구적인 개념의 예시가 아니라 정밀하게 조화된 언어 놀이language-game나 구체적인 발화 행위speech-acts에서의 움직임으로 간주하면서 개별 주장의 공시적이고 단기적인 배경에 거의 모든 초점을 맞추었다.

본래 맥락주의자들의 적은 휘그들Whigs, 마르크스, 네이미어Lewis Namier, 그리고 러브조이였지만, 이들의 시도는 시대착오와 추상화 그리고 더 일반적으로는 거대 이론에 대한 공격으로 읽혔다. 게다가 1985년 인간과학

---

30 Emile Perreau-Saussine, "Quentin Skinner in Context", *Review of Politics* 69 (2007), 110.

내에서 '거대 이론의 회귀return of grand theory'를 촉발하고자 했던 스키너 자신의 시도는 이를 고취시켰거나 대표했던 다수의 사상가 - 예를 들어 비트겐슈타인Ludwig Wittgenstein, 쿤Thomas Kuhn, 푸코, 페이라벤드Paul Feyerabend - 가 "지역적인 것과 우연적인 것을 강조했을 뿐만 아니라 … 그와 동시에 모든 것을 포괄하는 이론과 단일한 설명의 체계에 대해 … 강한 반감을" 표명했다는 모순된 사실로 인해 좌초되었다. 1980년대 거대 이론의 회귀에 관한 여러 보고서는 과장된 듯 보인다. 거대 이론은 돌아오지 않았으며, 오히려 미네르바의 올빼미Minerva's owl처럼 여명 속으로 사라져 버렸다.[31] 지성사가 사이에서 장기 지속의 더 광범위한 회귀의 전조로 스키너 자신이 더 긴 기간에 관한 연구 - 키케로와 퀸틸리아누스 Marcus Fabius Quintilianus로 거슬러 올라가는 수사학의 전통 속에서 토머스 홉스 Thomas Hobbes를 다룬 연구, 『학설휘찬Digesta seu Pandectae』의 로마법에서 유래한 자유에 대한 신로마neo-Roman 이론에 관한 연구, 그리고 탈중세 역사에서 공화주의, 국가, 그리고 자유의 개념에 관한 연구 - 로 되돌아간 것은 1990년대 말에 이르러서였다.[32]

---

31 Quentin Skinner, "Introduction: The Return of Grand Theory", in Skinner (ed.), *The Return of Grand Theory in the Human Sciences*(Cambridge, 1985), 12.

32 Quentin Skinner, "The Vocabulary of Renaissance Republicanism: A Cultural *Longue-Durée?*" in Alison Brown(ed.), *Language and Images of Renaissance Italy*(Oxford, 1995), 87-110는 다음의 연구로 향했다. Skinner, *Reason and Rhetoric in the Philosophy of Hobbes*(Cambridge, 1996); Skinner, *Liberty before Liberalism*(Cambridge, 1998); Skinner and Martin van Gelderen(eds.), *Republicanism: A Shared European Heritage*, 2 vols.(Cambridge, 2002); Skinner, "A Genealogy of the Modern State", *Proceedings of the British Academy* 162(2009), 325-70; 그리고 Skinner and van Gelderen(eds.), *Freedom and the Construction of Europe*, 2 vols.(Cambridge, 2013). 이와 Darrin M. McMahon, "The Return of the History of Ideas?" in McMahon and

1970년대 후반부터 한동안 역사 연구에 종사하는 상당수의 학자가 사회사에서 지성사에 이르는 다방면에서 거의 동시에 단기 지속 연구로 후퇴했다. 장기 지속을 통한 종합을 꾀하는 역사학자의 능력과 자료에 근거한 역사학이나 일대기 사이의 긴장은 전혀 새로운 것이 아니다. 사실 더 짧은 시간의 범위는 전문적인 역사학 서술에 영향을 미치기에 앞서 이미 문학에서 자리 잡고 있었다. 플루타르코스Lucius Mestrias Plutarchus의 『고귀한 그리스인들의 삶Lives of the Noble Greeks』과 로마인들의 삶에 대한 비교에서부터 새뮤얼 스마일스Samuel Smiles의 『기계공의 삶Lives of the Engineers』(1874~1899)에 이르기까지, 일대기는 역사 서술에서 도덕적 기판을 이루며 교훈을 일깨워주었으며, 종종 타의 모범이 되는 그와 같은 인생에 대한 이야기에 담긴 '도덕적 기질character'의 통시적인 범주에 초점을 맞추었다.[33] 단기적인 역사에 대한 강조는 서로 상충하는 장기적인 관점 중 하나를 선택하는 데 역사의 도움을 빌리고자 한 경우에도 이루어졌다. 액턴 경John Emerich Edward Dalberg Acton, 1st Baron Acton에 따르면, 미셸레Jules Michelet, 매킨토시John Mackintosh, 부숄츠Franz Bernhard von Bucholtz, 미그뉴Jacques Paul Migne의 기록 자료 수집과 교회 및 지역 문서고에 대한 조사는, 프랑스 혁명을 "낯선 에피소드alien episode"나 자연적인 권위에 대한 반란으로 이해하기 위해서든, 아니면 "모든 역사의 무르익은 결실"로 이해하기 위해서든, 프랑스 혁명의 유산을 확정짓고자 한 욕구와 결부되어 있었다.[34] 역사학자의 역할이 이야기꾼narrative artist과 종합하는 자synthesiser에서 엄밀한 자료에 대한 정확한 독해의 힘으로 논쟁을 해결하

Moyn(eds.), *Rethinking Modern European Intellectual History*, 13-31; Armitage, "What's the Big Idea?"를 비교해보라.

33 David Knowles, *The Historian and Character*(Cambridge, 1955).

34 John Emerich Edward Dalberg Acton, *Lectures on Modern History*(London, 1906), 14.

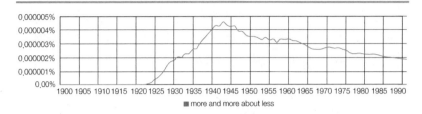

도표 3 1900년에서 1990년 사이 '더 작은 것에 대해 더 많이'란 표현의 사용 빈도

자료: 구글 앤그램 뷰어.

는 신중한 평론가politic critic로 바뀌면서 문서 혁명revolution in documents이 일어났다. 이와 같은 역할에서 제도사는 자유주의 전통을 해석하는 일을 맡았으며, 이는 엘리 할레비Elie Halévy의 『1815년 영국L'Angleterre en 1815』 (1913)과 같이 중요한 기점에 초점을 맞춘 연구를 통해 이루어졌다. 짧은 기간을 다룬 역사서는 대개 저널리스트적인 해설, 특정한 논쟁, 그리고 논쟁이 되는 시대에 집중했다. 예컨대, 시인 로버트 그레이브Robert Graves 의 『긴 주말: 1918년에서 1939년 사이 영국 사회The Long Week-End: A Social History of Great Britain, 1918-1939』(1940)는 제1차 세계대전의 발발과 함께 사라져간 이상향주의를 제2차 세계대전이 발발하려는 시점에서 거리를 두고 고찰했다.[35]

전문화 ─ '더 작은 것에 대해 더 많이 아는 것knowing more and more about less and less' ─ 에 대한 우려는 전문주의와 전문적 지식의 부흥을 오랫동안, 처음에는 과학 분야에서 그러나 1920년대 이후 점차 더 광범위하게, 따라다녔다(도표 3 참조). 30년 후 영국의 소설가 킹슬리 에이미스Kingsley Amis는 그의 소설 『럭키 짐Lucky Jim』(1953)에서 전문화가 젊은 역사학자

---

35 Elie Halévy, *Histoire du peuple anglais au XIXe siècle, I: L'Angleterre en 1815* (Paris, 1913); Robert Graves, *The Long Week-End: A Social History of Great Britain, 1918-1939*(London, 1940).

에게 가하는 제약에 대해 날카롭게 꼬집었다. 책의 주인공인 짐 딕슨Jim Dixon은 지방 대학의 불운한 젊은 조교수로 소설에서 줄곧 자신에게 학문적 명성을 안겨 줄 논문의 운명에 대해 안절부절한다. 화자가 완벽히 꿰차고 있는 그 논문의 주제는 「1450년에서 1485년 사이 선박 건조 기술의 발전의 경제적 영향」이다. 화자는 "이는 완벽한 제목이다. 왜냐하면 이 논문이 정말로 사소한 것에 대해서만 쓸데없이 트집을 잡고 있을 뿐만 아니라 장례식 행렬처럼 하품을 자아내는 사실을 열거하면서 문제도 안되는 것을 억지로 조명하고 있다는 점을 명확하게 알려주고 있기 때문이다"라고 말한다. 하지만 『럭키 짐』이 출판되고 몇 년 뒤 양심적인 지도교수라면 그렇게 말도 안 되게 야심 차고 큰 주제에 대한 논문은 일찌감치 포기하는 것이 낫다고 조언했을 것이다.[36]

그럼에도 1970년대 이전 전문 역사학자 한 세대 전체가 장기 지속 사고에 대해 전면적으로 반기를 든 적은 없었다. 하지만 베이비 붐 세대 학자들은 사회 문제에 관심을 가지고 참여했던 바로 직전 세대 역사학자들의 글쓰기 양식을 거부했다. E. P. 톰슨의 『영국 노동자 계급의 형성The Making of the English Working Class』(1963)에서부터 유진 제노비스Eugene Genovese의 『흘러라, 요단강아 흘러라Roll, Jordan, Roll』에 이르는 마르크스주의 역사학자의 연구는 노동자 계급과 노예 문화 그리고 서발턴 혹은 하위 주체subaltern와 엘리트 사이 광범위하게 존재하는 긴장 관계를 묘사하기 위해 담시ballads와 농담 그리고 비유적 표현에 대한 조사와 같은 민속학의 기술을 차용했다.[37] 중대한 전환점의 특징을 파악하고자 했던 목

---

36 Kinglsley Amis, *Lucky Jim*(1953)(New York, 2012), 9; David Cannadine, "British History: Past, Present — And Future?" *Past & Present* 116(1987), 177.

37 E. P. Thompson, *The Making of the English Working Class*(London, 1963); Eugene D. Genovese, *Roll, Jordan, Roll: The World the Slaves Made*(New York, 1974).

표는 1970년대 초 조안 왈라흐 스콧Joan Wallach Scott과 윌리엄 슈얼William Sewell과 같은 노동 사회사가의 연구를 거치며 바뀌기 시작했다. 스콧과 슈얼의 연구는 공장의 한 층이나 이웃 간의 상호 행동 양태에 초점을 맞추었으며, 개별 행위자와 세부 사항에 주목하는 관례를 사회학에서 들여왔다.[38] 물론 역사학자의 이와 같은 관심의 집중이 큰 관점과 반드시 갈등 관계에 있었던 것은 아니다. 프랑스에서의 노동 문제와 혁명을 다룬 슈얼의 연구는 "구체제Old Regime에서부터 1848년"까지 수십 년을 살폈다. 또한 미시사가가 장기 지속 프레임을 전혀 고려치 않고 연구를 수행할 수 있는 것도 아니었다. 하지만 짧은 과거를 다룬 역사학자들은 긴 역사에 대해 그들 나름대로 논하는 대신 이 일을 1960년대 1970년대 독일과 프랑스의 사회이론가들에게 외주를 맡기는 모습을 보였다. 수 세기에 걸친 섹슈얼리티와 훈육, 감옥과 통치 질서의 역사를 다룬 미셸 푸코의 연구는 짧은 과거 내에서 임신과 교육, 복지와 통계의 문제를 다룬 수많은 역사학자에게 제도의 진보에 회의적인 장기적인 프레임을 제공했으며, 위르겐 하버마스의 18세기 공적 삶에 대한 낙관적인 해석은 그와 반대되는 프레임을 제공했다.[39] 감옥과 커피 하우스coffee house는 거시사의 두 축이 되었으며, 짧은 과거를 살피는 미시사가는 각각 회의적이고 낙관적인 이 두 근대적 제도에 대해 자세히 살을 붙였다. 인용이 되었든 되

---

38 Joan Wallach Scott, *The Glassworkers of Carmaux: French Craftsmen and Political Action in a Ninteenth-Century City*(Cambridge, MA, 1974); William Sewell, Jr, *Work and Revolution in France: The Language of Labor from the Old Regime to 1848*(Cambridge, 1980).

39 Michel Foucault, *Discipline and Punish: The Birth of the Prison*(trans.) Alan Sheridan(New York, 1979); Jürgen Habermas, *The Structural Transformation of the Public Sphere: An Inquiry into a Category of Bourgeois Society* (trans.) Thomas Burger with the assistance of Frederick Lawrence (Cambridge, MA, 1989).

지 않았든 이와 같은 이론은 역사학과 역사사회학 그리고 역사지리학 분
야에서 짧은 과거를 세밀히 다룬 수많은 역사서에 방향을 제공했다.[40]
따라서 1968년부터 대략 2000년까지 위와 같은 분야 내 다수의 연구자
는 과거, 그리고 미래에서 과거의 중요성과 관련해 독창적인 사고를 해
야 한다는 의무감에서 잠시나마 벗어날 수 있었다. 연구자가 해야 할 일
은 전체에 대한 일반화가 아니라 미시 정치micro-politics와 거대한 계급 투
쟁 내에서 특정한 쟁투의 성공이나 실패에 대한 이해였다.

* * * * *

1968년 이후 수십 년 동안 대학에서 시간에 대해 생각하는 법을 가르
치는 과정을 지배한 것은 짧은 과거였다. 역사학자에게 연구는 어떻게
해야 하는지 가르칠 목적으로 근래 집필된 교과서들의 경우 – 적어도 미
국에서 출판된 교과서의 경우 – 강조점은 연구 질문을 개별 시기의 특수성
에 맞추어 좁히는 것의 중요성에 놓여 있다. 예를 들어, 플로렌스 맥코이
Florence N. McCoy가 역사학자가 되고자 하는 이를 대상으로 1974년 집필한
교과서는 한 학생이 연구논문 주제를 택하는 과정을 추적하고 있다. 올
리버 크롬웰Oliver Cromwell에 대해 공부하기를 원했던 그 학생은(이 주제는
맥코이가 보기에 너무나 큰 주제였다) 결국 자신의 연구 주제를 스코틀랜드
와 잉글랜드 연합에 대한 크롬웰의 입장으로 좁혔다. 대학 교육에 대한

---

40 Thomas Laquerer, *Making Sex: Body and Gender from the Greeks to Freud*
 (Cambridge, MA, 1990); Theodore M. Porter, *Trust in Numbers: The Pursuit
 of Objectivity in Science and Public Life*(Princeton, NJ, 1995); Miles Ogborn,
 Spaces of Modernity: London's Geographies, 1680-1780(London, 1998);
 Vanessa R. Schwartz, *Spectacular Realities: Early Mass Culture in Fin-de-
 Siècle Paris*(Berkeley, 1998).

이 같은 관점에 따르면, 앞의 주제보다 뒤의 주제가 더 적절한데, 이유인 즉 후자가 전문가에 의해 움직이는, 각자의 분야에서 누가 더 전문적인 가를 두고 경쟁하는 사회의 전문화 과정을 학생이 모방할 수 있도록 가르쳐주기 때문이다. 잉글랜드와 스코틀랜드 연합에 대한 크롬웰의 입장이란 논문 주제는 "잉글랜드와 스코틀랜드 외교 관계 전문가만이 알 수 있는 것을 배울 기회를 제공하기에" 겸손히 자신의 일에만 집중하라는 가르침을 주기에 매우 적합했다.[41]

교육 내용이 바뀌면서 분야의 편견 또한 바뀌었다. 1970년대까지 대다수 역사학자는 서로의 연구에 대해 비판할 때 주제를 너무 협소하게 다루어 당면한 사회 문제와의 관련성을 놓치고 있는 것은 아닌가라고 흔히 말했다. 다루는 주제가 너무 협소하다는 비판은 1960년대와 1970년대 젊은 역사학자의 연구에 되풀이해 가해졌다. 심지어 젊은 역사학자가 반세기보다 짧은 시기를 다루었을 경우 논평조차 하지 않으려 했다. 폴 뷰Paul Bew의 『1858년에서 1882년 사이 아일랜드의 토지와 민족 문제Land and the National Question in Ireland, 1858-82』(1979)의 한 논평자는 생활 기준과 물질적인 기대에 관한 상세한 연구를 했다고 저자를 칭찬했지만, 그 책이 실제로는 1879년에서 1882년 사이 3년에 한정되어 있다는 사실을 발견하고 큰 실망을 표했다.[42] 심지어는 매우 긴 시기를 다룬 역사서라 할지라도 제목이나 서론에서 더 긴 시기를 다룰 것처럼 한 경우에도 비난을 받았다. 로드니 바커Rodney Barker가 "근대 영국modern Britain"이라 칭했지만 단 한 세기만 다룬 역사서를 내놓았을 때, 1979년 한 논평자는 그가

41 Florence N. McCoy, *Researching and Writing in History: A Practical Handbook for Students*(Berkeley., 1974), 3-6.
42 Paul Bew, *Land and the National Question in Ireland, 1858-82*(Atlantic Highlands, NJ, 1979); L. M. Cullen, "Review", *The Agricultural History Review* 28(1980), 140.

1880년에서 1975년까지만 다루었다고 지적하며, 이는 역사학자가 다루기에는 "너무나 짧은 시기"라고 비판하기도 했다.[43]

하지만 1979년에 이르면서 시대는 바뀌고 있었고, '너무 짧다'는 비판은 이제 그리 큰 치욕으로 여겨지지 않았다. 아서 슐레진저 시니어가 1933년 미국의 인종 다원주의의 역사를 다룬 『1878년에서 1898년 사이 도시의 부흥The Rise of the City, 1878-98』을 내놓았을 때, 20년의 시기를 다룬 이 연구는 건국 이래 미국의 궤적을 다양한 학자가 살피는, 여러 권으로 계획된 야심 찬 시도의 일부였다. 책의 서론에서 슐레진저는 페르시아와 로마의 도시에 대한 거침없는 개괄을 제공했지만, 책 자체는 자신이 태어날 무렵 20년을 특징짓는 이주와 이민의 형태에 초점이 맞추어져 있었다. 이 책이 너무나 협소한 시간에 초점을 맞추고 있다는 사실에 놀란 코넬 대학의 동료 역사학자 칼 베커Carl Becker는 슐레진저가 무언가를 배우기에는 너무나 짧은 시기로 역사를 나누었다고 비판했다. 1960년대와 1970년대 나날이 커져가는 대학에서 자료는 더욱 중요해졌으며, 슐레진저는 권위자로 추앙받았다. 1965년 슐레진저가 사망했을 때 그의 하버드 대학 동료들은 베커가 "역사의 긴 기간을 너무나 거칠게 일반화하고 있다"고 논박했다. 실패에 대한 공식적인 비판이 '너무 짧다'에서 '너무 길다'로 변했던 것이다.[44]

짧은 과거가 지배적이 되면서 역사학자들은 점차 긴 시간과 미래를 연관시키는 기술을 무시하기 시작했다. 적어도 영어권에서 미시사 연구자

---

43 Rodney Barker, *Political Ideas in Modern Britain: In and After the Twentieth Century*(London, 1978); Leon D. Epstein, "Review", *Albion: A Quarterly Journal concerned with British Studies* 11 (1979), 189-90.

44 Arthur Schlesinger, Sr, *The Rise of the City, 1878-98*(New York, 1933); Donald Fleming *et al.*, "Arthur Meier Schlesinger: February 27, 1888-October 30, 1965", *The Journal of Negro History* 5 (1967), 147.

는 일반 독자를 위해 자신의 짧은 시간 지평을 맥락화하고자 애쓰지 않았다. 그는 지식의 철저한 세분화가 보상받는 시합을 하고 있었던 것이다. 나날이 노동 분업에 집착하는 대학에서 젊은 연구자는 일반 독자를 염두에 둔 혹은 그와 같은 글쓰기에서 흔히 요구되는 깊은 시간의 관점에서 글을 쓸 여유를 점차 상실해갔다. 이는 미국의 지성사가 대니얼 로저스Daniel Rodgers가 "분열의 시대Age of Fracture"라고 칭한, 시간 지평의 축소를 중심으로 규정한 시기에 거대 서사의 더 일반적인 후퇴의 일부분이었다. 로저스에 따르면, "20세기 중반 역사는 엄청난 무게를 지닌, 그로부터 헤어날 수 없는, 인간의 삶보다 훨씬 큰 존재로 사회 담론을 짓눌렀다. 심각한 이야기를 한다는 것은 긴 시간의 거대한 움직임에 대해 이야기를 한다는 것을 의미했다". 1980년대에 이르면서 근대화 이론, 마르크스주의, "장기적인 경제 발전과 문화적인 지체에 관한 이론, 경기 순환의 불변성, 그리고 역사학자들의 장기 지속", 이 모든 것이 하나의 짧은 순간, 즉 지금 여기라는 즉각적인 현재에 초점을 두는 축소된 시간 감각에 의해 대체되었다.[45]

1980년대 접어들면서 대서양 양측의 역사학자들은 전문화로 인해 역사학 분야가 심각하게 분열되고 있다고 불만을 토로하기 시작했다. 1981년 미국사 연구자인 버나드 베일린Bernard Bailyn은 미국 역사학회 회장 연설에서 "역사 연구가 한 번에 100여 가지 방향으로 가지를 치고 있으며, 이들 사이에는 어떠한 조정도 … 일관된 전체로의 종합도 존재하지 않으며, 이는 한정된 지역에서조차 거의 불가능해 보인다"라고 관찰했다. 베일린 자신이 「근대 역사 서술에서의 도전」이라 부른 것은 바로 "주요한 주제를 종합하고, 이를 이야기로 풀어내는 작업을 통해 역사라는 광활한 대지에 질서를 부여하고, 그럼으로써 더 많은 독자 대중에게 … 역사를

---

45 Daniel T. Rodgers, *Age of Fracture*(Cambridge, MA, 2011), 255.

다시 소개해주는" 것이었다.[46] 얼마 후 1985년 또 다른 전직 미국 역사학회 회장이자 민주주의 혁명의 시대를 다룬 장기 지속 역사학자인 R. R. 파머Palmer는 자신의 분야인 프랑스사에 대해 "전문화가 극단으로 치달았다. … 이러한 전문화가 젊은 세대의 교육에 그리고 대중의 계몽에 어떠한 기여를 하는지 도대체 모르겠다"라고 말하며, 불만을 털어놓았다.[47] 1987년 소장 영국사학자 데이비드 케너다인David Cannadine 역시 "대학에 재직하고 있는 역사학자들이 갈수록 극히 일부의 독자만이 실제로 읽는 학문적인 역사서와 논문에만 매달리는 … 전문주의 문화cult of professionalism"를 유사한 방식으로 비난했다. 케너다인은 그 결과 "공공의 교사로서 역사학자의 역할이 너무나 빈번히 송두리째 무시되고 있다"라고 우려를 표명했다.[48] 역사학자들은 자기들끼리, 점점 더 짧아져만 가는 시간 범위에 대해, 점점 더 협소해져만 가는 주제에 대해 논하면서, 점점 더 일반 독자로부터 괴리되었다.

피터 노빅Peter Novick은 미국 역사학계를 다룬 교훈적인 자서전 『그 고상한 꿈: '객관성 문제'와 미국 역사학계That Noble Dream: The 'Objectivity Question' and the American Historical Profession』(1988)에서 1980년대를 단편화fragmentation가 풍토병으로 자리 잡은, "왕이 부재한 이스라엘[각기 자기의 소견에 옳은 대로 행하는 ─ 옮긴이]There is no king in Israel"과 같은 시대로 파악했다. '두터운 묘사thick description'를 중시하는 인류학적 전환, 이탈리아에서 프랑스를 통한 미시사의 수출, 정체성의 정치와 탈식민주의 이론에

---

46 Bernard Bailyn, "The Challenge of Modern Historiography", *The American Historical Review* 87 (1982), 2, 4, 7-8.

47 R. R. Palmer, "A Centry of French History in America", *French Historical Studies* 14 (1985), 173-4; David Armitage, "Foreword", in Palmer, *The Age of the Democratic Revolution: A Political History of Europe and America, 1760-1800*, new edn (Princeton, NJ, 2014), xv-xxii.

48 Cannadine, "British History: Past, Present ─ And Future?" 176, 177.

의한 자유주의적 주체liberal subject의 약화, 장 - 프랑수아 리오타르Jean-François
Lyotard가 분석한 거대 서사에 대한 회의주의의 등장, 이 모든 것이 역사학
이란 직물을 찢어버리는 원심력으로 작동했다.[49] 하지만 베일린과 파머
그리고 캐너다인과 노빅이 한 것과 같은 넋두리는 요점을 놓치고 있는
것일 수도 있다. 역사학 연구의 분열은 더 큰 경향, 즉 단기 지속의 승리
의 주변 증상이었다.

거대 서사에 대한 의심, 휘그적인Whiggish 목적론에 대한 적의, 그리고
반본질주의anti-essentialism의 진전에 따라 고무된 문서고의 통달, 미시사,
그리고 우연성과 맥락에 대한 강조의 결합은 역사학 전분야에 걸쳐 공시
적인 것과 단기적인 것에 더욱 초점을 맞추도록 이끌었다. 사례 연구와
개별 행위자 그리고 구체적인 발화 행위가 강조되면서 브로델과 네이미
어, 멈퍼드와 러브조이, 그리고 월러스틴Immanuel Wallerstein의 긴 시간을
다룬 모델은 단턴과 데이비스 그리고 여타의 미시사 연구에 의해 대체되
었다. 10년 전만 하더라도 미국사를 연구하는 한 프랑스 역사학자는 "탈
근대주의postmodernism로 인해 점점 더 많은 학자가 단편화되고 덧없는 연
구를 하게 된 오늘날, 장기 지속의 관점에 따른 접근법은 구식으로 보일
수도 있다. 하지만 여전히 그것은 언제 우리가 다다를 수 있을지 모르겠
지만 어쨌든 한 발 한 발 다가가야 할 이상으로 남아 있다"고 우려를 표
명할 수 있었다.[50] 미시사를 창시한 이들이 정확히 파악하고 있었듯이,
우리를 놀라게 하며 주의를 끄는 역사학은 당연히 자료에 대한 비판적인
독해만 아니라 때로는 다양한 종류의 자료에 대한 조사에 기초해야 한
다. 그러나 그와 같은 종류의 비판적 역사학은 이바지해야 할 공적 목적

49 Peter Novick, *That Noble Dream: The 'Objectivity Question' and the
  American Historical Profession*(Cambridge, 1988), 577-92; Jean-François
  Lyotard, *La Condition postmoderne. Rapport sur le savoir*(Paris, 1979), 7.
50 Jean Heffer, "Is the *Longue Durée* Un-American?" *Review* 24(2001), 137.

을 지닌다. 즉 그러한 역사학은 다양한 출처로부터 나온 활용 가능한 자료를 종합하고, 우리의 집단적 과거와 이의 의미에 대한 만연된 환상을 폭로할 목적을 지닌다. 하지만 그러기 위해서 짧은 과거는 1968년 그것을 탄생케 했던, 큰 질문에 대한 그 나름의 고민을 우선 되살려야 할 것이다.

지구 온난화 그리고 토지와 물을 둘러싼 전쟁을 목전에 둔 이 시대에 자원과 자원의 배분을 둘러싼 사회 내 그리고 사회 간 계급 투쟁을 다룬 역사 연구가 그 어느 때보다 절실하다. 지난 40년 동안 대중은 우리의 장기적인 과거와 그것이 미래에 대해 지니는 의미에 대한 일련의 만연된 신화를 무비판적으로 수용해왔지만, 이들 신화 중 전문적인 역사학자에 의해 만들어진 신화는 사실 전무하다. 그러한 신화에는 기후 변화에 따른 대재앙, 역사의 종언, 그리고 자본주의를 향한 종으로서 인간의 숙명이 포함된다. 일반 대중의 소비를 장기적인 시각에서 다룬 논의는 종종 서로 모순된다. 마찬가지로 정부가 개입하지 않는다면 종말이 멀지 않다고 주장하는 기후 관련 논의와 기후 변화에 따른 최악의 사태는 새로운 형태의 과학 기술을 자연스럽게 가져다줄 자유 시장에 의해 방지될 수 있다고 주장하는 신자유주의 논의 역시 서로 모순된다.

역사학은 이처럼 모든 것을 포괄하는 이야기를 뒤흔들 힘을 지니고 있다. 짧은 과거의 가장 중요한 기여 중 하나는 진화론적 생물학, 경제학, 인류학, 그리고 정치학의 뿌리까지 감염시킨 엄청난 신화를 뒤흔들어놓았다는 데 있다. 개발 도상국에 대한 경제학자들의 정책 논쟁의 경우 1960년대까지도 역사적 전통과 더불어 인종을 통한 설명이 눈에 띨 정도로 큰 비중을 차지했었다. 인도와 중국은 자신의 능력을 물질 세계, 즉 모든 첨단 기술 및 공학 기술과 연결시킬 개발 심리가 태생적으로 부족하다고 우리는 배웠었다. 하지만 이제 우리는 그렇게 생각하지 않으며, 이는 상당 부분 1975년 이후 수십 년에 걸친 역사학자들의 노력 덕분이다. 그럴듯한 의학 자료에 근거해 날조되었다고 밝혀진 백인 우월주의 신화. 미국 남북 전쟁이 노예제의 악폐가 아니라 각 주의 권리라는 정치적 교리에 의해 야기되었다는 신화. 서구 식민주의가 식민지에게 혜택을 주었다는 신화. 서양 우월주의의 신화. 만약 이 같은 다양한 지적 전설이 문화적 전환과 탈식민주의 전환을 취한 비판적 역사학자 세대에 의해 발굴되고, 신중히 검토되고, 조명되지 않았더라면, 아마도 세상은 지금 현재와는 매우 다른 세상일 것이다.

역사학자들은 세계가 서구 제국의 영향하에서 전반적으로 풍요로워졌다는 신화를 더는 믿지 않는다. 반면 다수의 경제학자는 여전히 그렇게 믿고 있다. 20년 전 윌리엄 그린William A. Green은 하나의 사건이 언제 시작되었고 또 언제 끝났는지에 관한 우리의 생각을 바꾸는 새로운 역사 연구가 어떻게 다른 분야를 규정하는 '지적 구속intellectual straitjackets'으로부터 벗어날 기회를 제공하는지 설명했다.[51] 과거에 대한 자료를 활용하는 주된 방법 중 하나는 눈에 띄게 반복적으로 보이는, 즉 문서고에서 자연스럽게 드러나는 패턴에 초점을 맞추는 것이다. 과거에 대한 장기적인 자료는 전문가들이 이전의 실천과 이데올로기의 패턴에 얼마나 매몰되어 있는지 보여주는 것만으로도 경제학자들과 기후과학자들의 혼란스러운 논쟁에 충분히 기여할 수 있다. 더 나아가 지금 기후과학자들이 수집하고 있는 디지털 자료와 정책 분석 — 디지털화된 신문, 의회록, 그리고 전문 학술지 등 — 은 근대적인 제도의 작동 방식을 반영하고 있는 자료이다. 이들 문서고 역시 지난 30년 동안 쓰인 수많은 학위 논문보다 더 장기적인 지속과 더 세밀한 맥락적인 독해에 도움을 준다. 그럼에도 이들 문서고의 장기 지속도 여전히 수십 년이나 수 세기의 시간 범위에 머물고 있다.

---

51 William A. Green, "Periodization in European and World History", *Journal of World History* 3 (1992), 13.

우리가 살고 있는 정보화 사회는 우리의 기후 통계와 경제 지표 이용 방식에 대해 논할 수 있는 종합자와 판정자를 필요로 한다. 정보화 사회는 수집된 자료와 그에 대한 논의 그리고 그 결과 취해진 행동을 검토할, 그리고 그 과정 속에서 발생하는 지속과 단절, 거짓말과 잘못된 관리, 그리고 명백한 혼동을 지적해줄 수 있는 안내자를 필요로 한다. 하지만 무엇보다 정보화 사회가 대중에게 미래의 지평과 그 의미를 알려주고자 한다면 그와 같은 거대한 이야기를 대중이 쉽게 이해할 수 있도록 풀어서 해줘야 할 것이다.

자료의 출처에 대해 논하는 정교한 역사 연구는 민주적인 사회에 적합한 요소를 상당히 많이 지니고 있다. 오늘날 대학의 대부분 학과에서 이루어지고 있는 전문적인 교육은 대중으로부터 연구자를 분리시키는데, 즉 연구자를 대중이 이해할 수 없는 문구와 개념으로 가득 찬 말을 하고 글을 쓰는 '전문가expert'로 다듬는 데 쏠려 있다. 그러나 이야기로서 역사학history-telling은 전문가의 시대 이전에 탄생했으며, 그 형식은 본질적으로 민주적이었다. 이야기하는 것처럼 혹은 축구 경기처럼, 역사학은 모든 남성과 여성 그리고 아이들이 접근할 수 있는, 단지 키워드keyword 검색과 지역 역사 문서고 혹은 오래된 묘비에 적힌 이름을 추적하는 일에 지나지 않는다고 해도, 각자 나름대로 추구할 수 있는 활동이었다.[52] 기억을 전하는 인간의 가장 오래된 수단인 이야기로 짜여진 역사학은 과거에 관한 막대한 양의 데이터를 다른 이에게 전달할 수 있는 꾸러미로 응축시키며, 이러한 꾸러미는 앞으로 일어날 일을 이해하기 위해 필요한 것만을 추려낸 자료로 발전된다. 우리가 공유하는 과거의 관점에서 미래

---

52 Rebecca Amato and Jeffrey T. Mauel, "Using Radical Public History Tours to Reframe Urban Crime", *Radical History Review* 113(2012), 212-24; Jo Guldi, "Landscape and Place", in Simon Gunn and Lucy Faire(eds.), *Research Methods for History*(Edinburgh, 2012), 66-80.

에 대해 논하는 것은 누구든 우리의 미래가 나아가야 할 방향에 대해 다른 입장을 개진할 수 있는 가능성을 열어주는 방법이다. 우리 모두가 언제든 증거를 스스로 검토할 수 있을 뿐만 아니라 전문가와 언쟁을 할 수도 있는 것이다.

예컨대, 만약 우리의 세계와 같이 복잡하고 지구화된 세계가 기후 변화 문제와 관련해 빈곤층을 기아로 아니면 영구적인 추방과 무국적 상태로 내모는 것 이상의 입장을 견지하길 원한다면, 우리는 우리의 과거와 미래를 향한 가능한 진로에 대해 민주적으로 토의할 수 있어야 한다. 공적 미래를 위해 활용된다면, 역사학은 엘리트에 의한 부의 통제나 지구 시스템Earth system 전체에 대한 과학적 감시를 대참사를 피할 유일한 방안으로 설파하는 경제학자와 과학자의 근본주의를 극복할 수 있다. 역사학은 다른 대안에 문을 열어줄 뿐만 아니라 대중이 수많은 가능한 지속 가능성에 대한 토의와 새로운 상상에 참여할 수 있도록 해준다.

장기적인 관점에 입각한 통속적인 논의는, 그것이 기후든 국제 정부든 아니면 불평등에 관한 것이든, 대개 먼 과거에 일어난 다양한 종류의 사건에 대한 추론의 형태를 취하고 있다. 재러드 다이아몬드Jared Diamond의 『붕괴: 사회는 어떻게 성공과 실패를 택하나Collapse: How Societies Choose to Fail or Succeed』(2005)와 같은 대중적인 역사서는 역병으로 피해를 입은 사회의 운명을 고고학적 증거에 종의 멸종과 민족 추방의 역사를 혼합해 흥미로운 이야기를 엮어내고 있다. 하지만 이러한 책도 내털리 제먼 데이비스나 로버트 단턴과 같은 짧은 과거를 다루는 역사학자를 특징짓는 심도 깊은 논의는 결여하고 있다. 문서고를 집중적으로 탐색하는 역사학자는 수많은 종류의 자료 — 동화, 문서고 내 유물, 책 자체와 책의 겉표지, 삽화 — 와 씨름을 해야 했다. 이전에는 전혀 다루어지지 않았던 잘 알려져 있지 않은 가문과 개인에 관한 이야기를 엮어내기 위해 미시사가는 다양한 종류의 증거 — 고고학, 건축학, 통계학, 기술, 경제, 정치, 문학에서의 증거

- 를 능숙하게 활용할 수 있어야 했으며, 이로써 과거에는 어떻게 살았는지에 관한 이야기를 채워나갈 수 있었다. 미시사와 짧은 과거를 다룬 여타의 연구는 과거의 경험에 대한 제한된 탐구에서 그 정교함이 극에 달했다. 즉 미시사가와 짧은 과거를 다룬 역사학자는 다양한 종류의 자료를 능수능란하게 활용할 수 있는 장인이 되었다. 우리가 짧은 과거로부터 여전히 배워야 할 점이 있다면, 그것은 모든 세부 사항을 면밀히 살피는 기술이라 하겠다. 이유인즉, 가능한 가장 장기적인 관점이 언제나 가장 적절한 것은 아니기 때문이다. A. J. P. 테일러Taylor는 장기적인 원인을 찾는 것은 마치 사고를 낸 운전자가 경찰에게 사고의 책임을 내연기관의 발명에 돌리는 것과 다를 바 없다고 비꼬았다.[53] 우리가 세부 사항을 간과한다면, 큰 그림에 대한 질문은 놓칠 수밖에 없다 ― 자료에 근거한 답이 아니라 자료는 방주에 사용된, 추측에 의거한 답만 난무하게 되는 것이다.

환원주의와 그 반대의 경우를 가장 명확히 보여주는 예는 아마도 빅토리아 시대 영국의 불평등 문제를 둘러싼 논쟁일 것이다. 왜냐하면 빅토리아 시대 영국의 불평등 문제는 짧은 과거에 집중하도록 훈련을 받았던 역사학자 세대에서 주된 연구 주제였기 때문이다. 빅토리아 시대는 역사학과 경제학 두 분야에서 공히 집중적으로 연구되고, 집필된 주제이다. 하지만 이 시대 어떤 일이 벌어졌는지에 대해 두 분야는 전혀 의견의 일치를 보지 못했다. 각기 복지에 대한 단일 지표 혹은 여러 지표를 비교했다. 범죄와 신장, 교육과 사망 시 재산wealth, 그리고 이주와 임금. 이들 자료에 근거해 일부 경제학자들은 19세기가 평등과 기회 그리고 영양 상태의 측면에서 유의미한 성과를 일구어냈다고 결론 내렸다. 19세기 동안

---

53 Jared Diamond, *Collapse: How Societies Choose to Fail or Succeed*(London, 2005); A. J. P. Taylor, *The Origins of the Second World War*(London, 1961), 102.

불평등을 다룬 경제사가 중 놀랄 정도로 많은 수가 19세기에는 산업화 덕분에 빈곤층의 영양 상태가 개선되었지만, 20세기 '사회주의'하에서는 사회적 기회는 늘지 않고 세금만 늘었다고 결론 내렸다.[54] 경제학자들은 이 같은 수치가 19세기 동안 자본주의가 불평등을 제거했으며, 다시 한 번 더 그렇게 할 수 있다는 것을 확실하게 보여주고 있다고 주장했다.

더 급진적인 역사학자들의 관점에서 볼 때, 빅토리아 시대의 경험은 경찰에 의한 탄압, 새로운 정치 제도에 의한 빈곤층의 악마화와 박해, 그리고 궁극적으로는 계급 의식과 빈곤층 및 소수 인종을 대표할 정치 조직을 성취하기 위한 극한의 노력으로 특징지어졌다. 한 세기에 걸친 영국 정부의 성장과 복지 지출의 증대에 관한 풍부한 사료는 다른 척도를 제시하며, 빅토리아 시대 영국에 대해 좀 더 공정하게 기술하도록 유도한다. 어떤 역사학자는 영국 정부를 계급적 양극화를 초래한 권위주의적 근원으로 비판했으며, 다른 역사학자는 밑으로부터의 시민 권력이 인쇄 기술의 발달 덕분에 가능했던 것인지 아니면 면 대 면 연설을 통해 쟁취되었는지 되물었다.[55] 경제학자들이 다룬 지역과 시기와 같은 지역과 시

---

54 Jason Long, "Rural-Urban Migration and Socio-Economic Mobility in Victorian Britain", *The Journal of Economic History* 65(2005), 1-35; Long, "The Surprising Social Mobility of Victorian Britain", *European Review of Economic History* 17(2013), 1-23; Joel Mokyr, "Entrepreneurship and the Industrial Revolution in Britain", in David S. Landes, Joel Mokyr, and William J. Baumol, (eds.), *The Invention of Enterprise: Entrepreneurship from Ancient Mesopotamia to Modern Times*(Princeton, NJ, 2012), 183-210; Andrew Godley and Mark Casson, "History of Entrepreneurship: Britain, 1900-2000", in Landes, Mokyr, and Baumol, eds., *The Invention of Enterprise*, 243-72.

55 Patrick Joyce, *Work, Society, and Politics: The Culture of the Factory in Later Victorian England*(Brighton, 1980); Stedman Jones, *Languages of Class*; Joyce, *Visions of the People: Industrial England and the Question of Class, 1848-1914*(Cambridge, 1991); James Vernon, *Politics and the People: A*

기를 다룬 수많은 연구서와 논문에서 역사학자들이 살펴본 자료는 제분소 노동자들의 일기와 책자, 교도소에서 제공된 음식에 대한 기록, 그리고 정부의 기준과 달리 자신들을 굶기거나 매질을 한 빈민 수용 시설의 관리인들에 맞서 가난한 수용자들이 제기한 소송 관련 문서였다. 즉 역사학자들은 경제학자들이 살펴본 것보다 훨씬 더 구체적인 증거를 살펴보았다.[56] 자료 수집 방식의 차이로 인해 역사학 논문은 참여 민주주의의 중요성을 비롯한, 미래를 위한 다른 제안에 길을 터주었다. 반면 산업혁명이 시민 합의, 상대적인 소득 평등, 그리고 기회 균등을 향한 이상적인 궤도 위에 빅토리아 시대 영국을 올려놓았다고 확언한 역사학 논문은 사실상 전무하다.

심지어 동일한 사건도 자료가 얼마나 깊은 층위를 이루고 있느냐에 따라 매우 다른 방식으로 해석될 수 있다. 예를 들어, 성장의 역사를 모델화한 경제학자들은 2002년 발표한 한 논문에서 1870년대 곡물가의 하락과 그에 따른 노동자 계급의 소득 개선을, 소득 불평등이 심화됨에도 자본주의가 1500년 이래 노동자 계급을 포함한 모두의 '실질 구매력real purchasing power'을 눈에 띄게 향상시킨 증거로 선전했다.[57] 반면 역사학자 사이에서 저렴한 식료품이란 동일한 결과는 정반대로, 즉 먹고살 여력조

Study in English Political Culture, c. 1815-1867(New York, 1993); James Epstein, Radical Expression: Political Language, Ritual, and Symbol in England, 1790-1850(New York, 1994); Epstein, In Practice: Studies in the Language and Culture of Popular Politics in Modern Britain(Stanford, 2003).

56 David R. Green, "Pauper Protests: Power and Resistance in Early Nineteenth-Century London Workhouses", Social History 31(2006), 137-59; Green, Pauper Capital London and the Poor Law, 1790-1870(Farnham, 2010); David Englander, Poverty and Poor Law Reform in Nineteenth-Century Britain, 1834-1914: From Chadwick to Booth(London, 2013).

57 Philip T. Hoffman et al., "Real Inequality in Europe since 1500", The Journal of Economic History 62(2002), 322-55.

차 없는 맨체스터의 노동자들을 위해 수십 년간 노동 쟁의를 한 덕분으로 해석되었다. 실제로 1870년 무렵 불평등이 감소했던 시기는 국제 무역의 부흥과는 어떠한 관련도 없었으며, 오히려 수십 년가량 계속된 국가에 의한 탄압 이후 조직화된 노동 계급의 성장과 더 관련이 있었다. 곡물가의 하락은 노동자 계급에 속한 이들이 자신들의 생각과 경험을 공유하고, 정치 개혁을 위한 프로그램을 만들기 위해 끈질기게 여론을 모았기에 가능했던 것이다.[58] 그것은 당연히 사회 운동가에 관한 이야기였으며, 자유 시장 자본주의 덕분이라고 말할 수 있는 승리가 결코 아니었다. 하지만 단일한 역사적 경험의 측면에서만 검토한다면 자료는 오용될 수 있다. 경제학에서 이루어진 과거에 대한 긍정적 평가와 부정적 평가 모두 경험을 단일한 측면 — 임금과 곡물가 혹은 신장 — 으로 추상화하며, 이를 자유와 민주주의 혹은 행복의 대용물로 삼고 있다.[59]

좀 더 구체적인 예로는 산업혁명기 영국에서 신체 발육의 문제를 대하는 역사학자들과 경제학자들의 방식을 들 수 있다. 수십 년 전 미국의 경제학자들은 수감자들이 처음 교도소에 입소했을 때 적었던 키와 몸무게 기록에 기초해 19세기 동안 빈곤층의 영양 상태에 관한 연구를 수행한 적이 있다. 이들이 기초한 증거에 따르면 세기가 지나면서 빈곤층의 영양 상태가 개선되는 듯 보였다 — 즉 1867년의 수감자가 1812년의 수감

58 Gareth Stedman Jones, *Outcast London: A Study in the Relationship between Classes in Victorian Society* (Oxford, 1971).

59 Johnson and Nicholas, "Male and Female Living Standards in England and Wales, 1812-1867", 470-81; Robert J. Barro, "Democracy and Growth", *Journal of Economic Growth* 1 (1996), 1-27; Jakob B. Madsen, James B. Ang, and Rajabrata Banerjee, "Four Centuries of British Economic Growth: The Roles of Technology and Population", *Journal of Economic Growth* 15 (2010), 263-90; Morgan Kelly and Cormac Ó Gráda, "Numerare est Errare: Agricultural Output and Food Supply in England before and during the Industrial Revolution", *The Journal of Economic History* 73 (2013), 1132-63.

자에 비해 영양상으로 양호했다.[60] 하지만 수십 년 뒤 일부 영국의 경제학자들이 얼마 동안 영국 사회사를 공부한 뒤에 자료를 다시 살펴보았다. 처음 주장과는 반대로 데이터는 노동자 계급 여성의 몸무게가 산업혁명 시기 오히려 감소한 사실을 확인해주었다. 이제 우리는 노동자 계급에 속한 남성의 어머니와 부인이 제분소나 선하장에서 일하는 아들과 남편이 고된 노동을 견뎌낼 체력을 가지도록 하기 위해 — 식사를 건너뛰고, 더 많은 양을 아들과 남편에게 떠 주면서 — 굶주렸다고 알고 있다. 정리하자면, 교도소에 처음으로 입소했을 때 영국 교도소의 대부분 노동자 계급의 여성은 너무나 여위고 약했으며, 그렇기에 게으른 빈곤자가 교도소에서 복지 혜택을 누리는 것을 방지하고자 정부 기관에 의해 조정된 변변찮은 죽 몇 그릇만으로도 살이 쪘던 것이다.[61]

산업혁명을 다룬 신자유주의적 역사서와는 반대로 교도소를 다룬 위와 같은 연구는 대다수의 경험 속에서 기업가적인 혁신의 승리는 계급과 젠더에 따른 특권에 의해 상쇄되고 있다는 사실을 상기시킨다. 젠더와 연령에 대한 감각이 없다면, 즉 케임브리지 대학의 경제학자 세라 호럴 Sara Horrell이 "역사의 놀라운 유용성wonderful usefulness of history"이라 칭한, 그녀가 짧은 과거를 다룬 역사학자들의 연구를 통해 얻었다고 말한 그와 같은 종류의 감각이 없다면, 경제학자들이 본 자료는 빅토리아 시대 산업화가 키가 크고 영양 상태가 양호한 프롤레테리아를 양산했다는 경제

---

60 R. M. Hartwell, "The Rising Standard of Living in England, 1800-1850", *The Economic History Review* 13(1961), 397-416.

61 Sara Horrell, David Meredith, and Deborah Oxley, "Measuring Misery: Body Mass, Ageing and Gender Inequality in Victorian London", *Explorations in Economic History* 46(2009), 93-119; Sébastien Rioux, "Capitalism and Production of Uneven Bodies: Women, Motherhood and Food Distribution in Britain, c. 1850-1914", *Transactions of the Institute of British Geographers* (2014): doi:10.1111/tran.12063.

학 분야의 편견을 강화시킬 따름이다.[62] 마찬가지로 빅 데이터 분야에서
도 짧은 과거에 대한 공부를 통해 터득할 수 있는 행위자와 정체성 그리
고 개인성에 대한 감각은 우리의 인식론과 방법에 큰 도움을 줄 수 있다.

불평등 문제를 둘러싼 논쟁은 지난 30여 년 동안 일부 경제사가들이
경제 문제와 관련해 수십 년, 아니 수 세기도 전에 도출된 결론에 집착하
는 양태를 보여주는 한 예에 지나지 않는다. 사실 이러한 모습은 다른 경
제학자들이 보기에도 의심할 여지가 없는 것이었다. 실제로 경제학 분야
의 학술지가 전성기를 맞이하게 된 것은 교수들이 지난 수십 년간 어떻
게 동료 교수들이 특정 가설을 입증하고자 혹은 수학적으로 엄밀성을 과
시하고자 하면서 자신들의 연구에서 모순되는 모델들을 고려하는 데 실
패했는지를 보여주는 논문들을 다시 정리하면서였다. 2008년 경제학자
칼 페르손Karl Persson은 대개 문명은 그 나름의 방식으로 인구를 제어해왔
으며, 따라서 가난과 필요는 인구 과잉이란 단일한 요인이 아니라 더 복
잡한 요인으로 인해 유발된다는 증거에 반하는 주장을 한 자신의 동료
그레그 클락Greg Clark을 비판했다. 페르손은 클락의 주장을 "맬서스의 망
상Malthus delusion"이라 칭했다. 페르손은 클락이 자신의 주장에 맞는 자료
만 골라 사용했을 뿐만 아니라 대표적인 단면만 살폈다고, 또한 자신이
사용한 이론을 완전히 뒤집어엎은 다른 경제사가들의 연구를 참고하지
않았다고 비판했다. "그레그 클락은 자신의 주장과 배치되는 역사적 자
료의 경우 빅 히스토리를 논한다는 자신의 존귀한 목적과 공표된 의도에
방해되지 않도록 치워버렸다." 페르손은 "클락은 항복하지 않는다. 그는
역사적 사실이 빅 히스토리를 죽이는 것을 허용하지 않는다"라고 덧붙였
다.[63] 신자유주의 경제학자가 다양한 요소가 아니라 단일한 요소만을 가

62 Sara Horrell, "The Wonderful Usefulness of History", *The Economic Journal*
113(2003), F180-F186.
63 Karl Gunnar Persson, "The Malthus Delusion", *European Review of Economic*

지고 역사를 논할 때, 그들은 장기적인 사고가 아니라 추측을 하고 있었던 것이다.

현재에 의해 역사가 이용될 수 있기 위해서는 역사가 역사학자가 가장 잘할 수 있는 일, 즉 다른 종류의 자료를 서로 비교할 수 있을 정도로 작아야만 한다. 전통적인 역사학의 경우, 다양한 인과 관계는 역사의 다양한 측면을 지칭하는 분야 – 지성사, 미술사, 혹은 과학사 – 에 따라 다루어지며, 이는 수많은 손에 의해 구성된 현실을 반영한다. 자연 법칙과 행동 양식은 인간을 특정한 운명에 구속시키지 않는다. 여전히 선택을 할 수 있는 능력은 우리의 손 안에 있다. 역사적인 시야는 과거에 일어난 모든 일에는 다양한 원인이 존재한다는 – 그리고 그에 따라 하나 이상의 긍정적인 결과가 미래에 가능할 수도 있다는 – 점을 대중에게 상기시킨다.

History 12 (2008), 165-73.

제 **3** 장

장기와 단기
1970년대 이래 기후 변화, 거버넌스, 그리고 불평등

    과거와 미래에 대한 장기적인 사고는 역사학 분야 밖에서, 특히 기후 변화와 국제 거버넌스 그리고 불평등의 문제와 관련해 급증하고 있다. 과거는 이미 이 모든 영역에서 미래에 대해 숙고하기 위해 사용하는 도구가 되었다.

    기후에 관한 논의에서 과학자들은 환경 파괴가 우리 지구의 미래에 어떻게 영향을 미치는지 경고하기 위해 과거를 이용해왔다. 레이첼 칼슨 Rachel Carson이 환경 오염이 생태계에 미치는 부정적인 영향에 대해 경고한 지 수십 년이 흐른 뒤, 만약 변화가 이루어지지 않는다면 지구는 대참사를 맞이할 것이라는 공포를 자아내는 성명서가 처음으로 발표되었다. 1968년 미국의 생태학자 개럿 하딘Garrett Hardin은 인구 증가로 인해 포화 상태에 처한 지구를 야생 동물에 의해 과도하게 풀이 뜯긴 야생 보호지에 비유한 "공유지의 비극tragedy of the commons"을 다룬 획기적인 논문을 내놓았다. 지구의 수용 능력은 한정되어 있으며 수많은 사람들이 기아와 죽음을 맞이하게 될 것이라고 경고한 하딘의 논의는 에덴 동산Garden of

Eden에서의 추방에 관한 이야기와 조응했다.[1] 폴 에를리히Paul Ehrlich를 비롯한 생물학자도 광범위한 종의 멸종은 현실이라고 확언했으며, 그들 역시 미래에 대한 공포를 시련, 심판, 그리고 절망과 같은 맬서스적인 어휘로 담아냈다.[2]

이와 같은 절박한 미래에 대한 주장은 1970년대를 거치며 데이터를 활용한 분석과 정치 논쟁 그리고 점점 더 조급해지는 분위기 속에서 날카로워지고 정교해졌다. 1972년 새롭게 설립된 글로벌 싱크 탱크 로마 클럽이 폭스바겐 재단Volkswagen Foundation의 재정 지원에 힘입어 미래의 환경에 대한 각성을 일으키는 보고서 『성장의 한계Limits to Growth』를 내놓았다. 이 보고서는 매사추세츠 공대 시스템 분석가로 인구 과잉과 환경오염 그리고 자원 고갈에 의해 야기된 한계 초과와 붕괴를 경고한 제이 포레스터Jay Forrester의 새로운 컴퓨터 모델을 홍보했다. 이 책은 1200만부 팔렸다. 같은 시기 인간 환경에 대한 국제연합 세계 회의United Nations World Conference on the Human Environment에 제출된 보고서는 머지않아 파국이 닥칠 것이라는 『성장의 한계』의 결론에 전적으로 동의하면서, 경제적 성공만을 무모하게 추구하는 과학만 아니라 국민국가에 대해서도 경종을 울렸다.[3] 다양한 과학 기구와 정부 기관 그리고 민간 단체가 즉각적인

1 Garrett Hardin, "The Tragedy of the Commons", *Science* 162(1968), 1243-8; David Feeny *et al.*, "The Tragedy of the Commons: Twenty-Two Years Later", *Human Ecology* 18(1990), 1-19; Hardin, "Extensions of 'The Tragedy of the Commons'", *Science* 280(1998), 682-3.

2 Harrison Brown, *The Challenge of Man's Future*(New York, 1954); Georg Borgstrom, *The Hungry Planet*(New York, 1965); Paul Ehrlich, *The Population Bomb*(New York, 1968); Matthew Connelly, *Fatal Misconception: The Struggle to Control World Population*(Cambridge, MA, 2008); Alison Bashford, *Global Population: History, Geopolitics, and Life of Earth*(New York, 2014).

3 Janine Delaunay(ed.), *Halte à la Croissance? Enquête sur le Club de Rome*

행동을 요하는 일촉즉발의 생태 위기에 인류가 처해 있다는 주장에 동의를 표했다.

1970년대 이래 우리와 생태계의 관계를 다시 생각해보아야 한다는 압박은 과거 산업화 시기 우리가 저지른 죄를 장기적인 미래에 임박한 파국과 직결시키는, 유사 종말론적인 장기적인 사고의 형태로 나타났다. 레이첼 칼슨의 폭로를 즈음해 인류의 멸망을 예언하는 여러 이야기가 미국에서 종말론적인 신앙이 마지막으로 폭발하던 시점에 맞춰 터져 나왔다. 당시 종말론적인 신앙의 유행은 휴거Rapture를 주장한 할 린지Hal Lindsay의 『위대한 행성 지구의 종말The Late Great Planet Earth』(1970)이 1970년대 미국에서 출판된 비소설 분야 서적 중 가장 많이 팔렸다는 사실을 통해서도 짐작해볼 수 있다.[4] 과학적 예측이 미국 대중 종교에서 종말론적 억측의 물결을 일으키는 데 일조했던 것이다.

우리의 과거와 미래와의 관계에 대한 종말론적 진단은 기후 변화에 관한 과학적 논의에 계속 영향을 미치고 있으며, 기후에 관한 우리의 이해가 확장되고 정교해졌음에도 우리의 분석을 구성하고 있다. 곤충학자 E.

(Paris, 1972); Donella H. Meadows, Dennis L. Meadows, Jorgen Randers, and William W. Behrens, III, *The Limits to Growth*(New York, 1972); Fernando Elichigority, *Planet Management: Limits to Growth, Computer Simulation, and the Emergence of Global Spaces*(Evanston, 1999); Clément Levallois, "Can De-Growth be Considered a Policy Option? A Historical Note on Nicholas Georgescu-Roegen and the Club of Rome", *Ecological Economics* 69 (2010), 2272; Josh Eastin, Reiner Grundmann, and Aseem Prakash, "The Two Limits Debates: 'Limits to Growth' and Climate Change", *Futures* 43 (2011), 16-26.

4 Hal Lindsay, *The Late Great Planet Earth*(Grand Rapids, MI, 1970); Daniel Wojcik, "Embracing Doomsday: Faith, Fatalism, and Apocalyptic Beliefs in the Nuclear Age", *Western Folklore* 55 (1996), 305; Karl Butzer and George Endfield, "Critical Perspectives on Historical Collapse", *Proceedings of the National Academy of Science* 109 (2012), 3628-31.

O. 윌슨Wilson의 개체군 몰락에 관한 연구를 모델로 삼아 문명의 역사를 과부하가 걸린 생태계에 비유하는, 파국에 관한 새로운 이야기들이 2000년대 초반 쏟아져 나왔다. 그중 가장 잘 알려진 이야기는 산업 자본주의를 사라진 이스터 섬의 문명에 비유하면서 인류의 사멸을 예견한 것이다. 1970년대 이래 과학적 증거가 차곡차곡 쌓여갔지만, 우리의 장기적인 사고는 그 당시의 공포로부터 거의, 아니 한 발자국도 나아가지 못하고 있다. 우리는 여전히 종말론적인 관점에서 사태를 인식하고 있다. 마치 우리가 우리의 '마지막 세기', 아니 '우리의 마지막 순간'을 보내고 있으며, 우리의 미래에 대한 최후의 심판이 없다면 지속 불가능한 미래를 지속 가능한 미래로 바꿀 용기를 모두가 함께 낼 수 없을지도 모른다는 걱정에 휩싸여 있는 듯하다.[5]

여기서 우리의 의도는 1970년대 이래 과학자들이 수집해온 과거에 대한 증거를 의문시하고자 하는 것이 아니다. 우리는 오히려 그 증거에 대한 역사적 해석에서 보이는 특정한 경향에 주목하고자 할 따름이다. 1950년대 이래 기후과학은 하나의 새로운 전문 분야로 확장되었고 정교화되었다. 기후과학은 전 지구적 환경 위기가 엄연한 현실이라는 점을 확인시켜 주었으며, 단순한 환경 오염과 자원 고갈을 넘어서 우리의 행

---

5   Martin Rees, *Our Final Century?: Will the Human Race Survive the Twenty-First Century?*(London, 2003), 이 책은 미국에서 다음과 같은 제목으로 출판되었다. Rees, *Our Final Hour: A Scientist's Warning: How Terror, Error, and Environmental Disaster Threaten Humankind's Future in This Century — On Earth and Beyond*(New York, 2003); Diamond, *Collapse*; Vaclav Smil, *Global Catastrophes and Trends: The Next 50 Years*(Cambridge, MA, 2008); James Lovelock, *The Vanishing Face of Gaia: A Final Warning*(New York, 2009); Ian Sample, "World Faces 'Perfect Storm' of Problems by 2030, Chief Scientist to Warn", *Guardian*(18 March 2009): www.guardian.co.uk/science/2009/mar/18/perfect-storm-john-beddington-energy-food-climate; David R. Montgomery, *Dirt: The Erosion of Civilizations*(Berkeley, 2012).

성 자체가 현재 온난화와 해수면 상승에 직면하고 있다는 점을 입증했다.[6] 문제는 기후과학자들이 이와 같은 사태에 대한 데이터를 가지고 있지 않다는 것이 아니다. 기후과학자들은 수많은 역사적 사건과 경향에 대한 막대한 양의 데이터를 가지고 있다. 여기서 중요한 점은 이와 같은 사태를 둘러싼 이야기가 대개 종말의 관점에서 집필되고 있다는 사실이다. 과학 논의에서 더 많은 데이터는 새로운 결론을 의미하며, 이는 역사 서술에서도 마찬가지이다. 즉 더 많은 데이터는 정교하고 확장된 거대 담론metanarratives을 이끌어내야 한다.[7]

사실 과학자들의 시간 의식에 대한 비판은 경제학 분야에서 일어났다.

---

6 Clark A. Miller, "Climate Science and the Making of a Global Political Order", in Sheila Jasanoff(ed.), *States of Knowledge: The Co-Production of Science and Social Order*(London, 2004), 46-66; Naomi Oreskes, "The Scientific Consensus on Climate Change", *Science* 306(2004), 1686; Mike Hulme, "Reducing the Future to Climate: A Story of Climate Determinism and Reductionism", *Osiris* 26(2011), 245-66; R. Agnihotri and K. Dutta, "Anthropogenic Climate Change: Observed Facts, Projected Vulnerabilities and Knowledge Gaps", in R. Sinha and R. Ravindra(eds.), *Earth System Processes and Disaster Management*(Berlin, 2013), 123-37.

7 특히 흄은 역사적 행위자에 관한 논의에서 기후과학 연구자 상당수가 '기후 환원주의climate reductionism'에 빠져 있다고 비판했다. Richard Peet, "The Social Origins of Environmental Determinism", *Annals of the Association of American Geographers* 75(1985), 309-33; David N. Livingstone, "Race, Space and Moral Climatology: Notes toward a Genealogy", *Journal of Historical Geography* 28 (2002), 159-80; Christopher D. Merett, "Debating Destiny: Nihilism or Hope in Guns, Germs, and Steel?" *Antipode* 35(2003), 801-6; Andrew Sluyter, "Neo-Environmental Determinism, Intellectual Damage Control, and Nature/ Society Science", *Antipode* 35(2003), 813-17; Christina R. Foust and William O'Shannon Murphy, "Revealing and Reframing Apocalyptic Tragedy in Global Warming Discourse", *Environmental Communication* 32(2009), 151-67; Hulme, "Reducing the Future to Climate", 246.

2006년 영국 정부의 지원하에 작성된 기후 변화의 경제학에 대한 스턴 보고서Stern Review on the Economics of Climate Change를 기점으로 하여 일련의 경제학자가 종말론적인 경고와 즉각적인 행동을 촉구하는 호소에 공공연히 반기를 들기 시작했다. 이들 경제학자는 과학자들이 가능한 미래에 대한 모델을 도출하는 데 "거의 영에 가까운 시간 할인율의 가정assumption of a near-zero time discount rate"을 따랐다고 강하게 비판을 했다. 바꿔 말하자면, 파멸이 확정되어 있다는 주장은 기업인이 어느 날 갑자기 현재 우리가 사용하는 것보다 배출 가스를 획기적으로 적게 내뿜는, 훨씬 더 에너지 효율적인 기술을 내놓을 수도 있다는 미래의 우연을 충분히 고려치 않은 주장이라는 것이다.[8] 심지어는 좌파 경제학자들도 최소 50년 이상 (혹자는 그보다 더 오래) 방해받지 않고 성장할 수 있다고, 그리고 하나의 이론에 근거해 개발 도상국으로부터 가능한 경제적 미래를 박탈하는 것은 도덕적으로 온당치 않다고 추론했다. 잠깐이나마 경제학자들의 미래에 대한 모델은 기후과학자들의 미래에 대한 모델과 충돌했다.

이산화탄소의 증가와 즉각적인 행동을 요하는 기후 변화에 대한 기후과학자들의 주장을 반박하기 위해 일부 경제학자들은 과거와 미래에 대한 그들 나름의 해석을 내놓았으며, 그것은 1700년대 이래 지속된 기술 혁신과 경제 성장에 강조점을 둔 것이었다. 또 다른 경제학자들은 어떠한 위험이 기후과학에 의해 근래 폭로되었다고 할지라도 시장의 보이지

---

8 Nicholas Stern *et al.*, *The Economics of Climate Change: The Stern Review* (Cambridge, 2007); William D. Nordhaus, "A Review of the 'Stern Review on the Economics of Climate Change'", *Journal of Economic Literature* 45 (2007), 686; "No Need to Panic about Global Warming", *Wall Street Journal*(27 January 2012), sec. Opinion: http://online.wsj.com/news/articles/SB1000142 4052970204301404577171531838421366?mg=reno64-wsj&url=http%3A%2F%2 Fonline.wsj.com%2Farticle%2FSB1000142405297020430140457717153183842 1366.html.

않는 손invisible hand of the market이 모든 것을 해결해줄 것이라 주장하기도
했다.[9] 어느 편도 상대방의 주장을 고려해 자신의 주장을 실제로 입증하
지는 않았다. 그 대신 양측은 서로 화해될 수 없는 각자의 한정된 자료에
기초한, 과거에 대한 모델을 고수했다.

 이 같은 논의의 문제는 그것이 그 자체로 틀렸다는 것이 아니라 환원
주의적이라는 데 있다. 즉 이 같은 논의에서 장기적인 사고는 한 컷짜리
만화에서처럼 가능할 수도 있는 스케일과 뉘앙스를 전혀 고려치 않았다.
끊임없이 쏟아지고 있는 시간에 대한 환원주의적 이야기 ─ 재러드 다이
아몬드와 같은 환경과학자에 의해 주장된 종말론적 이야기나 노벨상 수상자인
더글라스 노스Douglas North와 같은 경제학자에 의해 집필된 풍요로운 세상에
관한 이야기 ─ 를 접할 때마다 우리는 과학자들이 역사를 서술할 때 자신
들의 데이터를 제대로 참고하지 않았다는 사실을 알 수 있다. 사실 엄밀
히 말해 그와 같은 ─ 행위자, 사건, 책임, 해법에 대한 ─ 해석을 내리는 일
은 과학자들의 일이 아니다. 우리가 필요로 하는 것은 언제 사람들이 지
구가 변하고 있다는 사실을 알아차리는지 알려줄 기후와 경제에 관한 장
기적인 데이터다. 분석의 두 번째 단계 ─ 책임 소재를 밝히고, 그에 따라 지
금보다 더 큰 파국을 면하기 위해서는 어떻게 지구를 바꿔야 하는가에 관해 조
언을 구하는 단계 ─ 는 과거와 미래 사이를 종횡무진하면서 작업할 수 있

---

9 Gene M. Grossman and Alan B. Krueger, *Economic Growth and the
   Environment,* National Bureau of Economic Research, Working Paper 4634
   (1994): http://www.nber.org/papersw4634; Nemat Shafik, "Economic Development
   and Enviromental Quality: An Econometric Analysis", *Oxford Economic
   Papers* 46 (1994), 757-73; Bjørn Lomborg, *The Skeptical Environmentalist:
   Measuring the Real State of the World*(Cambridge, 2001). "인류 사회는 새로
   운 과학 기술을 이용하는 데 놀랄 정도로 창의적이었다"(ibid., p. 1)는 그로스만
   과 쿠르거의 장기적인 세계관은 데이비드 랜즈와 조엘 모키르Joel Mokyr 류의 낙
   관적인 산업화 역사 연구에 기초하고 있다.

는, 다양한 인과 관계를 파악하고 이를 중요한 순서대로 배열할 수 있는, 그리고 이를 여러 관점과 경험에서 검토함으로써 어떻게 해서 이 파국이 닥쳤으며 또 누가 얼마만큼 책임을 져야 하는지에 대해 가능한 한 완벽한 설명을 제공할 수 있는 능력을 필요로 한다. 개혁의 다양한 궤도를 파악하기 위해 자료를 수집하는, 과거에 대한 그 같은 종류의 사고는 과학이나 경제학의 영역이 아니라 줄곧 역사학의 영역이었다.

기후에 대한 장기적 사고

그러나 어느 누구도 환경 문제에 대한 우려로 그 같은 시도를 하는 이를 비난할 수는 없다. 기후과학이 1970년대 이래 과거와 미래에 대한 끈질긴 고민을 통해 포착한 바가 있다면, 그것은 인류와 다른 생명체 모두를 위협한다고 알려진 인간의 경제적 행동 양태를 진정으로 바꾸기 위해서는 인과 관계의 문제를 반드시 건드려야 한다는 것이다. 역사와 더불어 생각하는 것은 줄곧 미래를 다시 짜기 위한 도구였다. 그것이 유년 시절의 기억을 되살리는 정신과 의사의 침대 의자에서의 시간의 형태를 띠든, 자신이 속한 국가 혹은 우리 모두가 과거에 저지른 죄에 대한 집단적인 조사의 형태를 띠든 혹은 역사 속의 의사 결정 과정을 새롭게 재연해 보는 형태를 띠든 아니면 증거를 그 나름의 맥락 속에서 면밀히 검토하여 정책을 수립하는 형태를 띠든, 우리는 미래를 다시 짜기 위해 역사와 더불어 사고해왔다.[10]

---

10 예를 들어, Richard E. Neustadt and Ernest R. May, *Thinking in Time: The Uses of History for Decision-Makers*(New York, 1986); C. A. Bayly, Vijayendra Rao, Simon Szreter, and Michael Woolcock(eds.), *History, Historians and Development Policy: A Necessary Dialogue*(Manchester, 2011)를 참고하라.

이 모든 이유에서, 기후 변화에서 인간의 과실을 입증하고 앞으로의 행동을 촉구하면서 과학자들은 자신들이 역사적인 사유의 영역 안에 들어와 있다는 사실을 깨달았다. 경제학자들과 기후과학자들이 정책에 대한 논쟁을 한창 벌이고 있을 때, 양측이 우리 세계의 본질에 대한 그리고 지속 가능한 미래의 필수적인 조건에 대한 각자의 주장을 뒷받침하기 위해 활용한 비장의 수단은 다름 아닌 역사였다. 사실 오늘날 기후과학의 상당 부분이 생태계나 생물학의 새로운 모델을 확장하는 것보다 역사적 문제를 파악하는 데 더 주의를 기울이고 있다고 할 수 있다. 오늘날 과학자들은 기후 변화에 인간이 원인이 되는 부분에 대한 합의된 연표timeline를 만들기 위해 상당한 에너지를 쏟고 있으며, 그러한 논의는 곧 환경 문제에 대한 새로운 국가 정책 및 국제 정책을 촉구하는 것이기도 하다. 2000년 노벨상을 수상한 대기 화학자 폴 크루첸Paul Crutzen은 "인류세Anthropocene"란 개념을 처음으로 선보였다. 크루첸은 이 시대를 지구의 지질학적 측면에서 볼 때 충적세Holocene나 팔레오세Paleocene에 견줄 만큼 이전 시대와 극명한 차이를 노정하는 새로운 세기로 이해했다.[11] 오스트레일리아의 역사학자 리비 로빈Libby Robin이 적고 있듯이, 크루첸의 논의는 "많은 면에서 과감한 선언이었다". 무엇보다 특히 인류세가 과거뿐만 아니라 — 인류세의 활동의 축적된 결과로서 — 미래도 포함하는 첫 지질학적 시대이기 때문이었다.[12] 인류세란 개념은 기후 변화의 효과가

---

11 Paul J. Crutzen, "Geology of Mankind", *Nature* 415 (2002), 23; Will Steffen, Paul J. Crutzen, and John R. McNeil, "The Anthropocene: Are Humans Now Overwhelming the Great Forces of Nature?" *AMBIO: A Journal of the Human Environment* 36 (2007), 614-21; Will Steffen, Jacques Grinevald, Paul J. Crutzen, and John R. McNeil, "The Anthropocene: Conceptual and Historical Perspectives", *Philosophical Transactions of the Royal Society A: Mathematical, Physical and Engineering Sciences* 369 (2011), 842-67.

12 Libby Robin, "Histories for Changing Times: Entering the Anthropocene?"

250년 전 증기 기관과 함께 나타나기 시작했는지, 아니면 1만 1000년 전 인간의 수렵 문명의 등장과 동물의 사멸과 함께 나타나기 시작했는지, 그도 아니면 5000년에서 8000년 전 농업 혁명과 함께 시작했는지를 둘러싼 역사적 논쟁을 즉각 불러일으켰다.[13] 문제는 숫자가 아니라 과학자들이 과거의 사건에 대해 어떻게 인과 관계를 부여하는가였다. 소의 가축화나 쌀의 재배가 열대 우림을 베어내는 1000년 뒤에나 일어날, 이후의 행동의 원인으로 비판받아야 할까? 순식간에 기후과학자가 주로 참여한 공적 논쟁이 본질적으로 역사에 관한 논쟁이 되었다.

기후 변화를 둘러싼 논쟁에서 제시된 대부분의 해결책은 여전히 과거를 되짚어 봄으로써 구해진 것이다. 오늘날 여러 과학자가 '지구 시스템 거버넌스'나 '탄소 무역carbon trading'의 필요성을 강조하면서, 참사를 막을 능력을 가진 정부나 시장 모델을 내놓기 위해 인류의 역사 속에서 증거를 찾고 있다.[14] 대개 이들은 국가는 구성원의 삶을 보전해야 할 책임이

Australian Historical Studies 44 (2013), 330.

13 Erle C. Ellis and N. Ramankutty, "Putting People in the Map: Anthropocene Biomes of the World", *Frontiers in Ecology and the Environment* 6 (2008), 439-47; Jed O. Kaplan, Kristen M. Krumhardt, Erle C. Ellis, William F. Ruddiman, Carsten Lemmen, and Kees Klein Goldewijk, "Holocene Carbon Emissions as a Result of Anthropogenic Land Cover Change", *The Holocene* 21 (2011), 775-91. 이에 더해 오랜 시간에 걸쳐 진행된 기후 변화에 대한 논의를 통합하려는 기후과학 연구자의 기획으로 인문학 연구자도 참여한 통합 역사와 지구 인류의 미래Integrated History and Future of People on Earth(IHOPE), ihope.org 도 참고하라.

14 Frank Biermann, "'Earth System Governance' as a Crosscutting Theme of Global Change Research", *Global Environmental Change* 17 (2007), 326-37; Frank Biermann and Ingrid Boas, "Preparing for a Warmer World: Towards a Global Governance System to Protect Climate Refugees", *Global Environmental Politics* 10 (2010), 60-88; Biermann *et al.*, "Navigating the Anthropocene: Improving Earth System Governance", *Science* 335 (2012), 1306-7: http://ie.

있다는 전제하에 추진되었던 국가의 기간 시설에 대한 여러 기획을 되살

리고자 애쓰고 있으며, 그 선례로 근대 초 네덜란드 정부가 세운 제방에

서부터 제2차 세계대전 당시 미국의 맨해튼 프로젝트Manhattan Project(1939

년 미국의 주도로 시작된 핵무기 개발 계획으로 1946년까지 막대한 자금과 인

원을 동원한 것으로도 유명하다 — 옮긴이)와 에르난도 데 소토Hernando de

Soto의 글에서 영감을 얻어 10년 전 세계은행이 고안한 신용 프로그램에

주목했다.[15] 물론 그렇다고 해서 환경 문제에 대한 일관성 있는 대응을

위한 모든 가능한 역사적 선례가 반드시 중앙집중화된 권위체의 형태를

띨 이유는 없다. 사실 기후과학자들은 인류에 의해 생물권biosphere이 변

화해온 구체적인 모습에 초점을 맞춘 기후 변화 모델을 구상하기 시작했

으며, 이를 통해 미래를 위한 모델로 지속 가능한 토지 사용 방식과 지속

불가능한 토지 사용 방식을 중점적으로 논하기도 했다.[16] 어떠한 대안을

---

environment.arizona.edu/files/env/Biermann%20et%20al_2012_Science_
Anthropocene.pdf.

15 Chi-Jen Yang and Michael Oppenheimer, "A 'Manhattan Project' for Climate
Change?" *Climatic Change* 80(2007), 199-204; Larry Lohmann, "Carbon
Trading, Climate Justice and the Production of Ignorance: Ten Examples",
Development 51(2008), 359-65; Jaap C. J. Kwadijk *et al.*, "Using Adaptation
Tipping Points to Prepare for Climate Change and Sea Level Rise: A Case
Study in the Netherlands", *Wiley Interdisciplinary Reviews: Climate Change* 1
(2010), 729-40.

16 Kees Klein Goldewijk, "Estimating Global Land Use Change over the Past 300
Years: The HYDE Database", *Global Biogeochemical Cycles* 15(2001),
417-33; Goldewijk, "Three Centuries of Global Population Growth: A Spatial
Referenced Population(Density) Database for 1700-2000", *Population and
Environment* 26(2005), 343-67; Erle C. Ellis *et al.*, "Anthropogenic Trans-
formation of the Biomes, 1700 to 2000", *Global Ecology and Biogeography*
19(2010), 589-606; Goldewijk *et al.*, "The HYDE 3.1 Spatially Explicit
Database of Human-Induced Global Land-Use Change over the Past 12,000
Years", *Global Ecology and Biogeography* 20(2011), 73-86; Erle C. Ellis *et*

어떻게 택해야 하는지에 대한 질문은 생물학자로, 화학자로, 지질학자로 훈련받은 새로운 세대의 과학자들을 사실상 제도를 공부하는 역사학자로 만들었다.

그와 동일한 자극이 경제학 분야 또한 바꾸기 시작했다. 아닐 마르칸디야Anil Markandya와 같은 경제학자는 성장 대 생태의 고르디우스 왕의 매듭Gordian knot을 끊기 위해 역사적 사고를 활용했다. 마르칸디야는 한 세기 하고도 반이 넘는 시기 동안 영국에서 규제 경험에 관한 새로운 자료를 가지고 환경 규제 문제를 다시 분석했다. 마르칸디야의 결론은 영국이 일찍이 1821년부터 이산화황과 다른 오염 물질에 대한 규제를 시작했을 뿐만 아니라 모든 규제가 "1인당 국내총생산에 어떠한 심각한 충격도 가하지 않았다"는 것이었다.[17] 마르칸디야가 사용한 것과 같은 사료는 혁신과 생태 사이의 이율 배반에 관한 초기 경제학의 교리를 반박하는 것이 가능하다는 것을 보여주었다.[18] 이렇게 하여 역사학이 미래의 대안에 대한 우리의 인식을 확장하며, 미래에 관한 어떠한 이론이 우리 손에 주어진 역사적 그리고 현재의 자료에 비추어 보았을 때 적합한지 판단할 수 있는 능력을 지니고 있다는 점이 밝혀졌다. 과거 막대한 집단 투자 전략의 성공은 미래를 위한 기후 거버넌스에 대해 근본적으로 다시 생각하도록 만든다.

과학자들과 경제학자들 중 역사적으로 사고하는 이들은 환경에 대해

al., "Used Planet: A Global History", *Proceedings of the National Academy of Sciences* 110 (2013), 7978-85.

17 Anil Markandya, "Can Climate Change be Reversed under Capitalism?" *Development and Change* 40 (2009), 1141.

18 David I. Stern and Michael S. Common, "Is There an Environmental Kuznets Curve for Sulfur?" *Journal of Environmental Economics and Management* 41 (2001), 162-78; Stern, "The Rise and Fall of the Environmental Kuznets Curve", *World Development* 32 (2004), 1419-39.

관심을 가지는 역사학자들과 함께했다. 인류세와 관련된 논의의 압박에 따라 토지와 물의 이용을 살핀 장기적인 역사 연구는 이전의 생태적 스트레스는 어느 지역에서 또 어떠한 원인으로 인해 유발되었는지, 그리고 어떻게 극복되었는지에 대해 한층 더 정교한 설명을 제공하기 시작했다. 그러한 연구 중 일부는 서구 세계가 환경 고갈의 긴 여정을 밟아왔다는 사실을 확증하기도 했다. 세대를 거치며 한 에너지 자원에서 다른 에너지 자원으로 이동했던 그 과정은 당시에는 유례없는 규모와 힘을 보유한 '국제적인 정부international government'의 한 형태였던 근대 국민국가의 탄생을 뒷받침했던 과정이기도 하다. 바로 이것이 역사학자 폴 워드Paul Warde 가 새로운 역사 연구의 방식을 고안케 했던 놀랄 정도로 시의적절한 연구 질문 – 근대 초 유럽은 전례 없는 규모의 생태적 위기에서 어떻게 살아남을 수 있었을까? – 에 대한 그의 답변이었다. 워드의 연구는 잘 알려져 있지 않은 수많은 문서고에서 수집한 과거 300년간의 정보에 대한 빅 데이터의 모델화에 기초했다. 수년간 워드는 소도시를 방문해 수 세기에 걸쳐 발생한 범법 행위와 관련된 모든 자료를 수집했다. 워드는 이를 기후 변화와 연관 지었으며, 이를 통해 우리의 선조들은 어떻게 위기를 극복했는지 살펴보았다. 그에 따르면, 붕괴되고 있는 생태계를 둘러싼 싸움은 새로운 형태의 정치체만이 해결할 수 있는 무정부 상태로 종종 치달았으며, 그렇기에 자원 고갈에 대한 대응에 새로운 형태의 거버넌스는 중요한 위치를 점한다.[19]

---

19 독일의 역사학자들은 근대 초 유럽 전역을 휩쓸었던 목재 위기를 기록하고 있다. 이들에 따르면, 목재 위기로 인해 당시 유럽인들은 처음에는 벌채할 목재를 찾아 나섰지만, 이후에는 때울 석탄과 석유를 찾아 새로운 식민지로까지 진출했다. 이들의 연구는 독일 전역에 걸친 수많은 지역 법정 기록을 검토하는 일과 언제 그리고 어떠한 조건하에서 농민이 자신의 소유가 아닌 나무를 배었을 때 가장 높은 수준의 처벌을 받았는지를 기록하는 일을 포함했다. Paul Warde, "Fear of Wood Shortage and the Reality of the Woodland in Europe, c. 1450-1850",

수많은 저서를 집필한 노르웨이의 역사학자이자 지리학자인 타리에 트벳Terje Tvedt은 물 문제와 관련해서 이와 유사하게 미래를 위한 대안적인 해법을 찾고자 긴 과거를 살폈다. 트벳은 국제수리사학회International History of Water Association의 전임 회장으로 고대 중국의 관개 행정에서 오늘날 아프리카의 물 전쟁에 이르는 여섯 권으로 된 수리사의 편집을 주재하기도 했다.[20] 타리에 트벳은 문명의 역사 속에서 자원이자 고통의 원인이었던 물에 대한 백과사전적인 지식을 축적하고, 물이 어떻게 정부와 군사 전략 그리고 농업과 거버넌스에 막대한 영향을 주었는지 이해하고, 그것을 기반으로 하여 수 세기가 아니라 수천 년을 위한 계획을 마련하는 일은 곧 우리의 생존이 걸린 문제라고 주장했다. 녹아내리는 빙하와 상승하는 해수면에서부터 사막화와 물 전쟁에 관한 해법과 위기의 선례에 대한 조사를 통해 트벳은 오늘날 경제가 해수면 상승에 지극히 취약하다는 점을 강조했다. 트벳에게 과거 세계의 역사는 가능한 우연과 대안적인 미래의 보고였다. 다양한 미래가 서로 경쟁할 것이며, 그 과정에서 중국의 선전과 런던 그리고 뉴욕과 같은 해안가 도시에 자리 잡은 금융과 산업의 견고한 중심지를 위주로 짜여진 이전의 지리학은 그린란드와 티벳과 같이 물이 풍부한 지역을 중심으로 새롭게 짜여질 터였다.[21]

History Workshop Journal 62(2006), 28-57; Warde, *Ecology, Economy and State Formation in Early Modern Germany*(Cambridge, 2006). 더 일반적인 논의로는 Astrid Kander, Paolo Manamina, and Paul Warde, *Power to the People: Energy in Europe over the Last Five Centuries*(Princeton, NJ, 2014)를 보라.

20 Terje Tvedt, *The River Nile in the Age of the British: Political Ecology and the Quest for Economic Power*(London, 2004); Terje Tvedt *et al.*, *A History of Water*, 3 vols.(London, 2006); Tvedt, Terje Oestigaard, and Richard Coopey, *A History of Water, Series ii*, 3 vols. (Princeton, NJ, 2014).

21 Terje Tvedt, *A Journey in the Future of Water*(London, 2014).

이와 유사한 장기간에 걸친 생존과 위기의 문제를 고민하는 다른 역사학자들은 트벳과는 달리 역사상 도시가 어떻게 다가올 지속 가능한 경제를 위한 새로운 모델을 제공하는지 보여주고자 빅 데이터를 활용했으며, 이를 통해 모든 서양의 역사가 자원 고갈의 법칙을 따랐던 것은 아니라는 사실을 입증했다. 프랑스 사학자 사빈 바를Sabine Barles과 쥘스 빌렝Gilles Billen은 이를 위해 19세기 파리에서 배출된 분뇨와 하천 오염 그리고 질소 방출을 측정했는데, 그에 관련된 정보를 정부 위생국과 도시 통행료 징수소 자료에서 구했다. 왜 통행료 징수소였을까? 이유인즉, 중세 시대 상당 기간에 걸쳐 그리고 19세기에 이르기까지 도시의 관료들은 시골에서 도시의 시장으로 들어가는 마차들을 정지시키고, 통행료를 징수했기 때문이다. 이들 관료는 파리에서 얼마나 많은 식량이 소비되었는지 알려주는 완벽한 목록을 남겼다. 파리가 근대적인 하수 처리 시설에 투자를 하기 시작한 1860년대 이래 정부 기록과 더불어 수백 년을 거슬러 올라가는 파리의 '질소 발자국nitrogen footprint'에 대한 기록도 완벽히 남아 있다.[22] 이 같은 자료 덕택에 우리는 가까운 과거에 우리의 선조가 자신들의 땅과 어떠한 관계를 맺고 살았는지 보여주는 다채로운 이야기를 전할 수 있게 되었다.

---

22 Sabine Barles, "Feeding the City: Food Consumption and Flow of Nitrogen, Paris, 1801-1914", *Science of the Total Environment* 375 (2007), 48-58; Barles and Laurence Lestel, "The Nitrogen Question: Urbanization, Industrialization, and River Quality in Paris, 1830-1939", *Journal of Urban History* 33 (2007), 794-812; Barles, "Urban Metabolism of Paris and Its Region", *Journal of Industrial Ecology* 13 (2009), 898-913; Gilles Billen *et al.*, "The Food-Print of Paris: Long-Term Reconstruction of the Nitrogen Flows Imported into the City from Its Rural Hinterland", *Regional Environmental Change* 9 (2009), 13-24; Billen *et al.*, "Grain, Meat and Vegetables to Feed Paris: Where Did and Do They Come from? Localising Paris Food Supply Areas from the Eighteenth to the Twenty-First Century", *Regional Environmental Change* 12 (2012), 325-35.

이렇게 발굴된 누대에 걸친 과거의 데이터는 지속 가능성의 미래에 대한 통찰력을 우리에게 가져다준다. 바를은 오늘날 21세기 도시보다 19세기 파리가 더 지속 가능한 자본주의 도시의 모습에 대해, 그리고 지역 농업과 쓰레기 재활용에 대해 일깨워 주는 바가 많다고 논했다. 바를은 자신의 역사 연구 일부를 개발 관련 정책가를 독자로 염두에 두고 출판하기도 했다. 그러나 사실 바를은 대도시에서 쓰레기 재활용을 위한 지속 가능한 실천 전략이 어떻게 19세기 관료에 의해 고안되었는지에 관한 이야기를 찾고자 도시 기록물을 샅샅이 뒤진 수많은 역사학자 중 한 명에 지나지 않았다.[23] 19세기가 되돌아갈 가치가 있는 도시, 즉 여전히 유흥과 소비 그리고 세계 무역으로 넘쳐나지만 농산물은 근거리 농장에 의존하는 도시의 유형을 제공할 수 있을까? 역사학은 새로운 가능성을 열 수 있다. 역사학은 탄소 무역과 지구 시스템 거버넌스 이외에 현재 우리에게 주어진 정책과 시장의 미래를 확장하며, 이로써 더 다양한 지속 가능성이 가능하다는 점을 일깨워 준다.

과거에는 주변적인 사건에 지나지 않았던 사건 중 오늘날 유용한 열매를 맺고 있는 사건을 발굴하고 기술한다면, 아주 오래된 혹은 가까운 과거의 예 모두 대안적인 거버넌스 전통에 대한 관심을 유도할 수 있다. 조안 서스크Joan Thirsk는 토지와 물을 둘러싼 역학의 변화가 좀 더 지속 가능

23 Christopher Hamlin, "Sewage: Waste or Resource?" *Environment: Science and Policy for Sustainable Development* 22(1980), 16-42; E. Marald, "Everything Circulates: Agricultural Chemistry and Recycling Theories in the Second Half of the Nineteenth Century", *Environment and History* 8(2002), 65-84; Timothy Cooper, "Peter Lund Simmonds and the Political Ecology of Waste Utilization in Victorian Britaiin", *Technology and Culture* 52(2011), 21-44; Peter Thorsheim, "The Corpse in the Garden: Burial, Health, and the Environment in Nineteenth-Century London", *Environmental History* 16(2011), 38-68.

한 농업을 추구하도록 만드는 현재의 경우와 유사한 선례를 찾고자 500년이 넘는 과거를 파헤쳤다. 폴 톰슨Paul B. Thompson은 자연 보호와 유기 농법 그리고 지속 가능한 건축과 관련된 역사적 자료를 훌륭히 개괄했다. 마틴 멀리건Martin Mulligan과 스튜어트 힐Stuart Hill은 영속적인 농업 permanent agriculture 혹은 퍼머컬처permaculture에 대한 역사서를 집필했다.[24] 이들 역사 연구는 새로운 운동에 힘을 실어줄 뿐만 아니라 현장에 있는 과학자와 정책을 수립하는 이가 미래의 가능성을 찾고자 한다면 어디를 살펴봐야 하는지 귀띔해주며, 그렇기에 중요한 역할을 맡고 있다고 하겠다.

미래에 관한 대부분의 모델이 기후 변화에 따른 파국이나 보이지 않는 손에 의한 현상 유지를 중심으로 구축된 세계에서 다양한 가능성과 대안적인 모델을 제시하는 것은 혁명적인 잠재력을 지닌다. 순식간에 정치적 의지만 있다면 가난한 이들에게는 먹을 것을, 해수면 상승에 따라 난민이 된 이들에게는 쉴 곳을 제공할 수 있는 지속 가능성의 모델을 과거의 문명과 오늘날 환경 운동가가 제시할 수 있을 것처럼 보이게 된다. 이와 같은 희망의 메시지, 그리고 그와 같은 구체적인 행동을 위한 방책은 종말의 참상이나 합리적 선택의 만트라mantras로 괴로워하는 마음을 달랠 수 있다. 환상이나 도그마가 아니라 과거에 대한 지식을 미래를 새롭게 짜기 위한 도구로 이용하는 것, 바로 이것이 우리 시대 분별 있는 행동을 위한 처방이라 하겠다. 리비 로빈이 적고 있듯이,

---

24 Joan Thirsk, *Alternative Agriculture: A History from the Black Death to the Present Day*(Oxford, 1997); Martin Mulligan and Stuart Hill, *Ecological Pioneers: A Social History of Australian Ecological Thought and Action* (Cambridge, 2001); Paul B. Thompson, *The Agrarian Visioin: Sustainability and Environmental Ethics*(Lexington, KY, 2010).

이제 미래는 결정되어 있지 않다. 오히려 미래는 우리가 '창조하는create' 무엇이다. … 그렇다면 우리는 가능한 모든 창조적 능력을 그와 같은 미래를 만들기 위해 발휘해야 할 것이다. 과학, 경제학, 역사학, 그리고 인간의 상상력. 어느 누구도 미래를 예견할 수는 없지만, 상상력을 발휘해 역사와 미래의 관계를 그리고 현재 세계의 상황을 새롭게 조명할 수 있다.[25]

과거와 미래가 연결되는 지점에서 쓰인 역사는 자본주의적 성공이라는 환상의 세계와 기후 변화로 인해 불타오르는 종말의 세계의 모습만이 아니라 우리가 실제로 살기 원하는want 세계를 향한 현실적인 대안을 담아낼 수 있다. 그 같은 이야기는 새로운 사고방식을 제시하며, 오랜 악몽으로부터 벗어날 수 있도록 돕는다. "인류세는 … 인간의 교만에 관한 우화가 아니다. 인류세는 지구의 미래 그리고 지구에 살고 있는 우리의 미래의 관리자로서 우리 자신의 모든 잠재력을 자각하라는 호소일 뿐이다."[26]

잘못된 장기적인 모델에 기초한 작업을 손보고자 한다면, 우리는 시간과 더불어 생각할 때 미래의 잠재력을 이처럼 긍정적으로 다뤄야 할 뿐만 아니라 더 정의롭고, 더 지속 가능하고, 더 생태적으로 조율된 문명을 이룩하고자 하는 우리의 시도를 실제로 방해하고 있는 요소에 대해서도 현실적으로 고려해야 한다. 역사학자들은 이미 이를 위해서도 노력을 경주하고 있다. 또한 역사학은 책임 소재를 규명할 수도 있다. 즉 역사학은 피해를 준 책임자나 혁명적인 과정을 덜 혁명적인 수단을 동원해 더디게 진행되도록 만든 이들을 잡아낼 수 있다. 조슈아 에이츠Joshua Yates는 지난 수십 년간 지속 가능성 개념의 역사에 관한 예비적인 연구를 제공하

---

25 Robin, "Histories for Changing Times", 339-40.

26 Joshua J. Yates, "Abundance on Trial: The Cultural Significance of 'Sustainability'", *The Hedgehog Review* 14(2012), 22.

고 있다. 에이츠의 논문은 지속 가능성에 대한 논쟁 방식이 전 세계 엘리트들의 소비 행태만 바꿀 수 있다면 인류와 지구 그리고 번영은 지킬 수 있다고 장담한 수많은 '최고 지속 가능성 책임자chief sustainability officer'를 양산한 컬럼비아 경영 대학과 같은 기관에 의해 어떻게 결정되어왔는지 명쾌하게 보여주고 있다.[27] 나머지 사람들에게 어떠한 결과가 닥치든 상관없이 한 명의 엘리트만을 위해 희귀한 자원을 동원해 기후 변화에 따른 최악의 사태를 모면해보고자 시도했던 경우는 이미 많다. 환경 파괴적인 관행에 대한 비난을 피하기 위해 명목상 환경 친화책을 마련한 기관과 개인 그리고 교육 프로그램은 수도 없이 많으며, 이들의 과거를 조사하는 일은 우리가 미래를 위해 다른 제도를 선택할 수 있도록 돕는다 — 예컨대 오스트레일리아의 국가 농업 지도 프로그램state agriculture extension programme은 소규모 농민들을 위한 교육 자료를 석유 화학 비료와 농약에 초점을 둔 것에서 최근 부각되는 퍼머컬처 과학에 강조를 둔 것으로 바꾸고 있다.[28]

역사학이 더 긴 관점을 통해 제공할 수 있는 조언은 이보다 훨씬 더 명확할 수도 있다. 스웨덴의 역사학자 안드레아스 말름Andreas Malm과 알프 호른보리Alf Hornborg는 증기 기관의 발명과 전파가 기후 변화에 관한 폴 크루첸의 설명에서 핵심된 사건이라 파악했다. 제국과 자본주의의 역사와 연관 지어 살펴보면, 증기 기관 이래 오염과 농업 그리고 소비의 심화로 나아가는 궤적은 인류의 모든 구성원이 공평하게 공유한 것이 아니다. 지난 수십 년 동안 자본주의와 제국의 본질을 다룬 미시사 연구를 면밀히 검토한 뒤 말름과 호른보리는 소규모 엘리트 가문과 기업에 그 책임을 물을 수 있으며, 이들이 기후 파괴climate disruption에 대한 책임도 지

---

27 Yates, "Abundance on Trial", 12.

28 Mulligan and Hill, *Ecological Pioneers*.

닌다고 확신했다. 말름과 호른보리가 적고 있듯이, "이 시기 증기 기관 기술에 대한 투자는 근본적으로 신세계 인구의 격감, 아프리카와 미국의 노예제, 공장과 광산에서 영국 노동자의 착취, 저렴한 무명옷에 대한 전 지구적 수요에 따라 발생된 기회를 노린 것이라 할 수 있다". 인류 전체 가 기후 변화에 대해 동일하게 책임을 져야하는 것은 아니며, 동일하게 이를 해결해야 할 책임을 지는 것도 아니다. 말름과 호른보리가 설명했 듯이 "인류의 대다수는 화석 경제fossil economy에 가담하지 않았다. 헤아 릴 수 없이 많은 사람이 숯, 장작, 혹은 분뇨와 같은 유기 쓰레기에 의존 해 모든 집안 일을 처리했다".[29]

자신들의 땅을 관리해온 원주민들의 지혜를 전문 토목 공학자, 삼림 학자, 그리고 농학자를 고용해 일방적으로 무시한 서구 열강들의 행태를 다룬 역사 연구는 자본주의와 국민국가 그리고 지주들에 의한 지배가 어 떻게 지난 200여 년의 인류세를 특징짓는 환경 파괴와 직접적으로 연관 을 맺고 있는지에 중점을 두었다. '개선'이 계몽주의 시대 유럽에서 하나 의 신조로 자리 잡았다는 사실은 경제 전략만이 아니라 계급과 인종 우 월주의에 대한 새로운 생각이 어떻게 산업화 시대의 여명기에 권력과 환 경 착취를 결합한 새로운 이데올로기로 발전되면서, 권력을 극소수의 지 주들에게 순식간에 몰아주었는지와 관련해 시사하는 바가 크다.[30]

---

29 Anil Agarwal and Sunita Narain, *Global Warming in an Unequal World: A Case of Environmental Colonialism*(New Delhi, 1991); Andreas Malm and Alf Hornborg, "The Geology of Mankind? A Critique of the Anthropocene Narrative", *The Anthropocene Review*(2014): doi:10.1177/2053019613516291. 환경사에서 책임 소재를 밝히는 것의 중요성에 대한 반박으로는 Paul S. Sutter, "The World with Us: The State of American Environmental History", *Journal of American History* 100 (2013), 98를 보라.

30 James C. Scott, *Seeing Like a State: How Certain Schemes to Improve the Human Condition Have Failed*(New Haven, 1998); Frederick Albritton

이와 같은 역사적 증거의 축적에 비추어 볼 때, 오늘날 우리가 처한 환경 위기 사태를 태생적으로 탐욕스럽고 파괴적인 종으로서 인간의 진화론적 유산과 같은 아주 먼 원인과 결부시키는 관점을 고수하기란 이제 가능치 않다. 말름과 호른보리가 적고 있듯이,

서구 세계의 한 구석에 있던 자본가들이 증기 기관에 투자하면서 화석 경제를 향한 초석을 놓았다. 어느 한 순간에도 인류는 이에 대해 지구를 떠나는 방식vote with feet으로든 아니면 투표를 통해서든 반대 의견을 표명한 적도 없을 뿐만 아니라 암묵적으로 이에 동의해 함께 움직인 적도 없다. 이러한 종류의 지극히 먼 원인을 끌어내는 것은 "일본 전투기 조종사의 성공을 인류의 조상이 두 눈으로 보고, 서로 마주 보게 할 수 있는 엄지 손가락을 지니도록 진화했다는 사실을 가지고 설명하는 것과 같다. 우리는 우리가 제시하는 원인이 그보다는 더 직접적으로 결과와 관련되어 있기를 바라는데," 만약 그렇지 않다면, 우리는 그것을 원인으로 취급하지 않을 것이다. … 기후 변화를 종으로서 인류의 본성 탓으로 돌리고자 하는 시도는 필연적으로 그처럼 공허한 주장이 될 것이다. 바꿔 말해, 세계 시장에서 팔고자 기계화된, 증기 기관에 의해 생산된 상품과 같이 질적으로 완전히 새로운 역사상 체제를 설명하기 위해 초역사적인 — 특히 종을 포괄하는 — 동인을 끌어들일 수는 없다.[31]

만약 말름과 호른보리가 옳다면, 기후 변화와 관련된 인간의 역사는 우리를 다른 방향, 즉 기후 변화에 가장 많이 기여했고, 그로써 가장 많

Jonsson, *Enlightenment's Frontier: The Scottish Highlands and the Origins of Environmentalism* (New Haven, 2013).

31 Malm and Hornborg, "The Geology of Mankind?" 3. 포함된 인용의 출처는 John Lewis Gaddis, *The Landscape of History* (Oxford, 2002), 96.

은 이득을 취한 선진국과 기업의 책임에 대한 논의로 우리를 인도한다.

이러한 사례를 통해 역사학은 산업에 대한 규제와 기득권에 대한 세금이 경제 성장을 방해한다는 통념을 바로잡는 한편, 정치경제의 구성 자체에 대한 교훈을 제공한다. 역사학은 환경론자들은 대개 더 많은 규제와 국제적인 협력을, 반면 경제학자들은 대개 이기심과 기술 혁신 그리고 탈규제를 호소하며, 환경 문제에 대한 해법은 각자가 제시한 정책의 진전을 통해서만 가능하다고 약속했던 1990년대 정책상 교착 상태를 뒤흔든다. 특히 역사학자들이 수집한 장기적인 과정에 대한 증거 덕분에 그와 같은 교착 상태는 이제 유지될 수 없다. 경제학과 관련해 역사적 증거는 규제 환경 속에서도 경제 성장이 가능하다는 사실을 이미 입증한 바 있다. 이 점에서 역사적 사고는 기후 파괴를 통해 가장 많은 혜택을 본 이익 집단에게 징벌을 가하는 거버넌스 체제를 향한 길 또한 제안한다.

인과 관계와 행위자 그리고 대안의 문제를 다루기 위해 역사적 데이터를 면밀하게 조사하기 시작하면서 우리는 '공유지의 비극'이 필연적인 법칙이 아니라, 서구의 엘리트들이 자신들이 만든 공유지를 자신들의 목적을 위해 파괴하는, 역사적으로 구축된 일련의 조건에 지나지 않는다는 사실을 깨닫게 된다.[32] 우리는 '적재량carrying capacity'이란 용어만 아니라

---

32 Peter Linebaugh, "Enclosures from the Bottom Up", *Radical History Review* 108(2010), 11-27; Anant Maringanti *et al.*, "Tragedy of the Commons Revisited (1)", *Economic and Political Weekly* 47(2012), 10-13; Michael Heller, "The Tragedy of the Anticommons: A Concise Introduction and Lexicon", *The Modern Law Review* 76(2013), 6-25; Kenneth R. Olwig, "Globalism and the Enclosure of the Landscape Commons", in Ian D. Rotherham(ed.), *Cultural Severance and the Environment: The Ending of Traditional and Customary Practice on Commons and Landscapes Managed in Common*(Dordrecht, 2013), 31-46. 공유지의 역사에 대한 방대한 학술 연구에 대해서는 다음도 참고하라. Elinor Ostrom *et al.*, *Digital Library of the Commons*: http://dlc.dlib.indiana.edu/dlc/. 공유지에 대한 오스트롬의 학술 연

심지어 '인구 과잉overpopulation'이나 '인구population'라는 용어도 야생 동물의 관리와 원주민 및 토착민에 대한 감독에 관한 식민지적 사고의 흔적을, 혹은 게으른 자에 대한 하나님의 징벌에 관한 종교적 사고의 흔적을 지니고 있다는 사실을 배웠으며, 이들 용어가 한때 가정되었던 것보다 실제적인 자연 법칙으로는 입증이 덜 되었다는 사실을 알게 되었다.[33] 때 지난 사상을 검토하고, 과거의 편견이 사실을 어떻게 왜곡하는지 보여주면서, 역사학은 우리가 미래를 논하기 위해서 사용하는 용어를 비판적으로 재고하도록 돕는다. 즉 역사학은 어떤 종류의 용어가 편견으로 가득 찬 것인지 혹은 때 지난 사고인지 보여준다.

로빈과 에이츠 그리고 톰슨이 보여준 역사학의 장르는 가장 비판적인 역사학의 장르이다. 이들은 게임을 만드는 경기자가 누군지 밝히고, 게임의 규칙이 어디에서 왔는지 알려주며, 게임의 내적 모순을 꼬집는다. 비판적 역사학은 오늘날 대부분의 역사학자가 그렇게 하도록 훈련을 받고 있는 이야기 전달의 한 방식이다. 비판적 역사학은 우리가 미래를 위해 어떠한 논리는 지켜야 하는지 그리고 어떠한 논리는 버려야 하는지 논할 수 있도록 돕는다. 물론 '의심의 해석학hermeneutics of suspicion'이 아로새겨진 비판적 역사학은 적어도 카를 마르크스에게까지 거슬러 올라가는 풍부한 유산을 지니고 있지만, 미시사와 마찬가지로 1970년대의 자손이다. 비판적 역사학은 제도의 부패를 폭로하는 목적으로 유용하다 — 예컨대, 여러 의미나 함축적인 의미를 지니고 있는 유해한 담론을 찾아

구는 공유지의 역사적 지속성보다 이들 공유지 중 가장 오래 유지된 공유지를 특징짓는 추상적인 원칙의 추출에 있었다. 유럽의 공유지가 사유화enclosure되는 과정에 대한 문헌은 이러한 점에서 유용하다. Leigh Shaw-Taylor, "Parliamentary Enclosure and the Emergence of an English Agricultural Proletariat", *Journal of Economic History* 61 (2001), 640-62.

33 Marsha L. Weisiger, *Dreaming of Sheep in Navajo Country*(Seattle, 2009).

내거나 구원자라 여겨졌던 이들 중 사기꾼은 누구인지 밝혀내고, 또는 사이비 황제를 권좌에서 끌어내릴 수도 있다. 우리에게는 좋은 비판적 역사학이 꽤 많다. 네이선 사이르Nathan Sayre는 '적재량'이라는 용어가 어떻게 처음에는 한계치를 넘어설 경우 말 그대로 가라앉을 선박에, 다음에는 영국 식민지에서 사냥 구역 내 동물의 개체수 관리에, 그리고 이후 동물에 대한 식민 통치에서 원주민 인구에 대한 식민 통치로 사용 범위가 확대되었는지 알려주고 있다.[34] 이 용어에 함축된 바는 인구에 대한 정부의 하향식 통제 논리이다. 앨리슨 베시퍼드Alison Bashford와 매튜 코넬리Matthew Connelly는 각기 국제 정부와 인구 통제 그리고 신맬서스주의neo-Malthusianism를 다룬 역사서에서 이와 유사한 경우를 찾아내 열거하고 있다.[35] 역사학은 우리가 할 수 있는 모든 종류의 통제 중 인구에 대한 통제가 가장 실패할 가능성이 높다는 사실을 알려준다.

사실과 허구를 분리하는 이 모든 역사 연구가 국제 정책에 대해 가지는 함의는 실로 지대하다. 사실 이러한 형태의 역사적 사고는 1987년 브룬트란트 위원회 이래 대부분의 국가가 채택하고 있는 국제 정책과 정면으로 배치된다. 즉 이러한 형태의 역사적 사고는 현재 남반부에서 이루어지고 있는 산업화 프로젝트에서 선진국이 맡고 있는 역할로 인해 선진국은 기후 변화를 완화할 부담을 떠맡을 수 없다는 논리를 정면으로 반박한다.[36] 이와 같은 예에서 ─ 종으로서 우리는 함께 협력을 해야 한다고 주장하는 ─ 종적 사고species thinking는 서구의 엘리트 집단이 자신들이 기후

---

34 Nathan F. Sayre, "The Genesis, History, and Limits of Carrying Capacity", *Annals of the Association of American Geographers* 98 (2008), 120-34.

35 Connelly, *Fatal Misconception*; Bashford, *Global Population*.

36 Michael Redclift, "Sustainable Development (1987-2005): An Oxymoron comes of Age", *Sustainable Development* 13 (2005), 212-27; Chris Sneddon, Richard B. Howarth, and Richard B. Norgaard, "Sustainable Development in a Post-Brundtland World", *Ecological Economics* 57 (2006), 253-68; Paul B. Thompson,

변화에 선도적으로 대응해야 할 위치에 있다는 점을 부인하기 위해 써먹은 편리한 변명이었다. 인도와 중국의 엘리트 집단이 이용하고 있는 탈식민주의 역사를 비롯한 역사적 사고방식은 경제학 이론과 달리 기후 변화에 대해 손을 놓고 있는 서구의 열강에게 어떠한 변명거리도 제공해주지 않는다.

국제 거버넌스에 대해 생각하기

가장 이상적인 제도에 관한 기존의 결론을 뒤흔드는 역사적 사고의 힘은 환경 문제에만 국한되지 않는다. 국제 거버넌스의 문제에서도 과거에 대한 고민은 거의 모든 논의에서 눈에 띄게 나타나고 있다. 만약 우리가 지난 50년을 되돌아본다면, 수많은 역사가에게 사회주의는 끝장이 난 것으로 보인다. 사회주의는 역사학자 앵거스 버긴Angus Burgin이 "위대한 설득great persuasion"이라 칭한 자유 시장 원칙 앞에 무너졌으며, 그러한 자유 시장 원칙을 조직적으로 설파한 것은 자유지상주의libertarian 경제학자들에 의해 설립된 유럽과 미국의 싱크 탱크였다.[37] 하지만 이들 싱크 탱크 상당수는 그들 경제학자들의 본래 의도와는 달리 미국 대기업의 이익을 홍보하는 로비 창구로 점차 변질되었다. 이에 이어 1970년대와 1980년대 제도를 둘러싼 싸움 속에서 '지구화' 또는 '신자유주의neo-liberalism'의 새로운 세기가 열렸다. 이 새로운 세기는 사회주의 및 노동조합의 소실, 대안으로서 공산주의의 몰락, 국제통화기금International Monetary Fund, 세계무역기구, 세계은행, G-7, G-8, 신용과 무역 그리고 기업가 정신을 전 세

The Agrarian Vision: Sustainability and Environmental Ethics (Lexington, KY, 2010), 197-200.

37 Angus Burgin, *The Great Persuasion: Reinventing Free Markets since the Depression*(Cambridge, MA, 2012).

계로 전파하고자 결집한 여러 초국가적 단체들에 의해 특징지어졌다.[38] 이와 같은 모델에서 글로벌 기업과 기술 그리고 각국의 정부는 떼어내려야 떼어낼 수 없는 존재이며, 이들이 자연스럽게 이루고 있는 보루는 모든 사회악에 대한 우리가 떠올릴 수 있는 유일한 해법으로 간주되고 있다. 동일한 논리를 따라, 예를 들어 구글Google의 최고경영자와 구글의 싱크 탱크인 구글 아이디어스Google Ideas의 책임자는 첨단 기술이 가난을 종식시키고, 언론 매체와 선거를 촉진할 민주적 정책의 아군이라 주장하기도 했다.[39] 미래를 위한 해법을 제안한 지도자는 개혁가나 시민운동가가 아니라 기업가와 최고경영자였던 것이다.

최근까지 저널리스트나 정책 입안자가 이들 제도를 역사의 산물로, 즉 질문 제기가 가능한 대상으로 취급한 경우는 거의 없었다. 이러한 이행은 역사적 전환으로 이해되어야만 하며, 그것이 무엇을 의미하는지 또 제대로 작동은 하는지 여부는 장기적인 변화에 대한 비판적 사고의 대상이다. 그럼에도 이들 제도에 대한 논의의 상당 부분은 정책 입안에 주된 역할을 담당했던 개인들에 의해 이루어지고 있다. 그들은 모두 새로운 역사적 세기를 선언하면서 새로운 제도의 등장을 공공연히 찬양했지만, 그 세기가 어떠한 변화를 가져왔는지는 묻지 않았다. 적어도 미국에서 "사회주의는 사망한" 것처럼 보인다. 새뮤얼 헌팅턴Samuel Huntington은 나머지 세계에 맞선 유럽의 장기적인 투쟁을 고려컨대 이 같은 갈등이 미래에도 계속될 것이라 주장했다. 프랜시스 후쿠야마Francis Fukuyama는 소련의 붕괴가 "역사의 종언end of history" 또는 자본주의 이외에는 어떠한 이

38 David Harvey, *A Brief History of Neoliberalism* (Oxford, 2005); Wolfgang Streeck, *Buying Time: The Delayed Crisis of Democratic Capitalism* (London, 2014).

39 Erick Schmidt and Jared Cohen, *The New Digital Age: Transforming Nations, Businesses, and Our Lives* (New York, 2014).

상향에 대한 기획도 당분간 떠올릴 수 없는 시기를 알렸다고 주장했다.[40] 과거에 대한 이러한 주장 중 어떠한 것이 진실일까? 어떻게 우리는 그것이 진실인지 아닌지 알 수 있을까?

근래 정치학자들은 이 같은 주장을 빅 데이터를 가지고 시험하고 있다. 문화적 갈등이 정말로 피할 수 없는 것인지를 밝힐 목적으로 이들 정치학자는 자신들이 수집한 장기 지속에 걸친 세계의 문화와 제도에 관한 새로운 데이터 세트를 활용했다. 1990년대 헌팅턴이 "문명의 충돌clash of civilisations"을 예견한 이래, 수많은 정치학자와 국제정치학자가 국가 간 분쟁의 규칙과 본질을 측정하기 위한 통계 데이터베이스를 만들어왔다. 하지만 이들 분석은, 심지어 경제 원조와 성장이 민주주의와 대체로 긍정적인 상관 관계를 맺는다는 점에 대해 의견의 일치를 본 경우에도, 갈등의 본질이나 역사의 궤적에 대해서는 상이한 의견을 내놓았다.[41] 사실

---

40 Fukuyama, *The End of History and the Last Man*; Samuel P. Huntington, *The Clash of Civilizations and the Remaking of World Order*(New York, 1996).

41 Errol Henderson, "Culture or Contiguity? Ethnic Conflict, the Similarity of States, and the Onset of Interstate War, 1820-1989", *Journal of Conflict Resolution* 41 (1997), 649-68; Henderson, "The Democratic Peace through the Lens of Culture, 1820-1989", *International Studies Quarterly* 42 (1998), 461-84; Manus I. Midlarsky, "Democracy and Islam: Implications for Civilizational Conflict and the Democratic Peace", *International Studies Quarterly* 42 (1998), 485-511; Eric Weede, "Islam and the West: How Likely is a Clash of These Civilizations?" *International Review of Sociology* 8 (1998), 183-95; Bruce M. Russett, John R. Oneal, and Michaelene Cox, "Clash of Civilizations, or Realism and Liberalism Déjà Vu? Some Evidence", *Journal of Peace Research* 37 (2000), 583-608; Giacomo Chiozza, "Is There a Clash of Civilizations? Evidence from Patterns of International Conflict Involvement, 1946-97", *Journal of Peace Research* 39 (2002), 711-34; Tanja Ellingsen, "Toward a Revival of Religion and Religious Clashes?" *Terrorism and Political Violence* 17 (2005), 305-32; Kunihiko Imai, "Culture, Civilization, or Economy? Test of the Clash of Civilizations Thesis", *International Journal on World Peace* 23

많은 이들이 헌팅턴의 '문명'의 범주의 유용성에 대해 의문을 제기했다. 그 개념 자체는 빅토리아 시대 인류학의 본질주의적이고 위계적인 세계관에서 차용된 것이며, 따라서 이를 국가를 넘나드는 교육과 무역 그리고 이주에 의해 특징지어지는 지구화된 세계에 적용할 수 있을까에 대해서도 많은 의문이 제기되었다.[42] 즉 막대한 양의 데이터가 있음에도 1990년대와 2000년대 우리가 과거와 미래를 이해하는 가장 지배적인 방식은 그리 설득력이 있어 보이지 않는다. 그렇다면 우리는 도대체 어디에서 가르침을 구해야 한단 말인가?

하나의 대안은 역사의 힘에 기대어 대안적인 거버넌스의 체제를 찾는 것이다. 그 단적인 예로 데이비드 그레이버David Graeber가 『부채: 그 첫 5000년Debt: The First 5,000 Years』(2010)에서 제공하고 있는 장기 지속 이야기를 들 수 있다. 마거릿 대처 시대 이후 수많은 국제정치학자가 자본주의를 대체할 대안은 사실상 존재하지 않는다고 주장해왔다면, 그레이버는 왜 자본주의의 부채에 관한 개념이 부채를 개인에게 물리는 반복되는 문화 형태의 가장 최근의 예일 뿐인지, 그리고 부채 체제에 대한 역사적 기록은 결국 세대와 대륙에 걸친 노예 사슬일 뿐인지를 밝혔다. 즉 부채는 한 개인을 그가 태어나기 전부터 낯선 다른 이에게 묶어놓는 노예 사슬이었다. 그레이버는 이와 같은 역사를 통해 불교의 수도원과 예언자적

(2006), 3-26; Mustafa Aydin and Çinar Özen, "Civilizational Futures: Clashes or Alternative Visions in the Age of Globalization?" *Futures*, Special Issue: Futures for Multiple Civilizations, 42(2010), 545-52; Alexis Pasichny, "Two Methods of Analysis for Huntington's 'Clash of Civilizations'", *Challenges of Modern Technology* 3(2012): http://yadda.icm.edu.pl/baztech/element/bwmeta1.element.baztech-ddff88f7-7650-49d5-8164-033422b0de1e/c/Pasichny.pdf.

42 Shireen Hunter and Huma Malik, *Modernization, Democracy, and Islam* (Westport, CT, 2005).

인 기독교 분파가 부채의 고리를 찾아냈을 때 취했던 역사상 실재한 대안을, 즉 정기적으로 부채를 폐지하는 것에 기초한 대안을 제시할 수 있었다. 그레이버는 개발 도상국을 세계은행에 묶어놓는 국제 부채와 미국에서 대학 졸업생과 노동자 계급 소비자를 점점 더 옥죄이고 있는 모든 국내 부채에 대해 그와 같은 면제를 조언했다. 그레이버는 상이한 경제 체제에 대한 수천 가지의 분석을 서로 엮으며 이야기를 써 내려갔으며, 그가 논한 경제 체제에는 마다가스카르의 원주민에서부터 콰키우틀 인디언과 미국 남북 전쟁 직전 시대 대서양 노예 무역을 경험한 아프리카인 등이 포함되었다. 이들 에피소드 중 정적인 체제는 하나도 없다. 오히려 그들은 모두 서로 맞섰을 뿐만 아니라 모두 대양 무역 네트워크에 연결되어 있었으며, 그에 따라 서로 도전하기도 또 도전받기도 했다. 이러한 그림을 통해 그레이버는 선물에서부터 부채에 이르기까지 금전 관계의 다양한 형태가 오랜 시간 동안 존재해왔지만, 서로 쉽게 어울리지 못하며, 빚이 있는 자와 노예가 된 자는 예언이나 혁명을 포함한 그 나름의 호소 방식을 지니고 있다는 사실을 보여줄 수 있었다. 일련의 소소한 에피소드가 세계에 대해 우리가 이전에 가졌던 것보다 확실히 더 큰 거시적인 시각을 가져다준 것이다.[43]

그레이버의 이야기와 같은 이야기는 부채와 같은 사회 구조에 대한 우리의 신념을 뒤흔들며, 그렇기에 참여와 기회로 특징지어지는 민주주의에 가장 도움이 되는 이야기라 할 수 있다. 헌팅턴과 후쿠야마가 역사를 서양의 승리에 관한 단순한 알레고리로 형상화시켰다면, 장기적인 관점은 대문과 창문을 모두 열고 우리 사회를 조직할 다른 방안을 찾도록 이끈다. 더 장기적인 관점에서 국제 정부를 다룬 역사 연구는 심지어 우리의 정치 체제에 대한 대안이 존재하고 있다는 사실을, 즉 민주주의 개념

---

43 David Graeber, *Debt: The First 5,000 Years*(Brooklyn, NY, 2010).

자체가 더 완전히 표현될 수 있는 대안이 존재한다는 사실을 밝혀줄 수도 있다. 새로운 데이터 주도data-driven 연구는 18세기 후반 이래 완전히 보편화된 거버넌스의 유일한 형태인 '베스트팔렌적Westphalian' 국가의 필연성에 대해서도 의문을 제기한다. 그 모델에 따르면, 모든 인간은 그와 같은 국가의 구성원이 되어야 — 또는 되고자 해야 — 하며, 지구상의 거의 모든 곳이 그와 같은 국가에 의해 소유권이 주장되거나 통제된다. 하지만 이 같은 모델이 21세기에도 계속 남아 있을 수 있는, 그리고 이상향을 향한 잠재력을 지닌 모델일까?[44]

지금까지 세계 정부를 세우기 위한 일련의 시도는 각기 확연히 다른 방식을 취해왔다. 국제연맹League of Nations은 민주 정부의 목소리를 통합함으로써 영구 평화를 이룩하고자 했다. 마크 마조워Mark Mazower가 보여주듯이, 1940년대 지도자들은 국가 단위의 계획이 지닌 장점에 대한 믿음을 저버리지 않으면서도 집단적인 국제정치 의사 결정 기구에 적극적으로 참여할 것을 촉구했다. 국제연합은 이러한 비전을 개발 도상 세계의 이익을 위한 전문가적 비전과 결합함으로써 확장했으며, 그러한 비전은 국제노동기구International Labor Organization에서 파견된 협동조합 전문가, 식량농업기구에서 파견된 토양 전문가, 그리고 주택 및 교육 전문가에 의해 제공되었다. 세계은행은 본래 개발 도상국의 경제력을 향상시키고자 한 이와 같은 세계 정부에 대한 이상을 지원할 목적으로 설립되었지만, 1970년대부터 라틴 아메리카와 아프리카 그리고 남아시아 국가의 기간 시설 건설을 돕는다는 명목하에 — 국가 부채의 막대한 증가를 수반하는 — 일련의 새로운 실험을 개시했다. 사실 세계은행의 부상은 새로운 형

---

44 David Armitage, *The Declaration of Independence: A Global History* (Cambridge, MA, 2007); Andreas Wimmer and Yuval Feinstein, "The Rise of the Nation-State across the World, 1861-2001", *The American Sociological Review* 75 (2010), 764-90.

태의 국제 정부로의 이행을 알리는 신호였으며, 대규모 사업에 필요한 재원은 이제 과세 기반의 확충을 통해서가 아니라 국제 금융에 의해 마련되었다.[45] 1970년 즈음의 기록에 의하면, 민주주의를 지원하는 국제 정부의 약속은 파기되었다. 이후 우리가 가진 국제 정부는 대부분 개발이나 민주주의보다 대기업과 기성 권력화된 이익 집단의 이익에 이바지했다.

오늘날 국제 정부에 어떠한 종류의 것이든 간에 미래가 있을까? 점점더 브라질, 러시아, 인도, 중국(BRICs)과 같은 신흥국은 거래에서 제외되고 있다. 우리는 전 지구적 운동과 대중의 저항을 목도했다 – 아랍의 봄 Arab Spring과 월가 점령 운동Occupy Movement뿐만 아니라 스페인의 인디그나도스Indignados('분노한 자들'이란 뜻. 금융 위기 이후 긴축 재정과 복지 축소에 반발해 2011년 스페인 전역에서 일어난 시위 – 옮긴이)와 이스탄불과 키에프 그리고 런던에서 벌어진 시민 저항, 그리고 좀 더 거슬러 올라가서는 밀레니엄 개발 목표Millennium Development Goals, 인권 운동, 비정부 기구의 성장, 대안세계화Altermondialism 또는 비아 캄페시나Via Campesina('농민의 길'이란 뜻. 1993년 조직된 대표적인 국제 농민 조직 – 옮긴이)와 같은 농민 운동을 우리는 보아왔다. 이들 같은 시민운동이 지구 거버넌스가 나아갈 새로운 길을 알려줄 수 있을까? 이러한 질문 역시 역사적 사실에 대한 진지한 연구를 통해서 제기되고 있다. 역사학자들은 1970년대 이래 국제적인 원주민 운동의 부상을 정리해왔으며, 이를 통해 미디어나 정치학에서 종종 간과된, 현실 속의 제도에 대한 관심을 호소해왔다. 역사학자들은

---

45 Michael Goldman, *Imperial Nature: The World Bank and Struggles for Social Justice in the Age of Globalization*(New Haven, 2005); Amy L. Sayward, *The Birth of Development: How the World Bank, Food and Agriculture Organization, and World Health Organization Changed the World, 1945-1965* (Kent, OH, 2006); Mark Mazower, *Governing the World: The History of an Idea*(London, 2012); Patricia Clavin, *Securing the World Economy: The Reinvention of the League of Nations, 1920-1946*(Oxford, 2013).

브라질의 토지 없는 농촌 노동자 운동Movimiento Sin Terra(Landless People's Movement 혹은 MST)의 성공과 이 민중 농업 운동의 민주적 운영 프로그램에 대한 해설을 내놓기도 했다.[46]

기업 및 기술과 관련해서도 오랜 기간을 다룬 이야기가 존재하며, 이들 이야기는 자유 시장이나 경제 성장이 민주주의가 중시되는 상황하에서는 어떠한 모습을 띨 것인지 상상하는 데 도움을 준다. 18세기 국가는 도로와 철도와 같은 새로운 기술을 공동의 자원으로 취급했을 뿐만 아니라 토지 수용권eminent domain(공적 목적을 위해 국가가 토지를 압류하는 원칙으로 '강제 구입forced purchase'이라고도 알려진)을 통해 이의 발전을 보조했으며, 또한 빈곤층을 위해 도로와 철도의 운임을 강제로 낮추고 가난한 오지에도 도로와 철도가 닿을 수 있도록 행정 조치를 취하기도 했다. 이후 주요 열강은 정부 주도 사업과 자유지상주의적 재정 긴축의 수많은 단계를 밟아왔다. 긴 기간을 다룬 이야기는 기술과 자유 시장 그리고 경제 성장의 관계에 대한 질문을 촉발해왔던 것이다.[47]

인구 조사에서 인터넷에 이르기까지 지구 민주주의의 과학 기술은 국가에 의해 과학 기술이 제어될 수 있는 다른 방식을 제시한다. 정치 및 시장에의 참여 확대를 약속하는 다른 과학 기술도 우리 시대에는 존재한다. 이에는 '시민 과학citizen science' 단체에 의해 추진되고 있는 참여를 통한 생태 위기 지도의 제작, 농촌 지역과 도시 빈민가에 저렴한 무료 광대역 회선의 보급, 자본의 크기에 따른 차별없는 망중립성net neutrality의 강

---

46 Angus Lindsay Wright, *To Inherit the Earth: The Landless Movement and the Struggle for a New Brazil*(Oakland, CA, 2003); Wendy Wolford, *This Land is Ours Now: Social Mobilization and the Meaning of Land in Brazil*(Durham, NC, 2010).

47 Jo Guldi, *Roads to Power: Britain Invents the Infrastructure State*(Cambridge, MA, 2012).

제를 통한 기업가 정신의 장려, 국제 인터넷 주소 관리 기구Internet Corporation for Assigned Names and Numbers에 의해 사적으로 운영되고 있는 인터넷 도메인 체제Internet domain system의 민주화 등이 포함된다. 이러한 움직임에 대한 초기 역사 연구는 심지어는 인터넷의 개발 자체를 비롯한 기술 혁신을 정부 투자의 역사와 어떻게 관련지어 논할 수 있는지, 그리고 기술 혁신이 권력을 지니지 못한 이들의 광범위한 정치 참여와 어떠한 관계를 맺고 있는지 보여주었다.[48] 하지만 역사학자들은 참여 민주주의에 적합한 과학 기술에 대한 이러한 갈망이 훨씬 더 오랜 역사를 지니고 있다는 사실을 찾아내기 시작했다. 그러한 갈망은 대중 관찰Mass Observation과 같은 단체가 대중의 지혜를 빌려 실업에 관한 데이터를 수집하고자 했던, 그리고 시민 - 사회과학자들citizen-social scientists이 영국을 파시즘으로부터 보호하고자 첩보 캠페인을 벌였던 20세기 첫 10여 년으로까지 거슬러 올라가는 역사를 지니고 있었다.[49]

'아직 밝지 않은 길paths not taken'에 대한 이와 같은 이야기를 축적하면

---

48 Fred Turner, *From Counterculture to Cyberculture: Stewart Brand, the Whole Earth Network, and the Rise of Digital Utopianism*(Chicago, 2006); Matthew Hilton, "Politics is Ordinary: Non-Governmental Organizations and Political Participation in Contemporary Britain", *Twentieth Century British History* 22 (2011), 230-68; Jo Guldi, "Can Participatory Maps Save the World?" (talk at Brown Univeristy, 7 November 2013): https://www.youtube.com/watch?v=tYL4pVUW7Lg.

49 Penny Summerfield, "Mass-Observation: Social Research or Social Movement?" *Journal of Contemporary History* 20 (1985), 439-52; David Matless, "Regional Surveys and Local Knowledges: The Geographical Imagination in Britain, 1918-39", *Transactions of the Institute of British Geographers*, New Series, 17 (1992), 464-80; Matless, "The Uses of Cartographic Literacy: Mapping, Survey and Citizenship in Twentieth-Century Britain", in Dennis E. Cosgrove (ed.), *Mappings*(London, 1999), 193-212; James Hinton, *The Mass Observers: A History, 1937-1949*(Oxford, 2013).

서 역사학자들은 권력의 중심부에서 민주적인 참여를 배제시키는, 전문가에 의한 지배 양식에 대한 정보를 쌓아갔다. 예를 들어, 인도에서 영국의 관개 행정과 이집트에서 학질 모기에 대한 영국의 관리 행정 그리고 공중 위생의 역사에 대한 연구를 통해서 역사학자들은 상당수의 국민국가가 전문성을 앞세워 인종과 계급에 따라 시민의 참여를 제한하고 이를 정당화하면서 국내 민주주의를 억압해온 방대한 증거를 찾아냈다.[50] 또한 역사학자들은 비정부 기구의 성장이 정치 과정에서 노동조합과 이웃 모임 그리고 심지어는 정당이 급속히 밀려나고 있는 — 그에 따라 유권자는 빈민 구제나 교육 문제 혹은 환경 개혁을 위한 새로운 사업에서 재정에 관한 실질적 권한을 거의 모두 상실하게 되는 — 현상과 조응하고 있다는 사실을 밝혀내기도 했다.[51] 역사적인 증거는 심지어 고위 정책 결정자 중 다수가 경제학자라는 사실이 국내총생산Gross Domestic Product을 중시하는 행태와 그에 반해 고용과 보건만 아니라 교육과 정치 참여를 소홀히 대하는 행태와 직결되어 있다는 점 또한 밝혀냈다.[52]

---

50 David Ludden, "Patronage and Irrigation in Tamil Nadu: A Long-Term View", *Indian Economic & Social History Review* 16(1979), 347-65; Christopher Hamlin, *Public Health and Social Justice in the Age of Chadwick: Britain, 1800-1854*(Cambridge, 1998); Timothy Mitchell, *Rule of Experts: Egypt, Techno-Politics, Modernity*(Berkeley, 2002); Rohan D'Souza, *Drowned and Damned: Colonial Capitalism and Flood Control in Eastern India*(New Delhi, 2006).

51 Terje Tvedt, "NGOs' Role at 'The End of History': Norwegian Policy and the New Paradigm", *Forum for Development Studies* 21(1994), 139-66; J. Petras, "Imperialism and NGOs in Latin America", *Monthly Review — New York* 49 (1997), 10-27; Akira Iriye, "A Century of NGOs", *Diplomatic History* 23(1999), 421-35; Diana Mitlin, Sam Hickey, and Anthony Bebbington, "Reclaiming Development? NGOs and the Challenge of Alternatives", *World Development* 35(2007), 1699-720.

52 John Markoff and Verónica Montecinos, "The Ubiquitous Rise of Economists",

기후 변화를 둘러싼 논쟁에서처럼 역사적 데이터는 우리가 모방할 만한 가치가 있는 모델을 제시할 뿐만 아니라 경고를 주기도 한다. 예를 들자면, 국내 시장에서 기술 독점의 부정적인 효과에 대해 경고를 준다. 미국의 철도 발전을 다룬 역사 연구는 어떠한 규제도 받지 않는 사적 기업에 대한 정부의 지원이 철도 개통에 따른 이익을 찾아 움직일 정도로 큰 자본이 존재하지 않는 세계에서 어떻게 자원의 과도한 확장을 초래하는지 보여준다. 그 결과 철도 재벌은 막대한 혜택을 보았지만, 수많은 개별 가구들은 경제적으로 볼 때 애초부터 가망이 전혀 없었던 신도시들에 투자한 목돈을 모두 잃었다.[53] 국가의 독점적 권력을 다룬 최근 역사 연구의 경우, 라틴 아메리카와 필리핀 그리고 베트남으로까지 경찰 국가police state를 확장하고자 했던 미국의 피로 물든 역사와 기업의 권력 사이의 관련성을 들추어내고 있다.[54]

Journal of Public Policy 13 (1993), 37-68; Marion Fourcade, "The Construction of a Global Profession: The Transnationalization of Economics", *The American Journal of Sociology* 112 (2006), 145-94.

53 Richard White, *Railroaded: The Transcontinentals and the Making of Modern America* (New York, 2011)(당시 철도 회사는 이익을 위해 토지 구매 비용이 저렴한 미개발 지역을 선호했다. 하지만 이들 지역은 향후 개발 가능성이 현저히 낮은 지역이었으며, 이를 속이고 투자자를 모으기 위해 정치권과 결탁했다 — 옮긴이).

54 Nick Cullather, "'The Target is the People': Representations of the Village in Modernization and US National Security Doctrine", *Cultural Politics: An International Journal* 2 (2006), 29-48; Cullather, "The Foreign Policy of the Calorie", *The American Historical Review* 112 (2007), 337-64; Greg Grandin, *Fordlandia: The Rise and Fall of Henry Ford's Forgotten Jungle City* (New York, 2009); Cullather, *The Hungry World: America's Cold War Battle against Poverty in Asia* (Cambridge, MA, 2010).

불평등

가진 자와 가지지 못한 자 사이의 간극을 강조하는 이러한 논의보다 책임 소재와 대안에 관한 해법이 더 가열되어 나타나는 논의는 없다. 장기 지속에 대한 근거 없는 신화는 현존하는 제도가 우리가 누릴 수 있는 유일한 제도라고 확언하며 잔존하고 있다. 우리 시대 이와 같은 신화 중 가장 강력한 신화는 불평등에 관한 것이다. 이 신화는 두 주요한 부류로 나뉜다. 한 부류는 경제 인류학에 기초한 것으로, 영장류 사이에서 우두머리 수컷의 행동이 공통으로 나타나고 있는 것을 볼 때, 불평등은 우리 종의 행동의 잘 알려진 단면 중 하나이며, 따라서 결코 사라지지 않을 것이라 말한다.[55] 불평등과 시간에 관한 또 다른 거대한 이야기는 냉전 경제학자로 하버드 대학 교수이자 미국무성에서도 일한 적이 있는 사이먼 쿠즈네츠Simon Kuznets와 관련된 것이다. 대공황에서 1960년대 사이 대다수 미국인의 생활 수준의 향상을 다룬 쿠즈네츠의 데이터는 불평등이 자본주의적 민주주의하에서 자연적으로 소멸될 것이라 말했다.[56] 역사학과 인문학이 공적 영역에서 후퇴하던 1970년 이후 30년 동안 그 같은 이야기는 정책과 학계 전반에 걸쳐 어떠한 도전도 받지 않고 유포되었다. 하지만 오늘날 장기적인 사고가 회귀함에 따라 학자들은 오랜 시간에 걸쳐 수집한 사실에 입각한 데이터의 힘을 빌려 이 두 신화에 대해 문제 제기를 할 수 있게 되었다.

---

55 Richard R. Nelson and Sydney G. Winter, *An Evolutionary Theory of Economic Change* (Cambridge, MA, 1982); Nelson and Winter, "Evolutionary Theorizing in Economics", *Journal of Economic Perspectives* 16 (2002), 23-46.

56 Zachary Karabell, *The Leading Indicators: A Short History of the Numbers that Rule Our World* (New York, 2014), 52-72.

기존의 해석을 뒤바꿔놓을 수 있는 데이터의 힘은 경제학자 토마 피케티Thomas Piketty의 『21세기 자본Capital in the Twenty-First Century』(2014)의 출판에 의해 불붙은 자본주의하에서 장기적인 경제 불평등에 관한 논쟁에서 생생히 드러났다.[57] 피케티는 이 책의 서론에서 자본주의는 장기적으로 불평등을 완화시킬 것이라는, 대다수 경제학자가 법칙으로 떠받들고 있는 쿠즈네츠의 주장을 접한 후 불평등과 관련된 장기 지속 데이터를 수집하기 시작했다고 적었다.[58] 쿠즈네츠는, 피케티가 후일 그러하듯 수 세기가 아니라, 수십 년간의 데이터에 기초해 자신의 이론을 정립했으며, 그 데이터는 경제사에서 극히 예외적인 시대 — 쿠즈네츠 자신이 살고 있었던, 지난 두 세기 동안 가장 놀라운 성장을 거듭하며 불평등을 감소시킨 시대인 불황과 전쟁 이후 회복의 시대 — 에서 추출된 것이었다.[59] 하지만 피케티가 지난 200년 동안 프랑스와 미국 그리고 영국과 다른 곳에서 불평등의 기복을 조사하면서 찾아낸 증거는 불평등의 감소는 사실 자본주의하에서 매우 예외적인 경우라는 사실을 알려주었다. 피케티의 장기 지속 분석은 데이터의 힘으로 자명한 진리라고 가정된 것이 우연한 추측에 지나지 않는다는 사실을 폭로했으며, 이로써 경제학자들의 편견과 가정된 법칙을 뒤흔들어놓았다.

피케티의 주장은 수많은 종류의 데이터의 상호 비교 측정에 기반을 두었다. 불평등에 관한 데이터는 다섯 다른 국가, 프랑스와 영국, 미국과 독일, 그리고 스웨덴에서 수집되었다. 피케티의 주장은 종종 어떠한 데이터

---

57 Thomas Piketty, *Le Capital au XXIe siècle*(Paris, 2013); Piketty, *Capital in the Twenty-First Century*(trans.) Arthur Goldhammer(Cambridge, MA, 2014).

58 Piketty, *Capital in the Twenty-First Century*, 11-17.

59 Simon Kuznets and Elizabeth Jenks, *Shares of Upper Income Groups in Income and Savings*(Cambridge, MA, 1953); Simon Kuznets, "Economic Growth and Income Inequality", *The American Economic Review* 45(1955), 1-28.

도 찾지 못한 해의 경우에는 어림잡아 데이터를 산출했으며, 그러한 해의 경우에는 국가별로 상이한 계산 관례를 고려해 조정되거나, 혹은 조사 관례가 바뀐 경우에는 수십 년을 가로지르며 거슬러 유추하기도 했다. 《파이낸셜 타임스The Financial Times》가 피케티의 분석에 대해 의문을 제기하면서 분명해졌듯이, 데이터의 이러한 활용은 우선 정부 자료 수치 자체에 대해 비판적인 질문을 제기하는 것을 전제로 한 것이었다. 《파이낸셜 타임스》는 영국 정부의 수치는 현재 영국의 부의 35%만이 1%의 엘리트 손에 있다고 보여주는데, 왜 피케티는 현재 영국의 부의 70%가 1%의 엘리트 손에 있다고 주장했는지 알고 싶어 했다. 공식적인 반박과 설명을 통해 피케티가 명확히 보여주듯이, 그는 그와 같은 질문에 대해 이미 많이 고민했으며, 수편의 논문을 통해 답했다. 영국 정부의 수치는 개인이 보고한 것으로, 해외에 감춰진 부는 그에 포함하지 않았던 것이다.[60]

데이터에 대한 이러한 종류의 비판적인 분석은 '실업unemployment'에서 '평균인average man'에 이르기까지 정부 통계에서 사용되는 개념이 얼마나 빈번히 정치적 안정을 확립할 목적으로 노동자 계급의 보상과 복지 심지어는 정부 개혁의 요구를 축소해 계산하고 있는지를 폭로한, 1970년대 테오도르 포터Theodore Porter와 이안 해킹의 연구로 거슬러 올라가는 역사학과의 오랜 전통을 계승한 것이다.[61] 하지만 데이터에 대한 비판적인

---

60 Chris Giles, "Data Problems with Capital in the 21st Century": http://blogs. ft.com/money-supply/2014/05/23/data-problems-with-capital-in-the-21st-centry; Thomas Piketty, "Technical Appendix of the Book, *Capital in the 21st Century*" (21 May 2014): http://piketty.pse.ens.fr/files/capital21c/en/Piketty 2014TechnicalAppendix ResponsetoFT.pdf.

61 Ian Hacking, *The Emergence of Probability: A Philosophical Study of Early Ideas about Probability, Induction and Statistical Inference*(Cambridge, 1975); Theodore M. Porter, *The Rise of Statistical Thinking, 1820-1900* (Princeton, NJ, 1986); Ian Hacking, *The Taming of Chance*(Cambridge, 1990); Porter, *Trust in Numbers: The Pursuit of Objectivity in Science and*

장기 분석은 그와 같은 평균과 도표를 의문시하며, 그로써 정치의 필수적인 상태 혹은 한 사회 내부의 분배에 대한 오랜 편견을 깨는 것을 돕는다. 바로 이것이 브로델이 그의 장기 지속 연구를 통해 하고자 했던, 세계적인 논쟁에 대한 개입의 한 방식이다.

피케티의 책이 지닌 힘의 일부는 쿠츠네츠에 대한 그의 비판이 경제학 분야에서 확고히 자리 잡은, 단기간의 데이터에 기초한 역사적 신화를 무너뜨리는 데 데이터에 입각한 방법에 정초하고 있다는 점이라 하겠다. 1970년대 이래 경제학은 사회 내 더 많은 기술과 생산력의 결과를 둘러싼 지난한 논쟁에 봉착해왔다. 더 많은 혁신이 모든 이에게 더 많은 부와 여가를 가져다줄까? 아니면 더 많은 기술 혁신은 현대 인류를 더 많은 시간과 노력을 끝없이 요구하는, 예를 들어 도시의 확장으로 인해 노동자들이 직장에 출근하기 위해서는 우선 자동차를 구입해야 하는 것처럼, 소비재를 향한 욕망의 나선에 옭아맬까?[62] 사실 피케티의 개입은 선진 자본주의하에서 수입 불평등에 관한 약속과 현실을 정확히 측정해보고자 한 수많은 공동 연구자에 의한 시도 중 극히 일부였다. 피케티와 엠마뉴엘 세즈Emmanuel Saez의 지휘 아래 파리 경제대학은 1900년 이래 국가별 과세 대장public tax rolls 데이터를 수집해 전 세계 최상위 개인 소득에 관한 장기 지속 데이터베이스를 일반에게 공개하기도 했다.[63]

Public Life(Princeton, NJ, 1995); Alain Desrosières, *The Politics of Large Numbers: A History of Statistical Reasoning*(Cambridge, MA, 2002); Michael Ward, *Quantifying the World: UN Ideas and Statistics* (Bloomington, IN, 2004); Karabell, *The Leading Indicators*.

62 Sebastian De Grazia, *Of Time, Work, and Leisure*(New York, 1962); Ivan Illich, *Toward a History of Needs*(New York, 1978).

63 Facundo Alvaredo, Anthony Atkinson, Thomas Piketty, and Emmanuel Saez, "The World Top Incomes Database": http://topincomes.parisschoolofeconomics.eu/.

그 자신이 스스로 인정했듯이, '경제학 연구인 만큼 역사학 연구이기도 한' 피케티의 책은 데이터를 기반으로 한 역사 연구가 전문적인 역사학을 훨씬 넘어 정책을 논하고, 대중에게 말을 걸 수 있는 힘을 지니고 있음을 보여주는 대표적인 예이다.[64] 이렇듯 역사학은 진리라고 과거에 자연스럽게 받아들여져 오던 것이 확인되지 않은 선입견에 지나지 않는다는 사실을 밝히면서 주요한 이론에 대한 논쟁에 불을 붙이는 힘을 지니고 있다. 그 결과 『21세기 자본』은 우리 사회의 수많은 위정자들, 특히 2010년 월스트리트 구제 금융Wall Street bailouts에 대해 책임을 져야 할 이들의 신념의 중추를 뒤흔들었다. 피케티의 역사학이 촉발한 새로운 논쟁의 중심을 차지한 것은 자본주의의 본질과 약속을 장기 지속의 관점에서 바라본 주장이며, 논쟁은 장기적인 분석이 단기적인 데이터에 맞서 싸워 승리를 거둔 전투였다.

신화의 만연

우리 시대 넘쳐나는 거짓된 이야기는 우리가 단기적인 사고에 따른 위기에 처하게 된 주된 원인 중 하나이다. 해수면 상승이나 거버넌스 혹은 불평등과 같은 문제에 대해 단순한 해법을 쫓는 시대에 큰 그림에 대해 권위를 가지고 논할 수 있는 이는 극소수에 지나지 않는다. 과거에 대한 환원주의적 이야기의 만연에도 그 나름의 역사가 있다. 기후와 거버넌스 그리고 불평등에 관한 악몽의 시나리오와 근본주의적 신화는 역사학자들이 점점 더 짧은 시간 범위로 후퇴하는 것과 동시에 유포되기 시작했다.

짧은 과거가 역사에 대한 논의를 좌우하게 되면서 장기 지속에 입각한

---

64 Piketty, *Capital in the Twenty-First Century*, 33.

이해는 반대로 족장이나 아마추어에 의해 행해지는 것과 같은, 따라서 증거나 주장을 사용하는 데 숙달된 오늘날의 학생에게는 적합하지 않은, 시대에 많이 뒤처진 이야기 방식으로 치부되기 시작했다. 이는 사회사가 정치와 권력 그리고 이데올로기에 관한 관심을 모두 포기하는 대신 사회사 연구자를 "현실에서 벗어나 상층권 어딘가에 자리를 잡도록" 만들었다는 비판으로 이어졌다.[65] 짧은 과거는 점점 더 역사를 보는 하나의 방법이 아니라 역사를 보는 유일한 방법으로 자리 잡아갔다.

1970년대 말에 이르면서 연구 대상 기간을 길게 잡는 연구 행태는 색이 바래갔으며, 자존심 있는 역사학자라면 절대 하지 않을 지저분한 연구로 간주되기 시작했다. 설상가상으로, 여전히 장기 지속 문제에 몰두하고 있었던 일부 역사학자의 경우에는 냉전 시대 국제정치를 특징짓는 완전히 상반된 주장에 따라 나누어진 독자로부터 정치적 입장을 밝히라는 압박을 강하게 받았다. 유네스코United Nations Educational, Scientific and Cultural Organization로부터 위탁받아 『인류의 역사History of Mankind』를 편집했던 캐럴라인 웨어Caroline Ware의 경험은 이를 잘 보여준다. 여러 권으로 기획된 이 책은 1954년에서 1966년에 걸쳐 출판되었다. 출판 전 논평을 받고자 유네스코가 대표하는 각국의 공무원에게 보내진 웨어의 원고는 러시아와 프랑스 독자들뿐만 아니라 개신교와 가톨릭 논평자들 사이의 이데올로기 싸움에 휘말렸으며, 그들 모두 세계사에 대한 각자의 국가적 그리고 이데올로기적 이해를 반영하도록 책의 내용이 수정되어야 한다고 유네스코에 압력을 넣었다. 웨어처럼 국제 거버넌스 조직을 대표해

---

65 Tony Judt, "A Clown in Regal Purple: Social History and the Historians", *History Workshop Journal* 7(1979), 84-5(특히 스콧과 슈얼의 경우). 하지만 주트는 "이에 따른 결과는 미미하고 하찮은 문제를 다루는 논문의 공급 과잉이다"라고 적으며, "역사적 사건을 폭로하는 데" 브로델의 장기 지속이 가져온 효과에 대해 비판적인 입장을 취했다. *ibid.*, 85.

일한 이에게 기획의 성공은 공산주의자들과 자본주의자들이 모두 동의할 수 있는 종합을 도출하는 데 달렸지만, 이는 결코 넘을 수 없는 산이었다. 내용에 대한 로비는 극에 달했으며, 이에 일부 기획 담당자는 주어진 틀 내에서 쓸 만한 종합적인 역사서를 도저히 집필할 수 없다고 포기하기도 했다. 웨어 자신도 한 편지에서 "20세기 역사를 쓰는 것은 가능하지 않다"고 고백했다.[66] 국제 정부의 요청으로 글을 쓰기로 했던 역사학자들이 겪었던 고충은 장기 지속 역사 장르의 손상을 가중시켰다. 웨어는 수사학적인 유화책을 고안해내야 한다는 압박에 시달렸지만, 문서고에 있는 미시사 연구자는 그로부터 완전히 자유로웠다. 이와 같은 경험은, 그리고 이와 유사한 수많은 경험은, 한 세대의 역사학자들이 긴 기간을 다루는 모든 형태의 역사 연구로부터 물러나도록 만든 주된 요인이 되었다.

대체로 이 사건 이후 역사학자 대다수는 미래학자들과 엮이고자 하지 않았으며, 미시사와 대척 관계에 있는 '더러운' 장기 지속 역사는 언론인들과 자신의 박식을 뽐내고자 하는 이들의 도구로 치부되었다. 그것은 비과학적이고, 수업에서 거의 활용되지 않는, 그리고 논쟁이 되거나 모방되는 경우도 극히 드문 도구에 지나지 않았다. 미시사가의 연구는 농민의 삶과 대중과 개인의 심리적 충동의 다양한 형태 그리고 인간 경험의 구성성constructedness에 대한 우리의 이해를 넓혀주었다. 하지만 그와 동시에 미시사가는 자신의 역사 연구에서 더 큰 차원에서 도덕적 비판을

---

66 Grace V. Leslie, "Seven Hundred Pages of 'Minor Revisions' from the Soviet Union: Caroline Ware, the UNESCO *History of Mankind*, and the Trials of Writing International History in a Bi-Polar World, 1954-66", 2013년 1월 3일 루이지애나, 뉴올리언스에서 개최된 미국 역사학회 연례 회의 발표 논문에서 재인용. 유네스코 프로젝트에 대한 더 일반적인 논의로는 Gilbert Allardyce, "Toward World History: American Historians and the Coming of the World History Course", *Journal of World History* 1 (1990), 26-40을 보라.

제기하는 수사학적 실천을 상당 부분 포기했다. 즉 미시사가는 장기 지속에 걸쳐 나타난 대안적인 사회 구성의 여러 방식을 알려주는 일을 역사학자가 아닌 이에게 넘겨주었던 것이다.

이데올로기적으로 분열된 시대, 사회과학자들은 국제 개발 기구가 이데올로기적으로 중립적일 수 있다거나 효과적일 수 있다는 주장에 대해 점점 더 회의적인 입장을 취했다. 특히 베트남 전쟁 이후 근대화 이론의 약속은 라틴 아메리카에서 동남 아시아에 이르기까지 전 세계에 걸쳐 사그라들었다.[67] 그들의 참고 문헌은 이전 세대의 참고 문헌과 달리 국제 기구에서 발간하는 엄청난 양의 회색 문헌grey literature이 아니라 동료 평가를 하는 학술지에 게재된 논문으로 점점 더 가득 차 갔다. 그들의 후퇴는 확고했다. 이제 그들은 세계은행의 고문직을 맡지 않았을 뿐만 아니라 정부 기관의 지도자가 읽을 장기 지속 역사에 대한 글을 쓰지도 않았다. 역사학자들, 인류학자들, 사회학자들이 세계 정부 기구를 위해 글을 쓰고, 일하기를 그만두면서 경제학자들이 그 자리를 메꿨다. 역사학과 밖에서도 그 같은 영향력 있는 기관을 청중으로 두지 못한 결과는 다양한 방식으로 나타났다. 단적으로 사회과학 전반에 걸쳐 점증하고 있는 과학에 대한 질투와 그에 따른 모델화와 게임 이론game theory과 합리적 행위자rational actor에 대한 주목 — 간단히 말해, 집단과 구체가 아니라 개인과 추상으로의 후퇴 — 을 지적할 수 있다. 정책을 염두에 둔 사례 연구 방법은(19세기 이러한 연구 방법이 확립된) 법학전문대학에서 의학 분야의 사례 연구를 거쳐 경영전문대학과 정치학과로 넘어갔다.[68] 베이비 붐 세대

---

67 Frederick Cooper and Randall M. Packard(eds.), *International Development and the Social Sciences: Essays on the History and Politics of Knowledge* (Berkeley, 1997); Gilbert Rist, *The History of Development: From Western Origins to Global Faith*(New York, 2002); Nils Gilman, *Mandarins of the Future: Modernization Theory in Cold War America*(Baltimore, 2007).

는 세계를 이해하는 역사학자의 능력에 분명 많은 공헌을 했다. 하지만 이는 거버넌스 기구에 대해 비판을 제기할 수 있는 역사학자의 능력을 대가로 한 것이었다.

이러한 측면에서 보면, 1970년대에서 2000년대 중반에 이르기까지 영미 역사학계 내의 일반적인 흐름, 즉 현재의 전 지구적 문제와 대안적인 미래에 대해 논하는 것에서 물러나 내부로 향하는 흐름을 도덕적인 위기의 증거로 볼 수도 있다. 자신의 도구와 사회 정의에 대한 자신의 이해 방식을 정교하게 다듬는 것과 동시에 당시 역사학자는 미시적인 것에 초점을 맞추는 습관을 역사학 분야에 심었다. 역사학자는 점차 자신의 연구를 사회 문제와 연관 짓는 감각을 상실해갔으며, 결국 정치 및 경제 상황에서 동떨어진 천문대에 자리한 천문학자처럼 변해갔다. 국제관계와 공공 정책을 둘러싼 정쟁에서 전문적인 조언자의 역할을 담당하는 것에 대한 역사학자의 강한 거부감은 이와 같은 위기의 한 단면이었다. 대신 장기적인 변화의 이상향적인 가능성에 대해 시민들과 정책 입안자들에게 조언을 하는 역할은 대개 경제학과의 동료들에게 넘겨졌다. 그에 따라 신문의 헤드라인과 정책 서클은 자유 시장을 이상화하는 여러 이론에 의해 점령되었다. 탈식민지 역사학자와 사회사가 제국과 산업화, 그리고 공공 위생과 환경의 역사로부터 도출한 도덕적 교훈은 제대로 고려조차 되지 않았다.[69]

1990년대 이르면서 미국 학계의 논자들은 역사학과 다른 인문학 분야가 점점 더 현실에서 괴리되는 현상에 대해 불만을 토로하기 시작했다.

---

68 Jean-Claude Passeron and Jacques Revel, "Penser par cas. Raissoner à partier de singularités", in Passeron and Revel(eds.), *Penser par cas*(Paris, 2005), 9-44.

69 Markoff and Montecinos, "The Ubiquitous Rise of Economists"; Gerlad D. Suttles and Mark D. Jacobs, *Front Page Economics*(Chicago, 2011).

그들은 1950년대 뉴욕의 지식인들을 그리고 공적 영역에서 역사학자들과 문예 비평가들의 능동적인 역할을 향수에 젖어 회상했다.[70] 많은 이에게 그것은 인문학이 공적 영역을 완전히 저버린 것으로 보였다. 1990년대 말에 이르면서 마지막 베이비 붐 세대의 젊은 역사학자들이 장기 지속에 대한 질문을 다시 제기하기 시작했다. 이들 중 다수는, 긴 시간 범위에 걸친 주제에 대한 침묵이 어쩌면 특히 더 고통스러웠을, 고대사와 중세사 연구자로 교육을 받은 이들이었다. 일례로 중세사가 대니얼 로드 스마일Daniel Lord Smail은 여러 다른 주제와 더불어 인간의 정체성 및 소비주의와 관련된 시기 구분에 대한 질문을 던지며 진화생태학에 맞선 반격을 주도했다.[71]

우리의 경제를 전 지구적 온난화에 대처할 수 있도록 재조정하는 일과 하위 계층의 경험을 정책에 반영하는 일을 비롯한 장기 지속 주제에 내재된 도덕적 요소는 역사학자로 하여금 가능한 많은 독자를 염두에 두고 자신이 고른 인간 경험 — 환경과 거버넌스, 자본주의와 착취 문제를 포함한(하지만 이에 한정되지 않는) — 에 대해 논하도록 이끈다. 대중에게 인류와 지구의 오랜 관계에 대해, 특히 기후와 민감한 생태계 그리고 한정된 자연 자원이란 현실에 대해 일깨워 줘야만 하는 경우, 장기 지속 역사 연

---

70 그때 당시에 대한 비가로는 Russell Jacoby, *The Last Intellectuals: American Culture in the Age of Academe*(New York, 1987); Michael Bérubé and Cary Nelson(eds.), *Higher Education under Fire: Politics, Economics, and the Crisis of the Humanities*(New York, 1995); Richard A. Posner, *Public Intellectuals: A Study of Decline*(Cambridge, MA, 2003); Jo Guldi, "The Surprising Death of the Public Intellectual: A Manifesto", *Absent* 1(2008): http://archive.org/details/TheSurprisingDeathOfThePublicIntellectualA ManifestoForRestoration을 보라.

71 Daniel Lord Smail, *On Deep History and the Brain*(Berkeley, 2008); Smail, "Beyond the *Longue Durée*: Human History and Deep Time", *Perspectives on History* 50(2012), 59-60.

구를 통해 인류세에 대한 암시를 확실히 줄 수 있다. 또한 장기 지속 역사 연구는, 타우니와 멈퍼드가 그러했듯이, 자본주의의 정의롭지 못한 유산에 맞선, 혹은 환경 거버넌스를 둘러싼, 오랜 투쟁에 대한 우리의 생각을 바꿔놓을 수도 있다.[72]

장기 지속의 회귀는 스케일에 관한 질문의 변화와 밀접히 연관되어 있다. 우리는 불평등은 날로 심화되는 한편, 전 지구적 거버넌스는 위기에 봉착한, 그리고 인류에 의해 야기된 기후 변화에 따른 충격이 나날이 거세지는 시대에 살고 있으며, 이에 우리는 우리의 삶을 이루고 있는 여러 조건에 대한 최소한의 이해를 위해서라도 연구의 스케일을 키워야 한다. 장기 지속이 새로운 목적과 새로운 모습으로 되돌아왔지만, 그럼에도 역사적 방법론의 가장 기본적인 문제 ─ 어떠한 문제를 살필 것인지, 주제의 범위는 어떻게 정할 것인지, 그리고 질문에 답하기 위해 어떠한 도구를 이용할 것인지 ─ 에 대해 그 나름의 답을 구해야 하는 것은 여전하다. 기억의 힘은 우리가 그동안 잊고 있었던 역사학의 힘, 즉 다른 이를 설득하고, 새롭게 상상하도록 만들고, 영감을 불러일으키는 분야로서 역사학이 지닌 힘을 우리에게 되돌려 줄 수 있다. 르네상스 역사학자 콘스탄틴 파솔 Constantine Fasolt은 근대 초 시민 제도에 대한 고민이 자신이 '역사적 반란 historical revolt'의 태도라고 칭한 것에 정초하고 있다고 주장한 바 있다.[73] 그러한 의미에서, 장기 지속을 연구하고자 하는 새로운 역사학자는 역사를 이용해 우리 주변의 제도를 비판해야 할 것이며, 비판적 사회과학으로서 역사학의 본연의 임무를 되찾아야 할 것이다. 역사학은 오랜 시간에 걸쳐 나타났다는 사실 하나에만 근거해 자행된 시대착오 anachronism를

---

72 Denis E. Cosgrove, *Apollo's Eye: A Cartographic Genealogy of the Earth in the Western Imagination*(Baltimore, 2001); John R. Gillis, *The Human Shore: Seacoasts in History*(Chicago, 2012).

73 Constantin Fasolt, *The Limits of History*(Chicago, 2004), 19.

거부할 근거를 제공해줄 수 있다. 역사와 더불어 사고할 수 있다면 — 하지만 그 역사는 긴 역사여야만 한다 — 우리는 좀 더 올바르게 어떠한 제도는 죽은 제도로 묻어야 하는지, 반면 어떠한 제도는 살려둘 가치가 있는지 결정할 수 있을 것이다.

*   *   *   *   *

지난 10년 사이 장기 지속이 회귀하고 있다는 증거는 지성계 전반에 걸쳐 포착된다. 한 라틴 아메리카 연구자는 자신의 분야에 대해 "매우 긴 기간에 걸친 역사적 궤적에 대한 이론을 제시하는 것은 유행이 지났지만," 변화는 일어나고 있으며, "이제 장기 지속이 되돌아왔다"고 관측했다. 한 유럽 문화사가는 한 학회에서 동료들에게 "우리 모두는 … 섹슈얼리티의 장기 지속에 대해 다소 노골적으로 연구를 해왔던 것이다"라고 말했다. 그리고 미국학을 연구하는 한 교수는 자신의 분야에 대해 "최근 나온 책 제목과 학회의 주제, 연구 모임의 주제, 그리고 심지어 분야 전반에 걸쳐 수업 계획서를 살펴본 문학자라면 … 문예와 문화 비평에서 시기 구분의 중대한 임무를 떠맡고 있는 두 핵심 단어를 놓칠 수가 없다"고 적었다. 그 두 핵심 단어는 지리학적인 것(대서양 세계)과 '연대기적 단위, 장기 지속'이었다.[74] 최근 연구는 냉전과 이주, 흑해와 아랍의 봄, 여성의 영성과 오스트리아의 역사, 독일의 오리엔탈리즘orientalilsm, 그리고 제국 개념을 장기 지속의 관점에서 살피고 있다.[75] 또한 서점의 역사 관

---

74 Jeremy Adelman, "Latin American *Longues Durées*", *Latin American Research Review* 39(2004), 224; Thomas W. Laqueur, "Sexuality and the Transformation of Culture: The *Longue Durée*", *Sexualities* 12(2009), 418; Susan Gillman, "Oceans of *Longues Durées*", *PMLA* 127(2012), 328.

75 Matthew Connelly, "'The Cold War in the *Longue Durée*': Global Migration,

런 칸에 근래 입고된 책을 훑어만 보아도 상당히 긴 기간을 다루고 있는 역사서가 꽤 많이 눈에 들어온다. 예를 들어 과거 500년 동안 이루어진 세계 일주, 기독교의 초창기 3000년, 고대 이집트에서부터 오늘날까지의 반유대주의Antisemitism, 침팬지에서 게임 이론에 이르기까지의 전략, "스파르타에서 다르푸르에 이르기까지의" 대학살, "고대에서 현재까지의" 게릴라 전쟁, 지난 1만 5000년 동안 인간 역사의 "양태shape" 자체, 그리고 일반 대중을 대상으로 이와 비슷하게 큰 주제를 다룬 수많은 역사서를 접하게 된다.[76]

Public Health, and Population Control", in Melvyn P. Leffler and Odd Arne Westad (eds.), *The Cambridge History of the Cold War*, 3 vols. (Cambridge, 2009), 111, 466-88; William M. Johnston, *Visionen der langen Dauer Österreichs*(Vienna, 2009); Suzanne L. Marchand, "Orientalism and the *Longue Durée*", in Marchand, *German Orientalism in the Age of Empire: Religion, Race, and Scholarship*(Cambridge, 2009), 1-52; Laurence Lux-Sterritt and Carmen M. Mangion, "Gender, Catholicism and Women's Spirituality over the *Longue Durée*", in Lux-Sterritt and Mangion (eds.), *Gender, Catholicism and Spirituality: Women and the Roman Church in Britain and Europe, 1200-1900*(Basingstoke, 2011), 1-18; Alexander A. Bauer and Owen P. Doonan, "Fluid Histories: Culture, Community, and the *Longue Durée* of the Black Sea World", in Ruxandra Ivan (ed.), *New Regionalism or No Regionalism?: Emerging Regionalism in the Black Sea Area*(Farnham, 2012), 13-30; Dirk Hoerder, "Migrations and Belongings: A *Longue-Durée* Perspective", in Emily S. Rosenberg (ed.), *A World Connecting, 1870-1945* (Cambridge, MA, 2012), 444-67; Julia Clancy-Smith, "From Sidi Bou Zid to Sidi Bou Said: A *Longue Durée* Approach to the Tunisian Revolutions", in Mark L. Haas and David W. Lesch (eds.), *The Arab Spring: Change and Resistance in the Middle East*(Boulder, CO, 2013), 13-34; Jörn Leonhard, "Introduction: The *Longue Durée* of Empire: Comparative Semantics of a Key Concept in Modern European History", *Contributions to the History of Concepts* 8 (2013), 1-25.

76 Ben Kiernan, *Blood and Soil: A World History of Genocide and Extermination from Sparta to Darfur*(New Haven, 2007); Diarmaid MacCulloch, *A*

근래 역사 서술 양식 전반을 살펴보면 논의의 스케일이 확실히 다시 커진 것을 알 수 있다. 이 중 가장 큰 것은 우주의 기원으로까지 거슬러 올라가는 과거에 대한 기술로서 '빅 히스토리'이다.[77] 인류의 과거만을 다루는 '딥 히스토리'는 그보다는 조금 작지만, 그럼에도 여전히 놀라울 정도로 광범위한 4만 년 정도의 시간 범위를 살피고 있으며, '역사history' 와 '선사pre-history'의 고착화된 경계를 의도적으로 허물고 있다.[78] 그리고 이보다 더 집중된 것이지만 현재의 고민에 가장 직접적으로 반향한다고 할 수 있는, 인간이 지구 전역의 환경에 영향을 줄 정도로 강력한 집단적 인 행위자로 떠오른 시기인 인류세에 대한 역사가 있다.[79] 이 같은 시도

History of Christianity: The First Three Thousand Years(London, 2009); Ian Morris, *Why the West Rules — For Now: The Patterns of History, and What They Reveal About the Future*(New York, 2010); Max Boot, *Invisible Armies: An Epic History of Guerrilla Warfare from Ancient Times to the Present*(New York, 2012); Joyce E. Chaplin, *Round About the Earth: Circumnavigation from Magellan to Orbit*(New York, 2012); Lawrence Freedman, *Strategy: A History* (Oxford, 2013); Morris, *The Measure of Civilization: How Social Development Decides the Fate of Nations*(Princeton, NJ, 2013); David Nirenberg, *Anti-Judaism: The Western Tradition*(New York, 2013); Francisco Bethencourt, *Racism: From the Crusades to the Twentieth Century* (Princeton, NJ, 2013).

77 Cynthia Stokes Brown, *Big History: From the Big Bang to the Present*(New York, 2007); Fred Spier, *Big History and the Future of Humanity*(Chichester, 2010); David Christian, *Maps of Time: An Introduction to Big History*, new edn (Berkeley, 2011). Harriet Swain (ed.), *Big Questions in History*(London, 2005)에서 다루어진 질문은 반드시 긴 시간과 넓은 공간을 망라하고 있어서가 아니라 일반적인 것을 논한다는 의미에서 '크다'.

78 Andrew Shryock and Daniel Lord Smail (eds.), *Deep History: The Architecture of Past and Present*(Berkeley, 2011); Smail and Shryock, "History and the *Pre*", *The American Historical Review* 118 (2013), 709-37.

79 Dipesh Chakrabarty, "The Climate of History: Four Thesis", *Critical Inquiry* 35 (2009), 197-222; Chakrabarty, "Postcolonial Studies and the Challenge of

가 택한 시간 범위는 각기 우주적이고 고고학적이며 기후학적이라 할 수 있으며, 각기 새롭게 확장된 역사적 관점을 대표한다고 할 수 있다. 즉 이들 각각은 한 세대나 한 인간의 생애 또는 가장 최근의 역사 서술 양식을 규정한 여타의 생물학적이라고 부를 수 있는 시간 범위보다 긴 ─ 대개는 그보다 훨씬 긴 ─ 지평 위에서 이루어지고 있는 것이다.

이와 같은 새로운 연구를 통해 오늘날 역사학자들은 문화를 그 문화의 과거에 대한 섬세한 이해 속에서 담아낼 수 있도록 돕는, 촘촘하게 짜여진 옷과 같은 이야기를 되살려내고 있다. 오늘날 한 역사가는 "우리 분야를 이룩한 거시적인 질문으로 되돌아감으로써 우리는 미시사의 현실 도피로부터 역사학의 설명적인 야심을 다시 확보할 수 있으며, 그 과정에서 우리의 연구가 지니고 있는 공적 유용성에 대한 이해를 다시 확립할 수 있을 것이다"라고 최근 촉구하기도 했다.[80] 인간 경험과 제도에 대한 풍부하고 본질적인 이해 그리고 다양한 인과 관계의 중요성에 대한 인식에 힘입어 역사학은 오랫동안 진화생태학자와 고고학자 그리고 기후과학자와 경제학자만이 주인공이었던 시간에 대한 장기적인 논의 속으로 다시 뛰어들고 있다. 오늘날 우리는 그들에 의한 신화적인 역사 논의를 심판할 권위자를 그 누구보다 필요로 한다. 편견을 물리치고, 현실적으로 가능한 것의 범위에 대한 합의를 재확립하는, 그로써 근대 문명의 미래와 운명을 더 넓혀줄 능력을 지닌 이를 우리는 시급히 필요로 한다. 학문 분야로서 역사학은 바로 그 같은 심판자가 될 수 있다.

───────

Climate Change", *New Literary History* 43(2012), 1-18; Frederik Albritton Jonsson, "The Industrial Revolution in the Anthropocene", *The Journal of Modern History* 84(2012), 679-96; Alison Bashford, "The Anthropocene is Modern History: Reflections on Climate and Australian Deep Time", *Australian Historical Studies* 44(2013), 341-9.

80 James Vernon, *Distant Strangers: How Britain Became Modern*(Berkeley, 2014), 132.

제 4 장
빅 퀘스천, 빅 데이터

정보 과잉의 문제는 한 사회가 장기적인 사고의 위기에 처해 있다는 사실을 인지하도록 만드는 요인 중 하나이다. 정보의 과잉은 본질적으로 그리고 그 자체로 새로운 이야기는 아니다. 르네상스 시대 유럽의 인문주의자들은 이미 이를 경험한 바 있다. 고대의 문헌이 새로운 판본으로 출판되고, 새로운 역사서와 연대기가 쓰이고, 아시아와 아메리카 대륙의 동생물에 관한 새로운 정보가 빠른 속도로 자신들의 능력을 넘어서 유입되자, 르네상스 시대 유럽의 인문주의자들은 쌓여가는 정보를 모두 포괄할 이론과 유용한 일람표를 만들기 시작했다. 사실 연구와 검색을 위한 우리의 기본적인 도구 중 다수 — 색인, 백과사전, 그리고 참고 문헌 — 가 바로 이 정보 과잉의 첫 시대로부터 전해져 내려온 것이다. 즉 이들 모두 과거를 종합하고, 미래를 꿰뚫어 보는 능력이 한계치에 달한 사회로부터 전해져 내려온 것들이다.[1]

---

1 Ann Blair, "Reading Strategies for Coping with Information Overload, ca.

우리는 인간 유전체genome의 판독에서부터 정부 부처에서 매년 쏟아 내는 수십억 단어에 이르는 방대한 양의 정부 보고서에 이르기까지 '빅 데이터'의 새 시대에 살고 있다. 사회과학과 인문학 분야에서 빅 데이터 는 현실 적실성을 계속 유지하고자 하는 사회학자들과 역사학자들의 소 망을 담아내기 시작했으며, 우리의 계산은 해묵은 질문에 답하고 새로운 질문을 제기할 가능성을 새롭게 열어주고 있다.[2] 빅 데이터는 사회과학 을 점점 더 큰 문제에 주목하도록 만들며, 역사학의 경우 이는 대개 더욱 더 긴 시간 범위에 걸친 세계사적으로 중요한 사건이나 제도의 발전에 관한 문제이다. 기후 변화의 긴 역사, 노예 무역의 영향, 혹은 서양의 재 산법의 다양한 종류와 각각의 운명에 대한 연구 프로젝트는 데이터 조작 data manipulation의 새 영역을 개척하는 동시에 역사적 질문을 현재 우리의 걱정거리와 관련짓는 방향으로 컴퓨터 기술을 활용하고 있다.[3]

1550-1700", *Journal of the History of Ideas* 64(2003), 11-28; Brian W. Ogilivie, "The Many Books of Nature: Renaissance Naturalists and Information Overload", *Journal of the History of Ideas* 64(2003), 29-40; Daniel Rosenberg, "Early Modern Information Overload", *Journal of the History of Ideas* 64 (2003), 1-9; Ann Blair, *Too Much to Know: Managing Scholarly Information before the Modern Age*(New Haven, 2010).

2 Prabhakar Raghavan, "It's Time to Scale the Science in the Social Sciences", *Big Data and Society* 1(2014): doi:10.1177/2053951714532240.

3 예를 들어 다음을 보라. David Geggus, "Sex Ratio, Age and Ethnicity in the Atlantic Slave Trade: Data from French Shipping and Plantation Records", *The Journal of African History* 30(1989), 23-44; Thomas C. Peterson and Russell S. Vose, "An Overview of the Global Historical Climatology Network Temperature Database", *Bulletin of the American Meteorological Society* 78 (1997), 2837-49; Stephen C. Trombulak and Richard Wolfson, "Twentieth-Century Climate Change in New England and New York, USA", *Geophysical Research Letters* 31(2004), 1-4; Indra De Soysa and Eric Neumayer, "Resource Wealth and the Risk of Civil War Onset: Results from a New Dataset of Natural Resource Rents, 1970-1999", *Conflict Management and Peace Science*

지난 10년 동안 새로운 학문 분야로서 디지털 인문학digital humanities의 등장은 학자든 시민이든 긴 시간의 범위를 이해하고자 하는 이라면 누구든 직접 사용해볼 수 있는 다양한 종류의 도구가 시중에 나와 있음을 뜻한다. 토픽 - 모델링 소프트웨어topic-modelling software(주어진 텍스트에서 빈번히 등장하는 단어를 파악함으로써 해당 텍스트의 주제를 유추하는 방법 — 옮긴이)는 수십만 가지의 정부 보고서나 과학 보고서를 기계적으로 읽어낼 수 있으며, 이를 통해 우리의 이해 관계와 사고가 지난 수십 년 그리고 수 세기 동안 어떻게 변해왔는지를 보여주는 기본적인 사실을 제공해

24(2007), 201-18; David Eltis, "The US Transatlantic Slave Trade, 1644-1867: An Assessment", *Civil War History* 54(2008), 347-78; Nathan Nunn, "The Long-Term Effects of Africa's Slave Trades", *The Quarterly Journal of Economics* 123(2008), 139-76; Kenneth E. Kunkel *et al.*, "Trends in Twentieth-Century US Snowfall Using a Quality-Controlled Dataset", *Journal of Atmosphere and Oceanic Technology* 26(2009), 33-44; Nathan Nunn and Leonard Wantchekon, *The Slave Trade and the Origins of Mistrust in Africa* (National Bureau of Economic Research, 2009): www.nber.org/papers/w14783; David Eltis and David Richardson, "The Trans-Atlantic Slave Trade Database Voyages: 'Introductory Maps'", Map(Emory University: Digital Library Research Initiative, 1 January 2010): http://www.slavevoyages.org/assessment/intro-maps#map1; Lakshmi Iyer, "Direct versus· Indirect Colonial Rule in India: Long-Term Consequences", *The Review of Economics and Statistics* 26(2011), 153-4; Enric Tello and Marc Badía-Miró, "Land-Use Profiles of Agrarian Income and Land Ownership Inequality in the Province of Barcelona in Mid-Nineteenth Century", January 2011: http://repositori.uji.es/xmlui/handle/10234/20513; Patrick Manning, "Historical Datasets on Africa and the African Atlantic", *Journal of Comparative Economics, Slavery, Colonialism and Institutions around the World* 40(2012), 604-7; Colin F. Wilder, "Teaching Old Dogs New Tricks: Four Motifs of Legal Change from Early Modern Europe", *History and Theory* 51(2012), 18-41; G. S. J. Hawkins *et al.*, "Data Rescue and Re-Use: Recycling Old Information to Address New Policy Concerns", *Marine Policy* 42(2013), 91-8.

줄 수 있다. 특히 이들 도구 중 상당수가 이전에는 너무나 많아서 읽을 수 없었던 데이터 문서고를 작은 시각 자료로 축소시킬 수 있는 기능을 가지고 있다는 사실은 이목을 끌었다. 우리 시대 많은 분석가가 설득력을 가지기 위해서는 빅 데이터를 압축해야 한다는 점을 깨닫고 있다. 즉 빅 데이터를 전달이 용이한 짧고 명료한 이야기로 압축해서 독자들 사이에서 회람될 수 있도록 만들어야 하는 것이다.

수 세기 동안 인류는 연표를 만드는 실험을 거듭해왔지만, 큰 그림을 하나의 시각 자료로 압축하는 일은 빅 데이터의 이용이 편리해진 근래에 들어서야 이루어졌다.[4] 이는 다시 그와 같은 데이터를 장기적인 관점에서 다룰 것인지 아니면 단기적인 관점에서 다룰 것인지에 관한 질문을 즉각 제기한다. 역사 기록을 다루는 데 이 결정 — 큰 맥락 속에서 살펴볼 것인지 아닌지에 대한 결정 — 이 정말로 중대한 차이를 가져오는 경우가 있다. 더욱더 큰 질문을 제기해야 할 필요는 어떠한 데이터를 사용할 것인지 그리고 그것을 어떻게 다룰 것인지를 결정하며, 이는 아직 상당수의 장기 지속 연구가 나서지 않은 도전이다. 빅 데이터는 역사적 정보를 다루는 우리의 능력을 향상시켜준다. 빅 데이터는 우리가 인과 관계의 위계 — 어떤 사건이 그 나름의 역사에서 전환점을 구성하는지 그리고 어떤 사건이 큰 양태의 일부분에 지나지 않는지 — 를 정하는 데 도움을 준다.

새로운 도구들

21세기 두 번째 10년에 접어들면서 디지털 기반 키워드 검색은 학문 연구의 기초로 모든 분야에 걸쳐 등장하기 시작했다. 디지털화된 지식

---

4 Edward Tufte, *The Visual Display of Quantitative Information*, 2nd edn (Cheshire, CT, 2001); Daniel Rosenberg and Anthony Grafton, *Cartographies of Time*(New York, 2010).

은행의 시대, 우리 주변에서 일어나는 사회 변화를 분석하는 기본적인 도구는 도처에 널려 있다. 정치학과 언어학 학술지에서는 긴 시간에 걸친 역사적 변화의 범위를 확장하기 위해 키워드 검색을 이용하는 경향이 나타났으며, 이를 통해 구자라트에서 유전자 조작된 옥수수에 대한 여론의 반응에서부터, 영국 신문 지상에서 기후 변화 과학의 위상, 북미와 유럽 미디어에서 중국 농부에 대한 인식, 공공 주택 정책의 역사, 그리고 오염 규제에 적응하고자 시도했던 영국 석탄 산업의 운명에 이르기까지 다양한 주제에 관한 분석이 이루어졌다.[5] 2011년과 2013년, 기후 문제 관련 학술 출판물과 여론의 관계를 분석하고자 한 몇몇 사회과학자들은 웹 오브 사이언스Web of Science 데이터베이스에서 '지구 온난화global warming'와 '지구 기후 변화global climate change'와 같은 단순한 문구를 검색한 다음, 자신들이 찾아낸 논문들을 다양한 입장에 대한 지지에 따라 순위를 매기기도 했다.[6] 간단히 말해, 디지털화된 데이터베이스에 대한 분

---

5   Tomiko Yamaguchi and Craig K. Harris, "The Economic Hegemonization of Bt Cotton Discourse in India", *Discourse & Society* 15 (2004), 467-91; Anabela Carvalho and Jacquelin Burgess, "Cultural Circuits of Climate Change in UK Broadsheet Newspapers, 1985-2003", *Risk Analysis* 25 (2005), 1457-69; Francis L. F. Lee, Chin-Chuan Lee, and Nina Luzhou Li, "Chinese Peasants in the Process of Economic Reform: An Analysis of *New York Times*'s and *Washington Post*'s Opinion Discourses, 1981-2008", *Communication, Culture & Critique* 4 (2011), 164-83; Alan Partington, "The Changing Discourses on Antisemitism in the UK Press from 1993 to 2009: A Modern-Diachronic Corpus-Assisted Discourse Study", *Journal of Language and Politics* 11 (2012), 51-76; Bruno Turnheim and Frank W. Geels, "Regime Destabilisation as the Flipside of Energy Transitions: Lessons from the History of the British Coal Industry (1913-1997)", *Energy Policy*, Special Section: Past and Propsective Energy Transitions — Insights from History, 50 (2012), 35-49.

6   John Cook *et al.*, "Quantifying the Consensus on Anthropocene Global Warming in the Scientific Literature", *Environmental Research Letters* 8 (2013): doi:10.1088/1748-9326/8/2/024024.

석을 위한 새로운 과학 기술은 오랜 시간에 걸친 담론과 사회적 의사소통에 관한 정보를 축적하는 다양한 형태의 연구를 촉발했다.[7] 하지만 이와 같은 연구 중 극소수만이 주류 역사학 학술지에 게재되었다. 수십 년에 걸친 담론의 총체적인 전환을 측정할 수 있는 과학 기술과 그러한 문제를 직접 측정하고자 하는 역사학 연구자의 능력과 의지 또는 용기 사이에는 간극이 존재했다.

이 같은 저항을 극복하고자 한다면, 장기 지속 역사 연구를 위해 발명된 새로운 도구, 특히 우리 시대 급증하고 있는 정부 자료를 분석할 목적으로 발명된 새로운 도구는 점점 더 긴요해진다. 여기서 우리는 새로운 형태의 데이터에 대한 질문 중심 연구question-driven research의 도전이 어떻게 새로운 도구의 발명을 낳았는지를 보여주는 한 예로서 조 굴디의 경험을 살펴보고자 한다. 2012년 여름, 조 굴디는 문서로 넘쳐나는 20세기에 대한 모든 종합적이고 국제적인 탐구에 수반되는 엄청난 양의 문서의 분석을 도와줄 디지털 프로그램인 페이퍼 머신Paper Machines을 선보인 연구팀을 이끌었다. 페이퍼 머신은 역사학자가 주로 취급하는 문서 자료를

---

7 Brand Pasanek and D. Sculley, "Mining Millions of Metaphors", *Literary and Linguistic Computing* 23(2008), 345-60; D. Sculley and Bradley M. Pasanek, "Meaning and Mining: The Impact of Implicit Assumptions in Data Mining for the Humanities", *Literary and Linguistic Computing* 23(2008), 409-24; Frederick W. Gibbs and Daniel J. Cohen, "A Conversation with Data: Prospecting Victorian Words and Ideas", *Victorian Studies* 54(2011), 69-77; Joanna Guldi, "The History of Walking and the Digital Turn: Stride and Lounge in London, 1808-1851", *The Journal of Modern History* 84(2012), 116-44; Matthew Lee Jockers, *Macroanalysis: Digital Methods and Literary History*(Urbana, 2013); Ted Underwood, "We Don't Already Understand the Broad Outlines of Literary History", *The Stone and the Shell* 8(2013): https://tedunderwood.com/2013/02/08/we-dont-already-know-the-broad-outlines-of-literary-history/.

염두에 두고 ─ 사용자가 참고 문헌을 작성할 수 있고, 온라인 데이터베이스에 사용자가 직접 그 나름의 도서관을 구축할 수 있는 프로그램인 ─ 조테로Zotero 의 오픈 소스 확장open-source extension으로 발명되었다.[8] 페이퍼 머신을 만들게 된 동기는 인문학과 사회과학 내 다양한 분야에 종사하는 학자들 중 과학 기술에 대한 지식이 해박하지 않거나 방대한 계산 자원computational resources을 가지지 못한 학자들이 쉽게 이용할 수 있는 최신의 텍스트 마이닝text-mining 프로그램을 제공하는 데 있었다.

구글 북스 앤그램 뷰어Google Books Ngram Viewer가 구글 북스 검색에서 미리 조정된 자료를 활용하기에 자동적으로 영미 전통을 강조한다면, 페이퍼 머신은 개별 연구자가 직접 수집한 문서 자료를, 신문이나 대화방 chat rooms과 같은 디지털 자료에서 구해진 것이든 정부 문서고와 같은 문서 자료에서 시각 단어 인식optical character recognition, 약어로 OCR을 통해 스캔되어 저장된 것이든 상관없이, 활용한다. 페이퍼 머신은 수업을 듣는 학생과 학자 집단 또는 학자와 시민운동가 모두가 문서 자료를 수집하고 공유할 수 있도록 돕는다. 이와 같은 그룹 도서관은 수집된 자료의 민감성과 저작권에 따라 공개로 할 수도, 비공개로 설정할 수도 있다. 예를 들어 파나마를 연구하는 역사학자들은 조테로의 그룹 도서관을 이용해 어떠한 공식적인 검색 도구도 존재하지 않는 정부 도서관의 문서를 수집, 공유하고 있다. 이로써 이들 학자들은 그렇게 하지 않았다면 간과되거나 부패되거나 혹은 의도적으로 파기될 수도 있는 사료의 보존과 그에 주해를 다는 일 그리고 활용도를 높이는 일에 참여하고 있다.

페이퍼 머신의 도움으로 학자들은 간단하고 편리한 그래픽 사용자 인터페이스graphical user interface를 활용해 자신들이 수집한 방대한 문서 자료 내 다양한 패턴을 시각적으로 표현할 수 있게 되었다. 페이퍼 머신을 이

---

8 http://papermachines.org/; www.zotero.org/.

용하면 광범위한 사고에 대한 ─ 예컨대, 지난 10년 동안 특정 학술지에서 역사학자들이 논의했던 바에 대한 ─ 일반화를 시도할 수도 있다. 또 페이퍼 머신을 사용하면 여러 도서관을 시각화해 서로 비교할 수도 있다 ─ 예를 들자면, 19세기 런던을 소재로 한 소설들을 19세기 파리를 소재로 삼은 소설들과 비교할 수도 있다. 페이퍼 머신을 활용하면, 단순한 그래픽 인터페이스를 통한 문서 내 다양한 패턴의 시각화가 가능하다. 학자들은 페이퍼 머신을 가지고 자신들이 수집한 방대한 문서 자료를 분석함으로써 사고 양식과 개개인 그리고 전문가 집단의 영향의 장기 지속 패턴에 대한 가정을 축적할 수 있다.

긴 시간 범위 속에서 경향과 사고 양식 그리고 제도를 서로 비교하여 측정함으로써 학자들은 자신들이 일반적으로 다루는 문서의 양보다 훨씬 더 많은 양의 문서를 다룰 수 있게 될 것이다. 예를 들어, 페이퍼 머신을 가지고 20세기 전 지구적으로 진행된 토지 개혁과 관련된 수많은 행정 문서에서 직접 추린 문서 자료를 분석함으로써 영국사 내 토지 개혁에 대한 논의를 그 지역적 기원에서부터 되짚어보는 것이 가능해졌다. 즉 페이퍼 머신을 통해 영국 내 문서고에 대한 미시사적 연구에서 전 세계적인 차원에서 정책의 경향에 대한 장기 지속 종합으로 도약하는 것이 가능하게 된 것이다. 디지털화로 가능하게 된 이와 같은 연구는 다음 세 단계의 과정에 따라 진행된다. 우선 광범위한 시간의 범위를 디지털 방식으로 종합한다. 다음으로 디지털 정보를 바탕으로 하여 선택된 문서고에 대해 미시사적인 조사를 비판적으로 실시한다. 끝으로 인접 분야의 2차 문헌에 대한 광범위한 독해를 시행한다. 예를 들자면, 도표 4는 토픽-모델링 알고리즘 말렛MALLET, MAchine Learning for LanguagE Toolkit을 이용해 방대한 양의 토지법 관련 학술 문헌을 분석한 것이다. 그 결과로 나온 이미지는 특정 개념의 시간에 따른 상대적 중요도의 변화를 컴퓨터를 사용해 추적한 것computer-guided timeline으로, 여기서는 아일랜드와 인도에 대

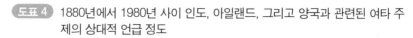

도표 4 1880년에서 1980년 사이 인도, 아일랜드, 그리고 양국과 관련된 여타 주제의 상대적 언급 정도

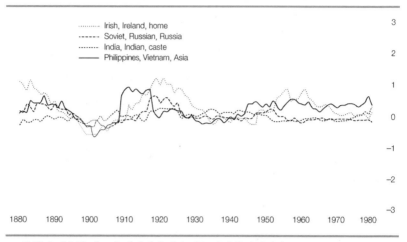

.... Irish, Ireland, home
------ Soviet, Russian, Russia
········ India, Indian, caste
──── Philippines, Vietnam, Asia

1880 1890 1900 1910 1920 1930 1940 1950 1960 1970 1980

* 분석이 기초할 자료가 적어지면 선은 가늘어지게 나타난다.
자료: 데이비드 밈노David Mimno가 개발한 토픽 - 모델링 소프트웨어 말렛을 이용한 페이퍼 머신.

한 언급을 추적하고 있지만 이는 바꾸거나 미세하게 조율할 수 있다. 장기간에 걸친 개념 변화의 이 같은 시각화는 역사학자가 수집한 자료 중 1950년대와 1960년대의 것을 좀 더 면밀하게 살펴보도록 이끈다. 즉 도표 4는 아일랜드에서의 토지를 둘러싼 투쟁의 지적 기억이 1950년대와 1960년대 라틴 아메리카 지역에서의 토지 정책 수립에 영향을 주었다는 사실을 밝히고 있다.

이러한 디지털 기반 연구는 굴디의 『기나긴 토지 전쟁The Long Land War』의 초석이 되었다.[9] 단행본 역사서로 출판된 굴디의 연구는 영국 제국의 절정기에서부터 오늘날에 이르기까지 토지 개혁 운동이 어떻게 전 지구

---

9 Jo Guldi, *The Long Land War: A Global History of Land Reform, c.1860-Present* (forthcoming).

적으로 성공을 거두어왔는지를 노동자 할당채원지worker allotments와 식량 안보, 참여적인 거버넌스, 그리고 임대료 통제에 관한 생각의 변화를 추적함으로써 전하고 있다. 페이퍼 머신을 통해 굴디는 관련된 여러 논쟁의 성격과 각각의 지리적 지시 대상을 종합할 수 있었다. 예를 들어, 페이퍼 머신을 통해 굴디는 임대료 통제, 토지 개혁, 그리고 할당채원지와 관련된 주제와 지역명의 시간에 따른 변화와 공간적 지도를 그릴 수 있었다. 또한 페이퍼 머신은 어떤 문서고를 선택해야 하는지 그리고 선택된 문서고의 어느 부분을 집중해서 살펴봐야 하는지도 알려주었다. 페이퍼 머신은 관료 행정을 헤집고, 이 운영 방식에 대한 상을 구축하고자 고안된 도구로 문서고에서 찾아낸 자료의 직접적인 맥락을 제공한다. 페이퍼 머신을 이용하면 국제연합 사무국의 현장 직원과 지부 담당자 그리고 총재에 초점을 맞출 수 있다. 또는 관료들과 학생들에게 공히 조언을 하며 매개자의 역할을 수행했던 위스콘신 대학과 서섹스 대학의 교직원들에게 초점을 맞출 수도 있다. 페이퍼 머신을 통해 우리는 이들 조직 각각에 대한 즉각적인 평가를 내릴 수 있으며, 이들 조직이 갈라지고 합쳐지는 방식 또한 파악할 수 있게 된다. 이들 조직의 직원은 정부에 관해서든, 민주적인 개혁에 관해서든, 정부에 의한 토지 확장과 교육 훈련 그리고 관리에 관해서든, 아니면 양적으로 확인이 가능할 정도로 생산의 증대를 가져다준 새로운 설비의 제공에 관해서든, 모두 근대화 이론이란 공통의 언어를 구사했다.

전통적인 역사 연구는 디지털화되지 않은 문서고의 엄청난 규모와 이를 조사하는 데 요구되는 시간에 의해 제약을 받기에 쉽사리 제도나 권력을 지닌 행위자에 관한 연구로 흐른다. 예컨대 포드 재단Ford Foundation 과 록펠러 재단Rockefeller Foundation의 농약 산업에 대한 투자를 살펴봄으로써 미 제국의 일반적인 특성을 파악하고자 한 일부 역사학자의 연구를 들 수 있을 것이다. 반면 페이퍼 머신은 긴 시간 범위 내에서 여러 주제가 서로 경쟁하는 양상을 파악할 수 있도록 돕기에 연구자는 이를 통해 이견과 분열 그리고 이상향주의가 발현되는 구체적인 순간을 포착하고 추적할 수 있다. 예를 들자면, 농약 산업과 적정기술 운동Appropriate Technology movement 사이의 갈등이나 착취 행위를 둘러싼 세계은행과 해방 신학 운동Liberation Theology 사이의 갈등에 초점을 맞출 수가 있는 것이다. 자료를 디지털로 재현해 읽는다는 것은 반사실적 사고 실험을 시행하고 억압된 목소리에 주의를 기울일 여유가 더 생긴다는 것을, 즉 그로써 문서고를 아래로부터의 역사의 의도에 맞도록 새롭게 구성할 수 있게 된다는 것을 의미한다.

페이퍼 머신과 그와 유사한 다른 도구는 사소한 변화에서부터 심오한 변화에 이르기까지 역사 속의 장기적인 변화를 이해하기 위한 측정 기준을 제공하기도 한다. 구글 앤그램은 특정 사고의 흥망에 대한 대략적인 안내를 제공한다.[10] 프랑코 모레티Franco Moretti와 같은 인문학자와 벤 슈미트Ben Schmidt와 같은 역사학자는 오랜 시간에 걸친 여러 변화를 시각적

---

10 구글 북스의 자료에 대한 대니엘 로젠버그Daniel Rosenberg의 연구는 앤그램에서의 변화는 구글 북스를 위해 선별된 자료와 밀접하게 연관되어 있다는 점을 밝히고 있다. 그럼에도 앤그램은 대륙 간의 혹은 시대 간의 비교에서는, 예를 들어 영어, 독일어, 프랑스어, 러시아어, 그리고 히브리어에서 '유대인 대학살 holocaust, shoah'과 같은 단어의 언급 정도의 비교에서는 여전히 유용하다. 그러나 다른 종류의 이야기 전달 방식에 의해 보완될 경우 추상화 및 종합의 도구는 우리를 근대 세계로 안내한 핵심 사건과 갈등에 대한 통찰력을 충분히 제공할 수 있다. Geoffrey Nunberg, "Counting on Google Books", *Chronicle of Higher Education*(16 December 2010): http://chronicle.com/article/Counting-on-Google-Books/125735; Anthony Grafton, "Loneliness and Freedom", *AHA Perspectives*(March 2011): www.historians.org/Perspectives/issues/2011/1103/1103pre1.cfm; Erez Aiden and Jean-Baptiste Michel, *Uncharted: Big Data as a Lens on Human Culture*(New York, 2013); Daniel Rosenberg, "Data before the Fact", in Lisa Gitelman(ed.), *'Raw Data' is an Oxymoron*(Cambridge, MA, 2013), 15-40.

으로 표현하는 것을 돕는 도구의 개발에 중요한 협력자로 참여하기도 했다. 모레티의 경우에는 아이비엠IBM과 협력해 방대한 양의 문서의 "원거리 읽기distant reading"(개별 작품을 면밀하게 읽어서는close reading 세계 문학의 전체 구조를 파악하기가 실질적으로 불가능하니 통계적인 방법을 사용해 방대한 양의 작품을 이해해 보자는 주장 — 옮긴이)를 위한 매니아이즈ManyEyes라는 소프트웨어를 개발했다. 그리고 슈미트는 구글 앤그램의 기반이 된 소프트웨어를 코딩한 유전생물학자들과 함께 구글 앤그램이 특정 단어나 문구의 우점도textual dominance의 시간에 따른 변화를 신뢰할 만한 수준에서 보여줄 수 있도록 도왔다.[11]

이와 같은 여러 도구 덕분에 학자들은 수십 년과 수 세기에 걸쳐 이루어진 변화를 측정할 수 있게 되었다. 지난 10여 년 동안 수많은 도서관에서 진행된 대규모 디지털화 프로젝트와 크라우드소싱(정보의 공유를 통해 혁신을 이루고자 하는 방법으로 대중crowd과 수평적인 형태의 외주outsourcing의 합성어 — 옮긴이)된 구술사 온라인 프로그램crowd-sourced oral histories online은 엄청난 양의 고문서 자료에 대한 손쉬운 접근의 시대를 알렸다. 지식을 추상화하는 여러 도구를 건설적으로 함께 활용한다면, 학자들은 이 같은 디지털화된 자료를 가지고 여러 역사적 가정을 수 세기에 달하는 시간 범위에 걸쳐 충분히 시험해볼 수 있을 것이다.[12] 현재 이용 가능한 이러한 여러 도구의 특성과 넘쳐나는 문서는 장기 지속적이며 동시에 문서고에 기반을 둔 역사학을 우리가 성취할 수 있도록 돕는다. 최소한 고전기 이후 라틴어 — '오늘날 주요한 문헌 자료 중 가장 긴 역사적 거리에

11 Franco Moretti, *Graphs, Maps, Trees: Abstract Models for a Literary History* (New York, 2007); Ben Schmidt, *Sapping Attention*: http://sappingattention. blogspot.com/.

12 http://books.google.com/ngrams; www.wordle.net/; http://papermachines. org/.

걸쳐 존재한다고 장담할 수 있는' 언어 자료 — 로 작성된 자료나 르네상스 이후 형성된 주요 유럽 언어로 작성된 자료의 경우는 확실히 그렇다.[13]

이제 양적 정보의 비교를 위해 고안된 도구는 근대성에 대한 전형적인 서사를 문제 삼고 있다. 마이클 프렌들리Michael Friendly는 데이터의 시각화 덕분에 과거의 경험에 대한 현재 데이터 중 최상의 데이터를 가지고 해묵은 정치경제 이론을 재고찰하는 것이 가능하게 되었다고 적었다. 예를 들어, 나폴레옹 전쟁의 시대 동안 밀 가격 대 임금 비율을 보여주는 윌리엄 플레이페어William Playfair의 유명한 시계열 그래프를 최신의 데이터를 이용해 새롭게 복원한 것을 들 수 있다. 프렌들리는 역사학자들이 행복, 영양 상태, 인구, 그리고 거버넌스에 이르기까지 가능한 많은 측정 기준을 쌓아가야 할 것이며, 오랜 시간에 걸친 다양한 변수의 비교를 위한 모델화의 전문가가 되어야 할 것이라고 조언한다.[14] 이와 같은 기술은 또한 역사학을 인류세와 인간의 경험 그리고 제도에 대한 주류 담론의 판결자가 될 수 있도록 해줄 것이다.

법학과 제도사의 여러 분야와 같이 전례가 중시되는 분야의 경우 장기 지속 분석에 유달리 힘을 실어주며, 그렇기에 이들 분야에서는 그와 같은 연구가 조만간 더 많이 이루어질 것이다. 엄청난 양의 정보를 종합하

---

13 이제 디지털 분석이 가능해진 수십억에 달하는 고전기 이후 라틴 단어들에 대해서는 David Bamman and David Smith, "Extracting Two Thousand Years of Latin from a Million Book Library", *Journal on Computing and Cultural Heritage* 5(2012), 1-13을 보라.

14 Michael Friendly, "A.-M. Guerry's 'Moral Statistics of France': Challenges for Multivaraible Spatial Analysis", *Statistical Science* 22(2007), 368-99; Friendly, "A Brief History of Data Visualization", in Chun-houh Chen, Wolfgang Härdle, and Anthony Unwin, *Handbook of Data Visualization*(Berlin, 2008), 15-56; Friendly, Matthew Sigal, and Derek Harnanansingh, "The Milestones Project: A Database for the History of Data Visualization"(2012): http://datavis.ca/papers/MilestonesProject.pdf.

는 개별 역사학자의 능력을 향상시켜주는 새로운 도구는 역사학 분야 내에 이미 존재하는 도덕적인 충동, 즉 장기 지속에 걸친 거버넌스에 대한 가능한 논의의 지평을 탐색해보고자 하는 충동에 불을 지핀다. 유럽 법제사 연구자들은 디지털을 이용한 방법 덕택에 더 긴 시간의 척도에 따른 질문에 답을 할 수 있게 되었다는 사실을 깨닫기 시작했다. 디지털화된 자료의 예로는 1673년부터 1914년 사이 영국의 판례를 모은 올드 베일리 온라인Old Bailey Online을 들 수 있다 — 이는 현재 영어권 세계에서 이용 가능한 하위 분과 자료 모음 중 가장 큰 규모를 자랑한다. 또 다른 예로는 콜린 윌더Colin Wilder의 "문예 공화국Republic of Literature" 프로젝트를 들 수 있다.[15] 이 프로젝트는 근대 초 법률 문서를 디지털화하고, 이렇게 획득한 문서 기반 정보를 거대한 법률가들의 소셜 네트워크 지도와 연계시켰다. 이를 통해 윌더는 공적 영역, 사적 재산, 그리고 상호성에 대한 우리의 시초적 사고의 상당 부분이 유래한 근대 초 독일에서 법의 진화를 주도했던 이들을 찾아내고자 했다. 이러한 종류의 프로젝트는 전례가 없는 규모로 정보를 축적함으로써 다양한 연구자가 시공간의 한계를 벗어나 제기하는 질문을 효과적으로 취급할 수 있도록 하며, 이로써 법과 사회의 역사에 대한 우리의 이해를 전환시키는 데 도움을 준다.

디지털 분석의 새 시대, 재정 지원을 받을 자격이 있는 프로젝트의 표어는 확장성extensibility이 되어야 한다. — 이 데이터 세트가 다른 형태의 기간 시설과 결합해 작동될 수 있을까? 이들 문서는 우리가 긴 이야기와 큰 이야기를 하는데 도움이 될까 — 구글 북스가 남겨둔 간극을 채울 수 있을까? 혹은 이것이 10년이나 20년에 대한 연구에 매몰되어 있는 학자만이 제대로 이해할 수 있는 단일한 전시는 아닐까? 디지털 분석 도구가 인식할 수 있는

---

15 Tim Hitchcock and Robert Shoemaker, "Digitising History from Below: The Old Bailey Proceedings Online, 1674-1834", *History Compass* 4(2006), 1-10: www.oldbaileyonline.org/; http://sites.google.com/site/colinwilder/.

형태로 된 문서 자료를 구하기 위해 학생들이 앞다투어 모여들까?

대개 장기적인 사고를 하는 이들은 디지털 도구를 활용해서 큰 그림을 분석하는 것을 꺼려한다. 혹자는 근래 장기 지속에 착목한 이들의 경우 다른 분야로부터 가져온 이야기를 종합하고 함께 엮어내기에 다양한 분야에 걸친 데이터를 면밀하게 분석하는 이와 같은 역할을 잘 수행해낼 수 있지 않겠냐고 생각할 수도 있다. 하지만 그들은 대개 빅 데이터를 기피했으며, 대부분 2차 문헌을 통해 종합을 이끌어내는 전통적인 서사를 선호한다. 목표와 자료 사이에 이처럼 간극이 존재하더라도 더 야심 차게 더 큰 범위를 다룰 연구를 착수할 기회는 여전히 있을 수 있다. 어떤 이들은 큰 그림으로의 회귀를 애절하게 호소하는 소리를 들었으며, 다른 이들은 디지털 도구의 전망에 반응했다. 그러나 아직까지는 이 둘을 모두 고려한, 즉 우리의 장기 과거와 장기 미래에 관한 질문에 답하고자 방대한 양의 자료의 보고를 분석할 목적으로 발명된 도구를 이용한 이는 찾아보기 힘들다.

빅 데이터의 부상

제2차 세계대전 이래 60년 동안 자연과학과 인간과학은 수량화가 가능한 막대한 양의 데이터를 축적해왔지만, 이를 서로 비교한 경우는 거의 없었다. 공적 논쟁이 늘어나면서 정부와 기후과학자 그리고 여러 기관이 상호호환이 가능한 형태로 제공해온, 지정된 시간에 대한 데이터 time-designated data가 더 많이 이용 가능해졌다. 우리 세계는 우리가 그 안에서 헤엄치고 있는 데이터에 대해, 즉 데이터의 이용과 오용 그리고 추상화와 종합에 대해 이성적으로 논할 수 있는 권위자를 필요로 한다. 새로운 논제, 예를 들어 기후 변화에 대한 학문적 공감대를 뒷받침하는 연구에 대한 데이터가 지난 수십 년간 축적되어왔다. 빅 데이터는 1960년대 빙하 코어ice-core가 처음으로 시추된 이래 모든 분야에 걸쳐 꾸준히 축적되어왔으며, 컴퓨터 분석 모델computer-based model은 운석학을 중심으로 수집된 데이터의 처리를 통해 지구의 대기 변화에서 환경 오염이 기여한 비중을 설명할 수 있을 정도로까지 발전했다.[16]

　그러나 상대적으로 역사학 학술지에서 이 같은 데이터 세트는 지금까지 별다른 영향력을 미치지 못했다. 반면 다른 인접 분야의 경우 기후 및 대기 환경과학자들은 21세기 동안 지구 전역의 데이터 세트를 도표로 만들었으며, 이는 지난 세기 동안 가뭄과 홍수의 증가를 담아냈다.[17] 일부 연구는 지난 수 세기 동안 스위스, 네덜란드, 미국 대서양 연안의 농장과 농민이 습지대 소멸, 홍수 급증, 기온 상승으로 인한 옥수수나 다른 작물의 산출에서의 변화에 어떻게 대응해왔는지를 모델화하기도 했다.[18] 심지어 이들 과학자는 지구 기후 변화에 인간의 문화와 사회가 어떻게 반응

16 Central Intelligence Agency, *Potential Implications of Trends in World Population, Food Production and Climate*, Report No. OPR-401 (Washington, DC, 1974); Crispin Tickell, *Climate Change and World Affairs*(Cambridge, MA, 1977), 64; Jill Williams(ed.), *Carbon Dioxide, Climate and Society* (Oxford, 1978); Council of Environmental Quality, *Global Energy Features and the Carbon Dioxide Problem*(Washington, DC, 1981); Sheila Jasanoff, "Image and Imagination: The Formation of Global Environmental Consciousness", in Clark Miller and Paul N. Edwards(eds.), *Changing the Atmosphere* (Cambridge, MA, 2001), 309-37; Paul N. Edwards, *A Vast Machine: Computer Models, Climate Data, and the Politics of Global Warming* (Cambridge, MA, 2010); Mike Hulme, "Reducing the Future to Climate: A Story of Climate Determinism and Reductionism", *Osiris* 26(2011), 245-66.

17 G. van der Schrier *et al.*, "A scPDSI-Based Global Data Set of Dry and Wet Spells for 1901-2009", *Journal of Geophysical Research: Atmospheres* 118 (2013), 4025-48.

18 Benjamin S. Felzer, "Carbon, Nitrogen, and Water Response to Climate and Land Use Changes in Pennsylvania during the 20th and 21st Centuries", *Ecological Modelling* 240(2012), 49-63.

했는지를 역사적으로 보여주는 데이터 세트를 가지고 실험을 하기도 했다.[19] 《환경 혁신과 사회적 전환Environmental Innovation and Societal Transitions》이란 학술지에 실린 한 논문은 앞으로 이루어질 기술 혁신을 염두에 두고 지난 1만 2000년 동안에 걸친 사회적 복잡성, 식량 생산, 그리고 여가 시간을 비교했으며, 이를 위해 심지어는 로마의 멸망으로부터도 정보를 추출했다. 기후 변화는 지난 1000년 동안 중국에서 전쟁과 평화의 100년 주기설만이 아니라 17세기 '일반 위기General Crisis'의 증거로 제시되기도 했으며, 또한 다르푸르 내전의 근본 원인으로 지목되기도 했다.[20] 우리의 대기 환경의 오랜 과거에 대한 데이터의 축적 덕분에 이제 환경의 과거는 외견상 대단히 인간적으로 보이게 되었다.

누구라도 살펴보면 아직 활용되지 않은 역사적 데이터는 도처에 산재해 있다. 정부 부처는 에너지와 기후 그리고 경제에 관한 장기간에 걸친 계측을 모으고 있다. 미국 에너지 정보 관리국US Energy Information Administration은 1949년까지 거슬러 올라가는 《에너지 월간 리뷰Monthly Energy Review》를 내놓고 있다. 에너지 소비에 관한 이들 도표를 기후과학자들은 분석했지만, 역사학자가 이를 분석한 경우는 거의 없다. 세계 각국 정부는 인구, 국제 수지, 대외 부채, 이율, 환율, 그리고 화폐 공급과 고용에 관한 공식 데이터를 수집하고 있으며, 학자들은 국제연합 데이터

19 C. J. Caseldine and C. Turney, "The Bigger Picture: Towards Integrating Palaeoclimate and Environmental Data with a History of Societal Change", *Journal of Quaternary Science* 25 (2010), 88-93.

20 Joseph A. Tainter, "Energy, Complexity, and Sustainability: A Historical Perspective", *Environmental Innovation and Societal Transitions* 1 (2011), 89-95; Geoffrey Parker, *Global Crisis: War, Climate Change and Catastrophe in the Seventeenth Century* (New Haven, 2013); Harry Verhoeven, "Climate Change, Conflict and Development in Sudan: Global Neo-Malthusian Narratives and Local Power Struggles", *Development and Change* 42 (2011), 679-707.

UNdata와 유로모니터 인터내셔널Euromonitor International 등과 같은 국제 거
버넌스 기구와 IHS 글로벌 인사이트Global Insight와 같은 사적 데이터베이
스 등을 활용할 수 있다. 국제통화기금은 세계의 모든 정부에 대한 금융
통계 자료를 1972년부터 수집해오고 있다.[21] 장기간에 걸쳐 수집된 정부
자료는 사회학과 기후과학 그리고 경제학 분야에서 분석되고 있다.[22] 전
통적으로 역사학자들은 이러한 데이터의 동향을 그보다 덜 빈번히 활용
했지만, 이는 바뀔 수 있다. 역사학자들이 더 긴 시간의 범위를 조사하기
시작함에 따라, 수 세기에 걸쳐 정부에 의해 수집된 수량화된 데이터는
공동체의 경험과 기회가 한 세대에서 다음 세대 사이 어떻게 변할 수 있
는지를 보여주는 중요한 척도를 제공하게 되었다.

우리 시대 활용 가능한 수량화된 데이터는 넘쳐난다. 이는 역사학이
마지막으로 양적 전환을 하던 1970년대에는 거의, 아니 전혀 활용할 수
없었던 자료이다. 오늘날 역사학자는 수 세기는 아닐지라도 수십 년에

---

21 www.eia.gov/totalenergy/data/annual/; http://data.un.org/; www. euromonitor.
    com; www.imf.org/external/pubs/cat/longres.cfm?sk=18674.0.

22 Robert C. Allen *et al.*, "Preliminary Global Price Comparisons, 1500-1870",
    paper presented at the *XIII Congress of the International Economic History
    Association, Buenos Aires*(July 22-26), 2002: www.iisg.nl/hpw/papers/lindert.
    pdf; Livio Di Matteo, "The Effect of Religious Denomination on Wealth: Who
    Were the Truly Blessed?" *Social Science History* 31 (2007), 299-341; Kunkel *et
    al.*, "Trends in Twentieth-Century US Snowfall", 33-44; W. Bradford Wilcox *et
    al.*, "No Money, No Honey, No Church: The Deinstitutionalization of
    Religious Life among the White Working Class", *Research in the Sociology of
    Work* 23 (2012), 227-50; Tobias Preis *et al.*, "Quantifying the Behaviour of
    Stock Correlations under Market Stress", *Scientific Reports* 2 (2012); Carles
    Boix, Michael Miller, and Sebastian Rosato, "A Complete Data Set of Political
    Regimes, 1800-2007", *Comparative Political Studies* 46 (2013), 1523-54; Peter
    H. Lindert and Jeffrey G. Williamson, "American Incomes Before and After
    the Revolution", *The Journal of Economic History* 73 (2013), 725-65.

걸친 국제 무역로, 인구 성장, 평균 임금, 강수량, 기상 지도 등을 중첩해 보면서 연구를 진행할 수 있다.[23] 또한 오늘날 역사학자는 빼어난 장기 지속 디지털 프로젝트 중 하나로 16세기부터 19세기까지 1200만 명이 넘는 노예를 실어 나른 3만 5000번가량의 노예 항해에 관한 정보를 담고 있는 환대서양 노예무역 데이터베이스Trans-Atlantic Salve Trade Database에 기초해 만들어진 국제 노예무역의 전도를 훑어볼 수도 있다.[24] 또는 구글 어스Google Earth를 활용해 16세기에서 19세기 만들어진 런던의 지도를 한 꺼풀씩 벗겨내며 도시의 성장을 보여줄 수도 있다. 이제 연구의 규모와 상관없이 우리 역사학자의 연구의 바탕이 되는 데이터는 넘쳐나고 있다.

그럼에도 현재까지 축적된 데이터 중 역사학자에 의해 판독된 것은 극소수에 지나지 않는다. 정보화 시대information age — 처음 이렇게 명명된 것은 1962년이며, 각국의 정부가 토양 침식, 기상, 인구, 고용에 관한 데이터를 수집해 자국의 인구와 환경을 정기적으로 감시하는 시대로 정의된다 — 는 21세기에 이르면서 깊은 과거에 대한 데이터의 축적을 가능케 해주었다.[25]

---

23 Allen *et al.*, "Preliminary Global Price Comparisons, 1500-1870"; Konstantinos M. Andreadis *et al.*, "Twentieth-Century Drought in the Conterminous United States", *Journal of Hydrometeorology* 6(2005), 985-1001; Kees Klein Goldewijk, "Three Centuries of Global Population Growth: A Spatial Referenced Population(Density) Database for 1700-2000", *Population and Environment* 26(2005), 343-67; Kyle F. Davis *et al.*, "Global Spatio-Temporal Patterns in Human Migration: A Complex Network Perspective", *PLoS ONE* 8 (2013): e53723; Manning, "Historical Datasets on Africa and the African Atlantic", 604-7; Zeev Maoz and Errol A. Henderson, "The World Religion Dataset, 1945-2010: Logic, Estimates, and Trends", *International Interactions* 39(2013), 265-91.

24 David Eltis and David Richardson, *Atlas of the Transatlantic Slave Trade*(New Haven, 2010): www.slavevoyages.org.

25 Blair, *Too Much to Know*, 2는 '정보화 시대'라는 용어의 탄생을 Fritz Machlup, *The Production and Distribution of Knowledge in the United States*

오랜 시간에 걸쳐 충분히 빈번하게 수집된 이들 수치는 역사가 변하는 모습만 아니라 결과를 둘러싼 맥락이 변하는 모습 또한 담아낸다 — 이 모든 것을 분과 학문에 매몰된 관찰자가 한데 모으는 경우는 거의 없다. 이들 양적 데이터는 넘쳐 남아돌 정도로 쏟아졌으며, 양적 분석을 하는 새로운 학파에게 수많은 미개척 분야를 제시하고 있다. 그럼에도 아직까지 이와 같은 데이터의 상당수는 최근의 추이를 파악하고자 하는 경제학적 분석의 짧은 시간 범위에 걸쳐서만 다루어지고 있는 실정이다.

큰 그림을 보기 위해 거시적인 데이터를 이용하는 혁명의 첫 조짐이 몇몇 세계 연구 중심 대학에서 서서히 나타나고 있다. 이들 대학에서는 정부에 의해 수집된 데이터에 대한 관심이 계량경제사cliometrics의 부활을 촉발했으며, 이는 양적으로 측정이 가능한 것들 — 세금이 부과되고 기록된 부와 상품 그리고 서비스나 인구와 같은 것들 — 의 역사를 통한(그리스의 무사muse 클리오Clio에 의해 체화된) 역사 연구를 지칭한다. 계량경제사 학파는 1970년대 처음으로 유행을 한 바 있다. 당시 로버트 포겔Robert Fogel 과 스탠리 엥거먼Stanley Engerman과 같은 경제사가는 미국 북부 제조소 노동자와 미국 남부 노예의 영양 부족 정도를 비교했다. 이로부터 얻은 수치를 기반으로 해 포겔과 엥거먼은 얼마만큼의 음식을 노동자와 노예가 소비했는가의 측면에서 볼 때 사회의 약자에게는 자본주의가 실제로는 노예제보다 훨씬 나쁘다고 주장했다. 포겔과 엥거먼의 수치에 대해서만 아니라 정말로 노예제가 시장보다 '더 좋은' 혹은 '더 합리적인' 것으로 간주될 수 있는지에 대해서는 논쟁의 여지가 많이 있었으며, 그들의 주장에 내재된 이와 같은 문제 등으로 인해 계량경제사는 이후 자취를 감췄다.[26] 앞서 살펴보았듯이, 이들 논쟁에서 승리한 미시사는 특정 개인의

(Princeton, NJ, 1962)에서 찾고 있다.

26 Robert William Fogel and Stanley L. Engerman, "The Relative Efficiency of Slavery: A Comparison of Northern and Southern Agriculture in 1860",

경험first person experiences에 대한 해석을 하나의 지침으로 삼아 자본주의와 노예제를 이해하는 방식에 대해 극도로 까다로운 태도를 취했다. 이 죄로 인해 추방된 계량경제사는 그로부터 현재까지 대부분 역사학 및 경제학 대학원 교육 과정에서 배제되었다. 하지만 빅 데이터의 새 시대 활용 가능한 증거는 훨씬 더 풍부할 뿐만 아니라 이전보다 훨씬 더 많은 도구를 통해 수집되고 있다.

다수의 연구자들이 이전 그 어느 때보다 계급과 인종, 그리고 정체성과 권위의 문제에 더 많은 주의를 기울이면서 역사 연구의 한 지침으로서 측정이 가능한 것을 헤아리는 작업을 이제 다시 진행시키고 있다. 이전의 양적 전환을 계승하면서 데이터에 기반을 둔 연구를 수행하고 있는 크리스토퍼 다이어Christopher Dyer와 같은 역사학자는 중세 말 영국의 유언장에 찍힌 검인 기록을 되짚어봄으로써 빈민에 대한 복지와 공익 유지의 정신을 밝혀내고자 시도한 바 있다.[27] 역사학자 토머스 말로니Thomas Maloney가 대공황 시기 실업과 인종주의의 상관 관계에 대해 알아보고자 했을 때, 말로니 또한 그동안 간과된 정부 데이터 보고에 주목했다. 말로니는 고용 기록과 연동된 선발 징병selective service에 관한 미국 정부 기록

Explorations in Economic History 8(1971), 353-67; Fogel and Engerman, _Time on the Cross: The Economics of American Negro Slavery_(Boston, 1974); Fogel, "The Limits of Quantitative Methods in History", _The American Historical Review_ 80(1975), 329-50; Hebert G. Gutman, _Slavery and the Numbers Game: A Critique of Time on the Cross_(Urbana, 1975); Samuel P. Hays, "Scientific versus Traditional History: The Limitations of the Current Debate", _Historical Methods: A Journal of Quantitative and Interdisciplinary History_ 17(1984), 75-8; Fogel, _The Slavery Debates, 1952-1990: A Retrospective_(Baton Rouge, LA, 2003).

27 Christopher Dyer, "Poverty and Its Relief in Late Medieval England", _Past & Present_ 216(2012), 41-78. 검인된 유언장 기록에 대한 다른 실험은 19세기 가장 부유한 이들이 선호한 종파는 어떠한 종파였는지 조사하기도 했다.

덕분에 지난 20년 동안 신시네티에서의 실업과 인종주의의 상관 관계를 계측할 수 있었으며, 이로써 인종 차별에 따라 격리된 동네에 거주한 남성이 막 통합되려고 하는 동네에 거주한 남성보다 더 성공했다는 사실을 알아낼 수 있었다.[28] 이와 같은 질문은 새로운 양적 전환이 인종에 따른 경험과 소속감의 미묘한 차이를 어떻게 고려하고 있는지 잘 보여주고 있다. 또한 이들 질문은 모두 이제 이용 가능해진 장기적인 데이터 세트가 촉발한 미시사적 전환에 따라 이론화되었다.

하지만 이들 데이터 세트는 역사학과 밖에서 훨씬 더 큰 열망을 불러 일으켰다. 1970년대 이래 프리덤 하우스Freedom House, 국제 연구 교환 위원회International Research and Exchanges Board, 랜드 연구소와 같은 비영리 싱크 탱크는 세계 각국에서 '평화'와 '갈등', '민주주의'와 '권위주의', 또는 '언론의 자유'와 '인권'과 같은 요소를 추적하는 데이터 뱅크data bank를 구축하고자 한 정치학자들에게 자금 지원을 해왔다.[29] 1990년대 말 이래 이들 데이터 세트 중 일부는 시간에 관한 정보를 추가했으며, 이를 통해 1800년부터 현재에 이르기까지 권리의 확장과 연관된 무수한 사건을 추적해나갔다.[30] 이들 데이터 세트 중 일부는 사적인 것이거나 소유권이

---

28 Thomas N. Maloney, "Migration and Economic Opportunity in the 1910s: New Evidence on African-American Occupational Mobility in the North", *Explorations in Economic History* 38 (2001), 147-65; Maloney, "Ghettos and Jobs in History: Neighborhood Effects on African American Occupational Status and Mobility in World War I — Era Cincinnati", *Social Science History* 29 (2005), 241-67.

29 J. Foweraker and R. Krznaric, "How to Construct a Database of Liberal Democratic Performance", *Democratization* 8 (2001), 1-25; Scott Gates *et al.*, "Institutional Inconsistency and Political Instability: Polity Duration, 1800-2000", *American Journal of Political Science* 50 (2006), 893-908; Lee B. Becker, Tudor Vlad, and Nancy Nusser, "An Evaluation of Press Freedom Indicators", *International Communication Gazette* 69 (2007), 5-28.

있는 것이었지만, 일부는 공유할 수 있는 것이었으며, 그 덕택에 우리가
이들 변수를 이해하는 방식에 혁신이 이루어지기도 했다. 빅 데이터는
불평등의 본질과 관련해서도 역사적 통찰력을 제공할 수 있다. 이미 경
세사가들과 사회학자들은 지난 수 세기에 걸친 그리고 여러 국가에 걸친
불평등의 흐름을 추적하고 있으며, 다양한 소유 양식을 파악하기 위해
노력을 경주하고 있다. 그리고 이들의 예비적 연구는 긴 시간 범위에 걸
쳐서도 남성과 여성, 흑인과 백인, 그리고 이주민과 정착민의 경험 사이
에 큰 차이가 있다는 사실을 보여주고 있다.[31]

---

30 Sara McLaughlin *et al.*, "Timing the Changes in Political Structures: A New
Polity Database", *The Journal of Conflict Resolution* 42 (1998), 231-42; Tartu
Vanhanen, "A New Dataset for Measuring Democracy, 1810-1998", *Journal of
Peace Research* 37 (2000), 251-65; Nils Petter Gleditsch *et al.*, "Armed Conflict
1946-2001: A New Dataset", *Journal of Peace Research* 39 (2002), 615-37;
Andreas Wimmer and Brian Min, "The Location and Purpose of Wars around
the World: A New Global Dataset, 1816-2001", *International Interactions* 35
(2009), 390-417; Michael A. Elliott, "The Institutional Expansion of Human
Rights, 1863-2003: A Comprehensive Dataset of International Instruments",
Journal of Peace Research 48 (2011), 537-46.

31 Jeffrey G. Williamson, *Winners and Losers over Two Centuries of
Globalization* (National Bureau of Economic Research, 2002): http://www.
nber.org/papers/w9161; Peter H. Lindert and Jeffrey G. Williamson, "Does
Globalization Make the World More Unequal?" in *Globalization in Historical
Perspective* (Chicago, 2003), 227-76: http://www.nber.org/chapters/c9590.
pdf; David R. Green *et al.*, *Men, Women, and Money: Perspectives on
Gender, Wealth, and Investment, 1850-1930* (Oxford, 2011); Emily R.
Merchant, Brian Gratton, and Myron P. Gutmann, "A Sudden Transition:
Household Changes for Middle Aged US Women in the Twentieth Century",
Population Research and Policy Review 31 (2012), 703-26; Peter H. Lindert
and Jeffrey G. Williamson, *American Incomes, 1774-1860* (National Bureau of
Economic Research, 2012): http://www.nber.org/papers/w18396; John
Parman, "Good Schools Make Good Neighbors: Human Capital Spillovers in
Early 20th Century Agriculture", *Explorations in Economic History* 49 (2012),

엄청나게 늘어난 장기적인 데이터는 연구자가 특정한 시점을 이해하기 위해 얼마나 많은 배경 지식을 가지고 있어야 하는지와 관련해서도 중요한 방법론적 문제를 제기한다. 기상과 무역, 농업 생산과 식량 소비, 여타의 물적 현실에 비추어 보았을 때, 환경은 인간의 삶의 조건과 얽혀 있다. 우리가 알고 있는 현실의 다양한 패턴을 서로 겹쳐 봄으로써 어떻게 세계가 변해왔는지를 보여주는 깜짝 놀랄 만한 지표가 구해지기도 한다 — 예를 들어, 20세기 후반 인도와 남아시아의 계절풍monsoon의 패턴을 깬 것이 20세기 중엽 인도 곳곳에서 확인된 에어로졸aerosols의 집중이라는 사실이 밝혀지기도 했다.[32] 이미 환경 이상environmental disturbances과 인간사human events를 겹친 지도는 어떻게 인류가 지구 온난화와 해수면 상승에 대응해왔는지 보여주고 있다. 네덜란드 일부 지역에서 해수면 상승은 이미 200여 년 전에 농업 경작의 패턴을 바꾸어놓았다.[33] 기상 관

316-34; "Intergenerational Occupational Mobility in Great Britain and the United States since 1850: Comment", *The American Historical Review* 103 (2013), 2021-40; Jan Luiten van Zanden *et al.*, "The Changing Shape of Global Inequality, 1820-2000: Exploring a New Dataset", *Review of Income and Wealth* 60 (2014), 279-97.

32 Massimo A. Bollasina, Yi Ming, and V. Ramaswamy, "Earlier Onset of the Indian Monsoon in the Late Twentieth Century: The Role of Anthropocene Aerosols", *Geophysical Research Letters* 40 (2013), 3715-20.

33 Aiguo Dai, Kevin E. Trenberth, and Taotao Qian, "A Global Dataset of Palmer Drought Severity Index for 1870-2002: Relationship with Soil Moisture and Effects of Surface Warming", *Journal of Hydrometeorolgy* 5 (2004), 1117-30; Francisco Alvarez-Cuadrado and Markus Poschke, "Structural Change Out of Agriculture: Labor Push versus Labor Pull", *American Economic Journal: Macroeconomics* 3 (2011), 127-58; Urs Gimmi, Thibault Lachat, and Matthias Bürgi, "Reconstructing the Collapse of Wetland Networks in the Swiss Lowlands, 1850-2000", *Landscape Ecology* 26 (2011), 1071-83; Hans de Moel, Jeroen C. J. H. Aerts, and Eric Koomen, "Development of Flood Exposure in the Netherlands during the 20th and 21st Century", *Global Environmental*

런 데이터와 농장 관련 정부 데이터를 서로 비교해봄으로써 역사학은 우리가 물적 변화와 인간 경험의 상호 작용과 더불어 기후 변화가 어떻게 이미 수십 년에 걸쳐 다양한 종류의 승자와 패자를 양산해냈는지 살펴볼 수 있도록 한다.

이러한 연구의 함의는 지대하다. 아마티야 센Amartya Sen은 빅 데이터가 도래하기 전인 1981년 이미 높은 수준의 민주주의와 기근 방지 사이의 상관 관계를 확증한 바 있다.[34] 하지만 더 근래 빅 데이터를 다루는 학자들은 민주주의와 관련된 역사적 지표와 세계보건기구World Health Organization가 제공하는 질병과 기대 수명 그리고 신생아 사망률 지표를 활용해 지난 20세기 동안 전 세계 대부분 국가에서 민주주의와 건강 상태 사이의 패턴을 입증했다.[35] 개별 사회의 보건 상태가 한 세기 동안 얼마나 눈에 띄게 바뀔 수 있는지를 알려주는 다양한 종류의 데이터는 좋은 삶의 형태를 보여줄 상관 관계를 제공하기도 한다.[36] 이 데이터는 또한 농업 생

Change, Speical Issue on the Politics and Policy of Carbon Capture and Storage, 21(2011), 620-7; Tello and Badía-Miró, "Land-Use Profiles of Agrarian Income and Land Ownership Inequality in the Province of Barcelona"; Benjamin S. Felzer, "Carbon, Nitrogen, and Water Response to Climate and Land Use Changes in Pennsylvannia during the 20th and 21st Centuries", _Ecological Modelling_ 240(2012), 49-63; Peter Sandholt Jensen and Tony Vittrup Sørensen, "Land Inequality and Conflict in Latin America in the Twentieth Century", _Defence and Peace Economics_ 23(2012), 77-94; Robert H. Bates and Steven A. Block, "Revisiting African Agriculture: Institutional Change and Productivity Growth", _The Journal of Politics_ 75(2013), 372-84.

34 Amartya Sen, _Poverty and Famines: An Essay on Entitlement and Deprivation_ (Oxford, 1981).

35 Álvaro Franco, Carlos Álvarez-Dardet, and Maria Teresa Ruiz, "Effect of Democracy on Health: Ecological Study", _British Medical Journal_ 329(2004), 1421-3.

36 M. Rodwan Abouharb and Anessa L. Kimball, "A New Dataset on Infant

산성이 일부 농촌 지역에서는 오히려 한 세대에 걸쳐 키 성장을 방해해 해당 세대에 속한 사람은 평생 동안 영양 부족으로 낙인찍히게 된 경우에서와 같이 세계 각 지역의 역사적 경험이 서로 얼마나 다를 수도 있는지 알려준다.[37] 시공간에 걸쳐 역사적으로 수집된 빅 데이터는 이렇게 우리 모두의 삶을 지탱하는 거버넌스와 시장 체제의 현실을 불평등의 위험으로부터 구분할 수 있도록 해준다.

이 모든 연구가 알려주는 바는 우리가 활용할 수 있는 데이터 – 민주주의, 보건, 부, 그리고 생태계에 관한 데이터 – 가 넘쳐난다는 사실이라 하겠다. 낡은 사고 체계에 입각해 평가된 데이터는 여러 다른 학문 분과에서 이용되고 있다 – 민주주의는 정치학이나 국제정치학에서, 부는 사회학이나 인류학에서, 그리고 생태계는 지구과학이나 진화생물학에서 이용되고 있다. 하지만 도처에서 데이터 과학자는 서로 다른 데이터는 그 나름의 역사적 관계 속에서 이해되어야 한다는 점을 깨닫기 시작했다. 에어로졸 오염과 인도와 남아시아의 계절풍은 인과 관계를 맺고 있다. 해수면 상승과 농민의 이주도 마찬가지이다. 모든 데이터는 오랜 시간에 걸친 상호 작용을 통해 합쳐진다. 이와 같은 종류의 문서고를 우리가 창

Mortality Rates, 1816-2002", *Journal of Peace Research* 44(2007), 743-54; Tanya L. Blasbalg *et al.*, "Changes in Consumption of Omega-3 and Omega-6 Fatty Acids in the United States during the 20th Century", *The American Journal of Clinical Nutrition* 93(2011), 950-62; Jean M. Twenge, "Generational Differences in Mental Health: Are Children and Adolescents Suffering More, or Less?" *The American Journal of Orthopsychiatry* 81 (2011), 469-72; Joan P. Mackenback, Yannan Hu, and Casper W. N. Looman, "Democratization and Life Expectancy in Europe, 1960-2008", *Social Science & Medicine* 93(2013), 166-75.

37 Joerg Baten and Matthias Blum, "Why Are You Tall While Others Are Short? Agricultural Production and Other Proximate Determinants of Global Heights", *European Review of Economic History* 18(2014), 144-65.

의적으로 다룰 수만 있다면, 우리는 대부분의 경제학자와 기후과학자가 일별하지 않은 데이터를 손에 넣을 수 있다. 데이터를 확장하고, 비판하고, 그리고 다양한 시각에서 역사적으로 검토한다면, 우리는 지금과는 비교할 수 없을 정도로 많은 묻혀진 상관 관계를 발굴해낼 수 있다.

보이지 않는 문서고들

역사학자의 특별한 재주 중 하나는 '읽지 마시오DO NOT READ'라고 도장 찍힌 내각 문서를 들여다볼 수 있고, 정부 관료가 숨기고자 한 것에 대해 흥미를 가진다는 점이다. 이와 같은 전략 또한 빅 데이터 시대에 새 생명을 얻고 있다. 풍부한 정보는 문서고의 의도적인 침묵을 폭로하고, 대중이 보지 않았으면 하는 정부의 면면에 빛을 비추는 작업을 돕는다. 그것은 암흑의 문서고Dark Archives로 연구자가 방문해주기를 기다리고 있는 문서고가 아니라 기밀 목록에서 해제된 것이나 삭제된 것에 대한 독해를 통해 구축되어야 할 문서고이다. 여기서도 역시 빅 데이터는 얼마나 많은 것이 사라졌으며, 언제 그리고 어떠한 이유로 사라졌는지에 대해 더 길고, 더 깊은 이야기를 하도록 돕는다.

역사학자들은 문서고를 확장해 권력을 뒤흔드는 일을 선두에서 이끌고 있다. 역사학자 매튜 코넬리Matthew Connelly의 경우 미국 정부 보고서 중 간행되지 않았거나 기록되지 않은 보고서를 대중이 추적해낼 수 있도록 돕고자 "비밀 해제 문서 검색 엔진Declassification Engine"이라 이름 붙인 웹사이트를 개발하기도 했다. 코넬리가 사용한 기술은 심지어 공개되지 않은 보고서에 대한 원거리 읽기도 가능케 할 것이다. 사실 코넬리의 연구는 1990년대 이래 비밀 제한이 해제된 파일이 엄청나게 증가하고 있다는 사실을 밝혀냈다. 1990년대 미국 정부는 그 안에 언급된 개인과 프로젝트로 인해 극도록 민감하다고 간주된 특정 파일만 비밀로 붙이는 것이 아니라 모든 정부 프로그램을 공적 접근public access으로부터 자동적으로 보류되도록 했다. 코넬리의 비밀 해제 문서 검색 엔진은 정보공개법 Freedom of Information Acts에 따른 요청이 각하된 경우를 크라우드소싱을 함으로써 수십 년 동안 조용히 잠자고 있었던 문서고의 존재를 알릴 수 있었다.[38]

비정부 기구의 시대, 정부 출처 데이터 스트림government-sourced data streams은 인터넷의 크라우드소싱 기술 덕택에 가능케 된 오랜 시간에 걸친 인간 경험과 제도에 대한 다양한 다른 데이터 세트에 의해 보완되었다. 또한 인터넷을 이용해 다양한 출처에서 데이터를 수집하고 공유할 수 있게 되면서 자본주의의 궤적을 감시하는 여러 비정부 기구 활동가 단체가 새로운 데이터를 수집하고 이를 한데 묶어내기 시작했다. 사실 사회과학자들은 수세대에 걸쳐 그들 나름의 데이터 세트를 축적해왔다. 그러나 이들 데이터 세트 중 다수가 전산화되고 심지어는 공유가 가능해진 것은 1990년대 이후이다.[39] 그 결과 국민국가와 기업에 대해 공히 비판적인 데이터베이스가 지난 30여 년 동안 구축되었으며, 이는 오늘날 대안적인 역사 연구에 증거를 제공하고 있다. 예를 들어, 2012년에는 독일의 연구 중심 대학 네 곳이 국제 토지 연합International Land Coalition과 손을 잡고 금융 자본의 유동으로 인해 세계 각지에서 벌어지고 있는, 눈에 잘 띄지 않는 '토지 수탈'에 관한 정보를 수집하기 시작했다.[40] 데이터의

---

38 "Declassification Engine": http://www.history-lab.org/.

39 R. Rudy Higgens-Evenson, "Financing a Second Era of Internal Improvements: Transportation and Tax Reform, 1890-1929", *Social Science History* 26 (2002), 623-51. 히긴스 - 에빈슨은 정치 및 사회 연구를 위한 대학 간 컨소시엄Inter-university Consortium for Political and Social Research에 데이터를 저장한 Richard Sylla, John B. Legler, and John Wallis, *Sources and Uses of Funds in State and Local Governments, 1790-1915*(machine-readable dataset) (Ann Arbor, MI, 1995)의 데이터를 사용하고 있다.

시대, 우리는 정부와 투자자는 알려지기를 원치 않는 그와 같은 역사를 드러낼 수 있다.

다른 수많은 사회 운동 단체의 경우도 국제 토지 연합의 경우와 크게 다르지 않다. 즉 빅 데이터 시대에 사회 운동의 한 축은 전통적인 정부의 눈에는 잘 보이지 않는 현상에 대한 정보를 수집하고, 그 데이터를 국제적인 개혁의 도구로 활용하는 것이라 할 수 있다. 사회 운동과 연관된 이와 유사한 데이터베이스가 내부 고발자에 의해 공개된 정부 자료의 유명한 보고인 위키리크스Wikileaks에 존재하며, 오프쇼어리크스Offshoreleaks는 개인과 기업이 자신의 수익을 국민국가에서 빼돌려 보관하는 국제적인 장소인 조세 피난처tax haven와 관련된 데이터베이스를 제공하고 있다. 특히 후자에 관해서는 언론인 니콜라스 섁슨Nicholas Shaxon이 『보물섬: 조세 피난처와 세계를 도둑질한 자들Treasure Islands: Tax Havens and the Men who Stole the World』(2011)에서 20세기에 해당되는 부분을 역사적으로 훑어보기도 했다.[41]

아직까지 이 같은 데이터 뱅크에 수집된 자료는 짧은 역사적 스펙트럼만을 다루고 있으며, 이는 식민지에서 해방된 지역의 부동산에 대한 해외 투자를 추적할 수 있는 역사학자에 의해 보완되어야 할 것이다 — 이 주제는 1940년대와 1950년대 자원 민족주의의 역사와 더불어 루마니아, 불가리아, 아이슬란드와 같은 국가가 반세기 만에 처음으로 국제 투기에 자국의 부동산 시장을 개방하면서 지난 10년간 진행된 상황의 급작스러운 역전을 되짚어 살펴보도록 할 것이다.

암흑의 문서고와 온라인 커뮤니티를 통해 만들어진 문서고는 우리가

---

40 http://landmatrix.org/en/about/.

41 http://offshoreleaks.icij.org/search; http://wikileaks.org; Nicholas Shaxon, *Treasure Islands: Tax Havens and the Men who Stole the World*(London, 2011).

현재의 모습 — 지금 우리 정부는 어떠한지, 투자는 어디로 움직이고 있는지, 오늘날 사회적 정의의 운명은 어떠한지 등 — 을 담아내는 데 얼마나 많은 도움을 빅 데이터로부터 받을 수 있는지를 단적으로 보여준다. 앞서 우리가 논한 토픽-모델링을 비롯한 과거를 분석하기 위한 여러 종류의 도구를 적극 활용한 디지털 분석은 말 그대로 읽어야 할 자료가 너무나 많은 경우에도 역사 연구를 가능케 하는 획기적인 도구 세트를 제공하기 시작했다. 우리는 이제 정보 과잉의 시대에 살고 있지 않다. 오히려 우리가 살고 있는 시대는 새로운 도구와 자료 덕택에 이전에는 조용히 지나쳐버렸던 시간의 방대한 폭을 담아낼 수 있게 된 시대라 할 수 있다.

추방과 탄압의 증거는 간직되어야 할 것이다. 그것은 가장 깨지기 쉬운 것이며, 경제와 정치 혹은 환경을 둘러싼 싸움 속에서 가장 사라지기 쉬운 것이다. 몇 해 전 영국에서 활동하고 있는 생물 다양성 운동가가 모여 인간이 초래한 기후 변화로 인해 자취를 감춘, 알려진 그리고 알려지지 않은, 모든 종을 기리는 추모비를 세웠다.[42] 심지어 기존의 문서고가 멸종 사태에 관한 큰 이야기를 조명하는 용도로 갑자기 활용될 수도 있다. 예컨대, 동인도 회사East India Company와 다른 기업을 위해 일했던 동식물학자들에 의해 수집된 18세기 자연사 자료의 경우 여러 생태학자에 의해 인류세를 특징짓는 멸종의 패턴을 재구성할 목적으로 활용되기도 했다.[43] 우리는 식물과 동물에 관한 정보만 아니라 원주민과 추방되거나 잊혀간 민족에 대한 정보로 가득 찬, 즉 우리가 너무나 쉽게 망각할 수

---

42 Rosemary Randall, "Loss and Climate Change: The Cost of Parallel Narratives", *Ecopsychology* 1(2009), 118-29.

43 Adrian M. Lister, "Natural History Collections as Sources of Long-Term Datasets", *Trends in Ecology & Evolution* 26(2011), 153-4; Ryan Tucker Jones, *Empire of Extinction: Russians and the North Pacific's Strange Beasts of the Sea, 1741-1867*(New York, 2014).

있는 이야기를 담은 암흑의 문서고를 위한 원 데이터raw data로 가득 찬 도서관을 필요로 한다. 더 큰 윤리적 도전을 위해 데이터 세트를 보존하고 재구성하는 일은 과학사가에게 의미 있는 도전을 제시한다. 이러한 도전은 우리에게 경제적 불평등과 환경 파괴를 경험한 수많은 개인은 물론이거니와 민주주의를 성취하고 '근대' 세계를 탄생케 한 수많은 노고에 대한 더 풍부하고 더 참여적으로 구성된 그림을 제시할 것이다.

우리가 살펴보았듯이, 과거를 조명하는 이들 도구는 종종 미래에 대한 우리의 이해에 큰 반향을 일으키기도 한다. 이들 도구는 우리가 지속 가능한 도시 건설의 가능성이나 지난 수 세기 동안의 불평등을 이해하는 방식을 바꾸어놓기도 한다. 이들 도구는 활동가와 시민이 각자의 정부의 궤적을 파악하고, 세계 경제를 이해할 수 있도록 돕는다. 또한 역사 연구를 돕는 이 모든 수단은 현재 세계에서 벌어지는 일들을 이해하는 데서도 매우 긴요하다. 그리고 이들 수단은 장기적인 미래를 위한 배경을 모델화하는, 떠오르고 있는 과학 기술을 대표한다.

그렇다면 우리는 미래와 과거에 대해 어떻게 생각해야 하는가?

디지털화만으로는 이야기를 감싸고 있는 짙은 안개와 서로 경쟁하는 신화로 인해 분열된 사회의 혼란을 헤치고 나아가기 어렵다. 데이터와 질문 그리고 주제를 가능한 한 조심스럽고 신중하게 택하는 일이 무엇보다 필요하다. 우리는 종합적이고, 현실 문제와 연관된, 새로운 방법론적 토대를 놓는 질문을 찾아내야 하고, 이를 장려해야 할 것이다. 사실 인과관계에 대한 질문을 파악하고, 오랜 시간에 걸친 이야기를 설득력 있게 전달하는 능력은 오늘날 정보 산업이 직면하고 있는 미해결 과제 중 하나이다. 잘 알려져 있다시피, 구글도 페이스북Facebook도 자신들의 담벼락walls에서 혹은 지난 해 잡지에서 가장 중요한 뉴스를 뽑아낼 수 있는 알고리즘을 찾는 데서는 별다른 성공을 거두지 못하고 있다. 구글과 페이스북은 가장 많이 **검색된** 이야기는 찾아낼 수 있지만, 어떤 이야기가 가장 영향력 있는 이야기인지 알아내는 일은 여전히 큰 도전이다. 복잡한 현실 세계 속 사건의 이해를 도울 연표를 가지고 실험을 하면서 테크크런치TechCrunch의 타릭 코룰라Tarikh Korula와 코넬 대학의 모르 나아만 Mor Naaman은 트위터Twitter상에서 서로 다른 해시태그hashtag의 상대적인 '순위heat'를 실시간으로 알려주는 신닷코Seen.co란 웹사이트를 개발했다.[44] 이러한 사업은 사적 영역에서 시간 — 단기 지속이든 장기 지속이든 — 을 이해할 수 있는 전문가에 대한 요구가 상당하다는 것을 의미한다. 이와 유사하게 사건을 추적하는 또 다른 웹사이트인 레코디드 퓨처 Recorded Future의 경우 특정 회사나 투자 분야에 초점을 두고, 상이한 이야기 사이의 공시성과 관련성을 클라이언트 기반 인텔리전스와 기업 차익거래client base of intelligence and corporate arbitrage를 통해 찾아내기도 한다.[45] 레코디드 퓨처의 최고경영자인 크리스토퍼 알버그Christopher Ahlberg는 자신의 회사의 사명을 "사람들이 세계에 존재하는 모든 종류의 새로운 이야기와 구조를 볼 수 있도록 돕는 데 있다"고 적었다.[46] 여러 사건 속에서 반복되는 패턴을 파악하고, 상호 관계와 연관성을 포착하는 — 이 모든 작업은 전통적인 역사학의 활동 분야이기도 하다 — 기술이 과감한 투자를 받을 만한 가치가 있다고 판단한 구글은 2014년 이 회사에 대한 첫 투자로 80억 달러를 쏟아부었다.

페이퍼 머신 소프트웨어의 역사는 또 다른 예시를 제공한다. 페이퍼

---

44 https://tarikh.me/.

45 https://www.recordedfuture.com/.

46 Quentin Hardy, "Crushing the Cost of Predicting the Future", Bitz Blog, *The New York Times*: https://bits.blogs.nytimes.com/2011/11/17/crushing-the-cost-of-predicting-the-future/?_r=0.

머신은 2012년 발명되었고, 2013년에서 2014년 사이 개량되었다. 그동안 페이퍼 머신을 다룬 몇 편의 논문이 쓰였으며, 블로그blog와 트위터상에는 교수들과 대학원생들이 페이퍼 머신을 수업과 연구에서 사용해본 뒤 후기를 올리면서 그보다 훨씬 많이 언급되었다. 더 나아가 2013년에는 덴마크의 한 군사 정보 업체가 덴마크 국가 정보 기관에 세계 각국의 정보 기관이 내놓은 공식 보고서에 대한 분석을 제공할 목적으로 페이퍼 머신을 채택하기도 했다.[47] 페이퍼 머신이 연구 대상으로 삼은 역사상 정부들과 마찬가지로, 세계 각국은 읽어야 할 자료를 너무나 많이 찍어 내고 있다 – 사실 다른 국가의 정부가 이를 유용하게 사용하기에는 너무나 많은 정보가 쏟아져 나오고 있다. 국가 안보를 위협하는 다양한 세력과 관련된 역사적 경향을 파악하는 일은 공식적인 정보의 효율적인 처리에서 핵심적인 업무가 되었다.

향후 수십 년 데이터 과학자와 기후과학자 그리고 시각화 전문가와 금융 분야 종사자는 시간을 모델화하는 최상의 도구를 찾기 위해 혈안이 되어 있을 것이다. 역사학은 시간적 요소가 인과 관계와 상호 관계를 파악하는 데 중요한 위치를 점하고 있는, 서로 호환되지 않는 데이터 세트의 분석에 적합한 기준과 기술 그리고 이론을 개발하는 데 중추적 역할을 담당해야 한다. 잠재적인 주주에게 다양한 보험, 부동산, 제조업, 생태 프로그램 혹은 정치 프로그램의 역사와 전망을 설명하고자 하는 전문가들도 모두 긴 시간을 아우르는 질문을 제기할 수 있는 전문가를 필요로 한다. 또한 이들 잠재적인 청중은 모두 현실 세계와 실천의 문제에 대응하면서 진화해온 역사학의 여러 형태의 도덕적 함의에 대한 질문을 역사학자에게 되던진다.

---

47 Stephen de Spiegeleire, personal correspondence to Jo Guldi (2 January 2014).

빅 데이터의 시대는 대학을 어떻게 바꿀 것인가

정보 과잉은 우리 시대 지식 경제의 현실이다. 디지털 문서고와 도구 세트는 현재 학자들과 미디어 그리고 시민들의 능력을 압도하는 정부와 기업의 데이터를 파악할 수 있다고 약속한다. 우리 앞에 놓여 있는 방대한 자료는 전문 지식의 경계를 넘어선 데이터 ─ 한때는 본질적으로 경제적이고, 생태적이고, 정치적이었던 데이터로 시간이 지나면서 그 목적과 선입관이 바뀐 기관에 의해 과거에 수집된 데이터 ─ 의 해석을 도와줄 중재자를 필요로 한다. 빅 데이터가 대학의 기능을 바꿔놓으리라는 것은 거의 확실하다. 우리는 미래의 대학이 더 많은 데이터와 훨씬 더 엄밀한 수학을 필요로 할 뿐만 아니라, 오랜 시간에 걸쳐 수집된 데이터에 대한 더 많은 중재를 필요로 할 것이라고 확신한다.

대학 교육이 과거와 미래에 대한 장기적인 연구에 적합한 장이며, 기후와 경제 그리고 정부가 극심히 유동하고 있는 지금과 같은 시기에도 그 같은 교육에 대한 수요는 상당해야 한다고 생각할 만한 충분한 이유가 여전히 있다. 대학은 개인의 삶과 사회의 운명에 대해 고민할 귀중한 공간을 제공한다. 유동성의 시대, 역사적 전통에 대한 대학의 오랜 감각은 다른 공동체에서는 주술사와 성직자 그리고 연장자의 영역이었던 장기적인 사고를 대신한다. 만약 우리가 미래를 더 잘 탐색하기 위해 그들처럼 과거를 활용하고자 한다면, 우리에게는 시간에 대한 그와 같은 지향이 필요하다.

그럼에도 오늘날 대학의 상당수 전문가는 이러한 질문을 다룰 준비가 제대로 되어 있지 않다. 데이터를 가지고 연구하도록 훈련을 받은 과학자들일지라도 오랜 기간에 걸쳐 기능해온 인간의 제도가 축적한 빅 데이터를 다룰 때면, 심지어 다루는 범위가 크지 않은 경우에도 종종 실수를 저지르곤 한다. 지리학자들이 작성한 한 논문의 경우, 대중이 기후 변화에 관한 데이터에 반응을 하는지 여부를 파악하고자 ISI 웹 오브 놀리지 Web of Knowledge 데이터베이스를 핵심 주제어인 '기 ㅎclimat* 변 ㅎchang*' 그리고 '적 ㅇadapt*'을 가지고 키워드 검색을 했다.[48] 이 같은 종류의 단어 개수 계산word-count이 정말로 미국에서 시급한 문제로 부각되고 있는 기후 변화에 관한 정보를 알려줄 수 있을까? 이러한 전략은 역사학 학술지의 심사 기준을 절대 통과하지 못할 것이다. 제3장에서 밝힌 바 있듯이, 과학자들에 의해 수집된 기후 변화에 관한 산더미 같은 증거라 할지라도 학계 밖의 세계에 사회적 합의가 존재한다는 것을 보여주는 지표가 될 수 없다. 심지어 아주 정밀하게 조정된 차원에서 보아도 이와 같은 프로젝트에 기술된 분석은 문제가 있다. 단적으로 위의 조건은 '지구 온난화 global warming'와 '환경 변화environmental change'와 같은 담론 종속 변수 discourse-dependent variable를 고려하지 않고 있다. 더 나아가 기후 변화에 대한 적응과 관련된 학계의 논의는 학계 밖에서 이루어지는 정치적 행동을 측정할 기준이 결코 될 수 없다.

실업의 과거와 미래에 대해 논하기 위해 미국인들이 이용하는 데이터의 경우는 이보다 더 놀랍다. 한 사회의 경제적 안녕을 측정하는 기준으로서 실업률은 정치학자와 경제학자 사이에서만 아니라 국제 미디어에서도 우리 모두를 위해 마땅히 추구해야 할 정치적 목표를 뜻하는 약어로 널리 사용되고 있다. 그러나 금융 분석가이자 우리 사회를 측정하는 여러 지표에 관한 권위 있는 역사학자인 자차리 카라벨Zachary Karabell에 따르면, 실업을 측정하기 위해 우리가 사용하는 방법은 단기적인 사고의 편견으로 가득 차 있다. 실업률은 수많은 종류의 직업을 셈에서 제하고 있다. 실업률은 본래 뉴딜New Deal하에서 고안된 개념이며, 당시의 편견

---

48 Lea Berrang-Ford, James D. Ford, and Jaclyn Paterson, "Are We Adapting to Climate Change?" *Global Environmental Change* 21 (2011), 25-33.

을 따라 '고용'의 범주에서 도시 농부urban farmer가 새로운 프로젝트를 시작한 경우 매번 제외했을 뿐만 아니라 노동 시장에서 일자리를 구하기보다 육아나 부모 부양을 선택했던 여성의 모든 노동 또한 배제했다. 게다가 실업률은 경제적 안녕이나 특정한 목표를 측정하는 데서도 유난히 단기적인 지평을 대표한다고 할 수 있다. 1959년 이전에는 어떠한 기관도 현재 우리의 측정 방식에 상응하는 종류의 '실업'에 대한 통계를 제공한 적이 없기에, 카라벨은 대통령 선거의 승패에 대한 수많은 '가정된 자명한 이치supposed truisms'가 거짓이라고 논박했다. 이렇게 당연한 사실이라고 여겨진 것 중에는 어느 미국 대통령도 7.2% 이상의 실업률을 가지고는 재선될 수 없다는 믿음도 포함된다. 카라벨은 이와 같은 허구가 "기껏해야 50년 남짓한 정보에 기초하고 있다"고 꼬집었다. 카라벨은 그의 연구를 통해 이러한 시간의 지평이 '긴 시간 속에서 볼 때 순간조차 되지 못하며, 따라서 확신을 가지고 확정적이고 신속한 결론을 내리기에는 충분치 않다'는 점을 밝혔다.[49]

오랜 시간에 걸친 데이터를 수집하는 거의 모든 기관의 데이터 수집 방식은 세대가 지나면서 더욱 정교화되었으며, 바뀌었다. 1941년 창설된 비정부 기구인 프리덤 하우스가 평화와 갈등 그리고 민주화에 대한 데이터 세트를 모으기 시작할 때, 프리덤 하우스는 언론의 자유에 강조점을 둔 측정 기준을 따랐다. 이는 수십 년 뒤 제도의 측면에서 민주주의와 독재를 조사한 폴리티 프로젝트Polity Project의 측정 기준과는 매우 다른 기준이다. 정치학에서 이러한 가치의 변화는 프리덤 하우스와 폴리티의 민주주의에 대한 측정 기준이 상이한 프로젝트를 위한 것이긴 했지만 모두 유용하다는 것을 의미한다.[50] 하지만 다른 분야의 경우 시대에 뒤떨어진

49 Zachary Karabell, *The Leading Indicators: A Short History of the Numbers that Ruled Our World*(New York, 2014), 44.

50 Tatu Vanhanen, "A New Dataset Compared with Alternative Measurements of

측정 기준은 데이터의 유용성과 관련해 매우 심각한 문제를 야기할 수도 있다. 전자 레인지가 등장하기 이전 시대의 삶의 형태에 기초해 계산된 실업과 소비자 물가 지수consumer price index, 인플레이션, 혹은 국내총생산과 같은 측정 기준뿐만 아니라, 이들에 관한 이론과 가정된 법칙 또한 구세대 귀족과 장로 교회의 장로의 혜묵은 편견을 반영하는 것일 수 있다. 바로 그러한 까닭으로 오늘날 여러 금융 기구가 전통적인 경제 측정 기준을 모두 버리고, 수학자들과 역사학자들을 고용해 현재 우리의 삶의 형태에 대해 더 많은 것을 알려줄 '맞춤 지표bespoke indicators'를 고안하고자 애쓰고 있다고 카라벨은 말한다.[51]

우리는 숫자를 가지고 미래를 항해해왔으나, 이 숫자가 언제로부터 왔는지에 대해서는 충분한 관심을 기울이지 않은 듯싶다. 오늘날 정보화 사회의 데이터는 다른 시점에서 추출된 것이기에 시간을 다루도록 훈련받은 정보의 중재자를 긴히 필요로 한다. 하지만 그럼에도 대개 기후학자들과 경제학자들은 우리가 가지고 있는 데이터 중 얼마만큼이 민주주의를 사회 붕괴의 주된 원인으로 간주한 엘리트 계층에 의해 수집된 것인지 혹은 그것들 중 얼마만큼이 자신의 승리를 떠벌린 그 이후의 제국으로부터 연원하는 것인지에 대한 물음 없이, 로마와 마야 문명과 같은 문명의 붕괴를 포함한, 오랜 시간에 걸친 변화에 대한 분석과 그 함의에 대한 큰 그림을 그리는 일을 계속하고 있다.[52] 정보의 과잉으로 인해 위협

Democracy", in Hans-Joachim Lautch, Gert Pickel, and Christain Welzel (eds.), *Demokratiemessung: Konzepte und Befunde im internationalen Vergleich*(Wiesbaden, 2000), 184-206.

51 Karabell, *The Leading Indicators*, 125, 130-5, 147-9.

52 Richard Grove and Vinita Damodaran, "Imperialism, Intellectual Networks, and Environmental Change: Unearthing the Origins and Evolution of Global Environmental History", in Sverker Sörlin and Paul Warde(eds.), *Nature's End: History and the Environment*(Basingstoke, 2009), 23-49; Sörlin and

받고 있는 시대, 우리가 필요로 하는 것은 우리를 에워싸고 있는 데이터
— 일자리, 세금, 토지, 물에 대한 공식적인 기록과 함께 암흑의 문서고, 일상의
경험, 억압된 목소리에 대한 비공식적인 기록 — 에 대한 역사적인 해석이다.

전문가 간의 전쟁

　데이터를 중재하는 일은 다른 어떠한 분야도 지니지 못한 재능과 훈련
을 필요로 하는 일이며, 따라서 주요 연구 중심 대학의 역사학과가 이를
주도할 것이 거의 확실하다. 그 같은 역할은 일정 부분 전 세계의 역사학
자들이 내놓은 과거에 대한 해석에 대한 각별한 관심에 기초한다. 어떠
한 데이터를 살펴봐야 할 것인가를 둘러싼 딜레마 중 다수는 역사학자들
이 이미 이해하고 있는 윤리적인 질문이다. 인텔리전스 서비스와 금융
분야 그리고 사회운동가 모두가 우리 세계를 구성하고 있는 장기적인 현
상과 단기적인 현상을 해석할 수 있기를 갈망하는 시대, 역사학자는 큰
기여를 할 수 있다. 만약 역사학과가 디지털 도구를 디자인하는 프로그래
머와 빅 데이터 분석가를 훈련시킬 수 있다면, 역사학과는 학계 안팎에서
지식 생산의 최전선에 설 수많은 학생을 키워낼 것이 분명하다.
　데이터를 평가하는 역사학 나름의 도구는 몇 가지 주장에 근거를 둔
것이다. 즉 그것은 데이터에 내재된 제도적 편견을 간파하고, 데이터가
어디에서 왔는지에 대해 고민하고, 다른 종류의 데이터를 비교하고, 통
설로 자리 잡은 신화의 강력한 흡입력에 맞서고, 그리고 다른 종류의 원
인이 있을 수도 있다는 점을 이해한다는 주장에 근거한 것이다. 또한 역
사학자는 지난 여러 세대 동안 관료 기구를 지휘한 정책 결정자의 '관료

　Warde, "The Problem of the Problem of Environmental History: A Re-Reading
　of the Field", *Environmental History* 12 (2007), 1-31.

적 사고방식official mind'에 따라 데이터가 어떠한 방식으로 수집되고 관리되어 왔는지를 조사하는 데 가장 중요한 해석자이자 비평가이고 또 회의론자 중 하나이다. 데이터의 과거와 미래에 대해 사고하는 전통은 해럴드 퍼킨Harold Perkin의 직업으로서 교수에 대한 역사 연구나 그 이전 관료제에 대한 막스 베버의 역사 연구로까지 거슬러 올라간다.[53] 퍼킨과 베버의 연구가 일관되게 보여주고 있는 바는 근대 관료제와 과학의 데이터, 심지어는 수학의 데이터도 그를 생산한 제도의 가치와 상당히 유사한 가치를 지닌다는 사실이다. 어떤 경우 이는 미 육군 공병단American Army Corps of Engineers의 경우에서처럼 해당 프로젝트에 재정 지원을 하는 특정 지역을 대표하는 편견의 형태를 띠기도 한다. 다른 경우 이는 전문가 집단 자체를 대표하는 편견 — 빈곤층이 가진 자원은 시장 경제에서 지극히 일부에 지나지 않는다는 점을 보여주는 편견, 경제학이 단지 극소수의 손에 이미 집중된 부의 집중을 지지하는 경우에도 경제학자는 경제 성장에 필수불가결한 조력자라고 주장하는 편견 — 의 형태를 띠기도 한다.[54] 역사학자들은 아주 다른 출처에서 얻어진 것이라 해도 다양한 종류의 데이터를 읽도록 훈련을 받는다. 이는 다른 종류의 분석가를 육성하는 과정에서는 흔히 간과되는 기술이다. 바꿔 말해, 역사학자의 전문 분야는 다종다양한 데이터가 시간 속에서 생성되는 과정을 추적해 읽어내는 것이라 하겠다.

통설로 자리 잡은 역사 관련 신화에 대한 비판은 '거대 담론'이란 명칭

---

53 Harold Perkin, *The Third Revolution: Professional Elites in the Modern World* (London, 1996); Max Weber, *Science as a Vocation*(1917), in Weber, *The Vocation Letters*(ed.) David Owen and Tracy B. Strong(Indianapolis, 2004), 1-31.

54 Frédéric Lebaron, "Economists and the Economic Order: The Field of Economists and the Field of Power in France", *European Societies* 3(2001), 91-110; Stephen Turner, "What is the Problem with Experts?" *Social Studies of Science* 31(2001), 123-49.

으로 흔히 불린다. 1960년대 이래, 역사 이론 및 역사 철학 분야의 상당 수의 작업이 역사학자는 어떻게, 개신교와 백인 혹은 유럽의 시각이 언제나 가장 앞선 시각이라는 편견을 비롯한, 이전 시대의 문화적 편견에 대해 비판적인 자세를 취할 수 있는가란 문제에 집중되었다. 선호의 보편 법칙universal rules of preferment에 대한 회의주의는 과거와 미래에 대해 생각하는 데 핵심적인 도구 중 하나이다. 역사가 알려주는 범위 내에 특정 인종이나 특정 종교의 다른 인종이나 다른 종교에 대한 승리를 예언 하는 어떠한 자연 법칙도 존재하지 않는다.[55] 다만 유례없는 수준의 군사 기술과 하부 구조에 대한 접근성과 같은 특정 시기 특정 제도의 흥망과 연관된 작은 규모의 동학이 존재할 따름이다. 이와 같은 회의주의는 민주주의 또는 미국 문명이 여타의 정치 제도나 문명에 대해 승리를 거두는 것은 예정된 일이라 믿는 근본주의를 조장하는 이들로부터 역사학 자를 구분시킨다.

우리가 살고 있는 시대, 빅 데이터는 우리가 우리의 역사 속에 갇혀 있다고, 즉 우리의 여정이 우리보다 먼저 들어선 거대한 구조에 의해 결정된다고 말하고 있는 듯 보인다. 예를 들어, 한 저명한 학술지에 게재된 「여성과 쟁기」란 제목의 경제학 논문은 근대의 성 역할gender roles이 농업이 제도로 자리 잡은 이래 우리의 유전자와 우리의 선호를 구조화했다고 논하고 있다.[56] 다른 경제학 논문의 경우, 「국부는 기원전 1000년에 결정되었는가?」라고 묻고 있다.[57] 경제학과 마찬가지로 진화생물학 역시 데이

55 Karl R. Popper, *The Poverty of Historicism*(New York, 1961); Hayden White, *Metahistory: The Historical Imagination in Nineteenth-Century Europe* (Baltimore, 1975).

56 Alberto Alesina, Paola Giuliano, and Nathan Nunn, "On the Origins of Gender Roles: Women and the Plough", *The Quarterly Journal of Economics* 128 (2013), 469-530.

57 Diego Comin, William Easterly, and Erik Gong, *Was the Wealth of Nations*

터가 풍부함에도 행위자로서 인간에 대한 단일한 혹은 두 가지 정도의 가정에 근거해 연구하는 분야였다. 비난은 종으로서 인간이나 농업 또는 불의 발견에 퍼부어졌다. 우리의 위계질서와 욕망의 체계, 우리의 성 역할, 우리의 행성에 대한 착취의 원인으로 우리의 유전자가 비난을 받았던 것이다. 하지만 성 역할과 위계질서는 인류의 역사 속에서 매우 다양한 형태로 나타났다.

만약 어떤 학자가 수렵 채집 조상으로부터 물려받은 불변의 법칙에 대해 이렇게 논한다면, 그는 다윈과 맬서스가 풀어 설명한 바 있는 자신의 이론의 중핵이 다음과 같은 철학이라는 사실을 망각하고 있을 가능성이 높다. 즉 축적된 다량의 증거에 눌려 그는 자신의 이론이 어떠한 변화도 하지 않는 지구가 인류를 포함한 모든 지구상의 생명체에게 안정적인 행동 양식을 심어주었지만, 인류는 앞으로 자신에게 위험이 닥칠 수 있음에도 이를 따르지 않고 있다고 추론하는 철학에 정초해 있다는 사실을 잊은 것이다. 진화생물학자와 신자유주의 경제학자의 세계에서는 다양한 미래를 선택하고, 만들어갈 가능성 자체가 사라져버린 듯싶다. 하지만 이는 데이터에 의해 입증된 이론이라는 가면을 쓰고 있는 우리의 과거와 미래에 대한 환원주의적 허구에 지나지 않으며, 역사학자는 그것이 구시대의 유물이기도 하다는 사실 또한 간파하고 있다.

다른 경우, 반복된 논의는 우리에게 사회는 어떻게 다스려야 하며 다른 이들은 어떻게 대해야 하는지 가르쳐 주기도 한다. 경제학자와 정치학자가 성장에서 맬서스적인 한계와 어떻게 우리가 우리 행성의 '적재량'을 초과했는지에 대해 논할 때, 역사학자는 그들이 입증된 사실이 아니

Determined in 1000 BC?(National Bureau of Economic Research, 2006): www.nber.org/papers/w12657.ack. 또한 Enrico Spolaore and Romain Wacziarg, *Long-Term Barriers to Economic Development*(National Bureau of Economic Research, 2013): www.nber.org/papers/w19361을 참고하라.

라 근본적으로 신학적인 주장을 복창하고 있다는 점을 알아차렸다. 근대 경제학자는 자신의 이론에서 난폭한 신의 상을 제거했지만, 역사에 대한 그의 이론은 여전히 19세기 초반에 머무르고 있다. 즉 근대 경제학자의 역사에 대한 이론은 가난한 이들은 우주를 지배하는 자연 법칙을 어겨서 처벌을 받은 것이고, 부유한 이들은 이를 준수해 상을 받은 것이라는 19세기 초반의 이론과 근본적으로 별반 차이가 없다.[58] 하지만 오늘날 인류학자들은 계급화가 추방이나 궁핍으로 귀결되지 않은 과거와 현재의 수많은 사회를 그에 반하는 증거로 제시할 수 있다.[59]

자연 법칙이 실제로 존재하고 또 특정한 패턴이 지배적이라고 할지라도 이는 개인을 특정한 운명에 묶어두지는 못한다. 바꿔 말해, 그 안에서도 여전히 선택할 수 있는 능력은 개별 행위자에게 체화되어 존속하며, 그러한 능력은 미래를 만드는 여러 요소 중 하나이다. 하지만 이러한 방식으로 사고하는 분야는 오늘날에도 그렇게 많지 않다. 제프리 호지슨 Geoffrey Hodgson이 분과 학문으로서 근대 경제학에 대한 분석에서 결론짓고 있듯이, "주류 경제학은 평형equilibrium 개념에 집중함으로써 인과 관계의 문제를 간과해왔다". 호지슨은 "오늘날 데이터의 수집이나 수학적 모델의 구축에 완전히 매몰된 연구자 대개는 흔히 근저에 놓여 있는 문제를 제대로 분간할 능력조차 없는 듯 보인다"고 꼬집었다.[60]

역사학과 밖에서는 극소수의 학자만이 자신의 분야의 결론을 대학 밖

58 Boyd Hilton, *The Age of Atonement: The Influence of Evangelicalism on Social and Economic Thought, 1785-1865*(Oxford, 1992).

59 Marshall Sahlins, *Stone Age Economics*(Chicago, 1972); David Graeber, *Toward an Anthropological Theory of Value: The False Coin of Our Own Dreams*(New York, 2001); Graeber, "A Practical Utopian's Guide to Coming Collapse", *The Baffler* 22 (2013), 23-35.

60 Geoffrey M. Hodgson, "Darwin, Veblen and the Problem of Causality in Economics", *History and Philosophy of the Life Sciences* 23 (2001), 385-423.

에서 내려진 결론에 비추어 시험하도록 훈련받는다. 생물학자들은 생물학을 다루고, 경제학자들은 경제학을 다룬다. 반면 역사학자는 거의 언제나 무엇에 대한 역사학자이다. 역사학자는 데이터의 출처에 대해 의문을 품는다. 설령 그 데이터가 다른 역사학자에 의해 제시된 것이라고 해도 정말로 좋은 데이터인지 의심한다. 전통적인 역사학에서 다양한 인과관계는 역사학과의 구조 자체에 내재되어 있으며, 이에 역사학을 공부하는 이는 역사의 수많은 가능성과 그 원인에 대한 경험을 지성사, 미술사, 또는 과학사 ― 수많은 손에 의해 주조된 현실을 반영하는 주제 ― 수업을 들으면서 쌓는다. 오늘날 대다수 역사학자는 이와 같은 여러 도구를 한데 녹인다. ― 다시 말해, 역사학자는 **사회적** 경험을 **지적** 사고와 외교 정책의 **생태적** 맥락 속에서 살펴본다. 예컨대 만약 역사학자가 지난 두 세기를 다룬다면, 그는 노동자 계급에 속한 이들이 경험한 바에 대한 기록을 생태 재난을 염두에 두고 살필 것이며, 이를 법조인들은 무슨 말을 했는지 그리고 정치인들은 무슨 일을 했는지와 연관 짓고자 할 것이다. 역사학자 제임스 버넌James Vernon이 촉구한 바 있듯이, 오늘날 역사학자는 적어도 "그 원인에서는 다원적이며, 그 조건에서는 단일한 전 지구적인 근대성의 역사에 대한 집필을 목표로" 연구를 해야 한다.[61] 즉 그는 불평등과 정책 그리고 생태계에 대한 데이터를 같은 면에서 다룰 수 있고, 큰 노이즈big noise를 복잡한 인관 관계로 얽힌 하나의 이야기로 압축시킬 수 있다.[62]

빅 데이터의 세상, 세계는 양립할 수 없는 별개의 양적 데이터 세트와

---

61 Vernon, *Distant Strangers*, 133.
62 이러한 주장의 가정을 가장 체계적으로 제시한 연구로는 William H. Sewell Jr, *Logic of History: Social Theory and Social Transformation*(Chicago, 2005); George Steinmetz, "'Logics of History' as a Framework for an Integrated Social Science", *Social Science History* 32 (2008), 535-53. 인류세에 특히 적합한 대안적인 원인에 대해서는 J. Donald Hughes, "Three Dimensions of Environmental History", *Environment and History* 14 (2008), 319-30.

질적 데이터 세트를 비교하도록 훈련받은 분석가를 필요로 한다. 예컨 대, 법정 기록에 적힌 감정을 표현한 단어를 평가할 수 있는 분석가를, 혹은 자연과 자연의 착취에 대한 관료적 사고나 기업가적 사고에 따른 태도에 비추어 기후 변화를 논할 수 있는 분석가를 필요로 한다. 기후 관 련 논쟁에서 사용되는 합리성과 불평등 관련 논의에서 사용되는 합리성 의 차이를 알려줄 이는 누구인가? 이들 이야기는 진정 화해 불가능한 것 일까?

다양한 인과 관계에 대한 역사학자의 이론이 없다면, 근본주의와 교조 주의가 지배할 것이다. 그러한 단편적인 역사 이해에서 상상 가능한 미 래는 하나 이상 있을 수 없을 것이다. 왜냐하면 그에 따르면 우리는 먼 과거에 의해 운명이 결정된 창조물이기에 우리의 선택은 환경 재앙이나 아니면 자칭 전문 생물학자나 기술 엘리트가 지배하는 미래뿐이다. 우리 가 어떻게 우리의 조상과는 다르게 사고하도록 배웠는지에 대한 질문을 제기함으로써 우리는 다른 세대에 의해 다른 목적으로 수집된 데이터와 이론의 무비판적인 사용으로부터 우리를 지킬 수 있다.[63]

역사학자는 종합적인 수준에서 사회 변화를 탐색할 새로운 방법론의 고안을 진두 지휘해야 할 것이다. 적어도 역사학자는 학술지와 정책 보 고서 그리고 뉴스에 대한 키워드 검색을 통한 조사를 경제 보고서와 기 후 데이터, 그리고 가능하다면 키워드 검색 전체 결과와 트윗tweets에 비 추어 비교하고 대조해야 할 것이다. 우리 시대 공적 맥락public context의 상당 부분을 구성하는 것은 바로 이러한 전자화된 비트elctronic bits의 흐름 이다. 역사학자는 앤그램이나 페이퍼 머신과 같은 디지털 도구에 대한 가장 이상적인 논평자이자, 동시에 해당 데이터가 어디에서 왔는지 그리

---

63 과거의 다양한 인과 관계와 다양한 미래의 가능성의 유사성에 대해서는 David J. Staley, *History and Future: Using Historical Thinking to Imagine the Future* (Lanham, MD, 2007)와 비교하라.

고 그 데이터가 어떠한 질문에는 답할 수 있고 어떠한 질문에는 답할 수 없는지 알려줄 비판자이기도 하다.

연구 중심 대학이 다시 태어나고 있다 … 윤리적 관점을 지니고

빅 데이터를 역사적으로 의미 있는 일련의 사건으로 다루기 위한 방법은 여전히 새롭다. 우리는 시간 속에서 인간의 사고와 개인들 그리고 그들의 제도들의 영향의 변화를 이해하는 데 도움을 줄 도구를 필요로 한다. 우리는 빅 데이터를 장기 지속 역사로 전환할 수 있는, 그리고 역사를 통해 어떠한 데이터가 적용 가능하며 어떠한 데이터가 적용 불가한지 파악할 수 있는 학생을 가르칠 대학을 필요로 한다. 역사학자가 장기 지속을 무시하거나 순전히 간접적으로 취급하지 않고 장기 지속으로 되돌아간다면, 그는 우리가 여기에서 약술한 다양한 종류의 데이터에 대한 비판자의 지위에 올라서 있는 자신을 발견할 것이다. 기후 데이터, 생물다양성 데이터, 지난 1000년 동안 혹은 지난 500년 동안 근대 제도 및 법에 대한 데이터, 교도소 기록, 문화적 변화를 보여주는 언어적인 증거, 무역과 이민 그리고 추방에 관한 방대한 증거, 이 모두가 차곡차곡 쌓여가고 있다. 정말로 시급히 필요한 것은 이 모든 정보를 촘촘하게 연결해 단일한 상호 연관된 시간 구조로 만들어낼 수 있도록 훈련시키는 일이다.

과거와 과거의 의미에 대한 근본주의가 지배하는 시대는 ─ 그 근본주의가 기후 재앙을 설파하든 수렵 채집 유전자를 설파하든 아니면 소수를 위한 자본주의의 예정된 운명을 설파하든 간에 ─ 끝이 났다. 지금이야말로 인간의 경험 및 제도에 대한 그 나름의 데이터를 면밀하게 분석해온 분야가 지도력을 확보할 적기이다. 우리는 우리의 제도와 사회의 역사와 미래에 대한 다양한 출처로부터 수집된 빅 데이터를 비판적으로 바라볼 수 있는 분석의 도구와 형태에 투자를 해야 할 것이다. 다양한 지구적 차원의 도전이 제기되고 있는 시대, 실현 가능한 미래를 창의적으로 그리고 폭넓은 지식을 기반으로 만들어갈 우리의 능력은 그에 따라 결정될 것이다.

만약 이러한 혁명이 일어나길 바란다면, 역사학자 자신도 변해야만 할 것이다. 역사학자는 대중을 대표해 미래를 포착해야 한다. 역사학자는 확신을 가지고 큰 그림에 대해 논할 수 있을 뿐만 아니라 비전문가도 이해할 수 있게끔 글을 쓸 수도 있다. 역사학자는 또한 자신의 데이터에 대해 논할 수도 있으며, 자신이 알아낸 바를 공유할 수도 있다. 특히 역사학자는 후자를 통해 자신이 수집한 막대한 데이터가 지니고 있는 힘을 문외한조차도 단번에 알아차릴 수 있도록 만들 수 있다. 역사학자를 길러내는 훈련은 좋은 장기 지속 이야기는 어떠한 것인지에 대한 논의를 장려하는 방향으로 나아가야 할 것이다. 또한 그와 더불어 문서고를 탐색하는 미시사가의 재주가 거시적인 관점이 제공하는 포괄적인 제안과 어떻게 결합될 수 있는지에 대한 논의를 장려하는 방향으로 역사학자를 교육해야 할 것이다. 수 세기를 다루는 실험이 모든 대학원생의 연장통 toolkit의 일부가 된 장기 지속 도구의 시대, 대규모 역사 연구의 적용과 그에 맞는 청중에 대한 논의는 모든 역사학과의 뼈대의 일부가 될 것이다. 과거에 관한 지식의 중재자이자 종합자로서 자신의 역할을 되찾고자 한다면, 역사학자는 인류학자, 진화생물학자, 신경과학자, 무역사가, 역사경제학자, 그리고 역사지리학자의 데이터를 분석하고, 이를 각각의 주장과 그것이 정초하고 있는 토대를 그 나름의 맥락 속에서 살피고 읽기 쉽게 풀이한 거대한 이야기로 엮어내는 작업에 필수불가결한 존재가 되어야 할 것이다.

이 같은 도전에 따라 역사학자는 우리의 과거와 미래에 대한 데이터를 관장하는 수많은 공적 기구에 좀 더 적극적으로 참여하라는 압박을 받을 것이다. 그에는 단순히 정부와 시민 사회의 데이터 저장소만이 아니라 도서관과 문서고, 특히 국가 형성 기획과는 상반된 목적을 지닌 데이터도 포함되어야 할 것이다.[64] 국가 형성 과정에서 일부 정치 엘리트들은 특정 인종과 관련된 문서 자료가 완전히 사라져 버리길 바라기도 한다. 사라질 위기에 처한 사회는 자신의 역사를 보존할 자원을 지니기 매우 힘든 사회이다. 누군가는 우리가 — 그리고 미래 세대가 — 우리 주변 세상에서 어떠한 일이 벌어지고 있는지 이해하기 위해 살펴볼 데이터를 책임져야 한다.

만약 대중을 위해 데이터를 중재하는 역할과 함께 묻힌 이야기를 들춰내는 역할을 맡고자 한다면, 역사학자는 데이터의 보존 자체만 아니라 특정 데이터의 보존 여부에 대해서도 좀 더 능동적으로 대중에게 알려줘야 할 것이다. 영어와 민족주의적인 문서고가 지배하는 세계, 디지털화 프로젝트는 서발턴과 개발 도상국의 대표성 문제 그리고 소수 언어와 디지털 격차digital deficits의 문제를 제기한다. 디지털 문서를 위한 지원이(많은 곳에서 그렇듯) 국민국가 형성 기획과 관련된 곳의 경우, 여성과 소수민족 그리고 빈곤층과 관련된 디지털 문서고는 디지털화되지 못할, 혹은 설령 디지털화된다 해도 지원을 적게 받거나 심지어는 지원을 받지 못할

---

64 근래의 예 일부만 언급하자면, Helen Shenton, "Virtual Reunification, Virtual Preservation and Enhanced Conservation", *Alexandria* 21 (2009), 33-45; David Zeitlyn, "A Dying Art? Archiving Photographs in Cameroon", *Anthropology Today* 25 (2009), 23-6; Clifford Lynch, "Defining a National Library in a Digital World: Dame Lynne Brindley at the British Library", *Alexandria* 23 (2012), 57-63; Jian Xu, "A Digitization Project on Dongjing: Redefining Its Concept and Collection", *Microform and Digitization Review* 41 (2012), 83-6; Tjeerd de Graaf, "Endangered Languages and Endangered Archives in the Russian Federation", in David Singleton, Joshua A. Fishman, Larissa Aronin, and Muiris Ó Laoire (eds.), *Current Multilingualism: A New Linguistic Dispensation* (Berlin, 2013), 279-96; John Edward Philips, "The Early Issues of the First Newspaper in Hausa Gaskiya Ta Fi Kwabo, 1939-1945", *History in Africa* 41 (2014), 425-31.

위험에 처해 있다. 책이 부패하지 않기 위해서는 적당한 온도와 습도가 필요하듯이, 디지털 문서도 서버server와 비트를 관리하기 위해서는 꾸준한 지원이 요구된다. 국민국가의 관점만 아니라 다른 관점도 포함하는 장기 지속 종합을 장려하는 디지털 도구의 힘은 포괄적인 문서고의 지속적인 설립과 유지에 기초한다.

이 같은 문제 제기는 상당 부분 특수하고 취약한 증언 자료의 중요성에 초점을 두고 노예제와 자본주의 혹은 가사의 역사를 조명한 미시사의 전통에서 나온 것이다. 사실 디지털화된 장기 지속 기록 내에 미시적인 문서고를 엮어 넣어 서발턴의 목소리를 보존하는 문제는 새롭고 매우 중요한 학문의 최첨단을 이루고 있기도 하다. 이를 위해 필요한 엄청난 노력과 이를 뒷받침하는 비판적인 사고는 보상받을 가치가 충분히 있으며, 그러한 보상은 장기 지속 미시적인 문서고를 실제로 구축하고 관리하는 일을 수행하는 학자를 대상으로 한 특별히 선별된 출판물과 지원금 그리고 포상을 통해 이루어져야 할 것이다. 이는 일반 청중과 높은 판매 부수를 올릴 책이나 관료들 사이에서 읽힐 책의 출판을 목표로 하지는 않지만, 정말로 중요한 거시사적인 이야기를 위한 미시적인 문서고의 구축을 목표로 문서와 물건, 이야기와 자원, 그리고 고용을 세심하게 연결 짓는 일이기에 또 다른 형태의 장기 지속과 관련된 공공 사업이기도 하다.

만약 역사학자가 ─ 혹은 문학 연구자에서부터 사회학자에 이르기까지 역사적으로 사고하는 여타의 학자가 ─ 이와 같은 도전에 응하고자 한다면, 그는 정보 디자인의 최첨단에 서 있게 될 것이다. 그는 고문서 보관자와 데이터 과학자, 경제학자, 그리고 기후과학자와의 협업을 통해 장기간에 걸친 변화를 연구하기 위한 더 크고 더 종합적인 데이터베이스를 선별해 나갈 수 있을 것이다. 역사학자의 전문 지식에 대한 수요는 앞으로 대학 밖의 영역에서 더 많이 있을 것이다. 역사학자는 도구를 소비하고, 그에 대한 교육을 담당하는 역할만 아니라 도구를 만들고, 그것을 평가하는 역할을 맡게 될 것이다. 이 같은 변화는 사실 일부 전문 역사학자의 삶을 혁명적으로 바꿔놓을 잠재력을 가진다. 입법 위원회에 데이터 분석을 제공하고, 사회 운동에 조언을 하고, 혹은 실리콘밸리 스타트업startups에 대해 의견을 주고, 그리고 이 같은 일을 통해 전통적으로 자신이 맡았던 그리고 되찾아야 할 공적 역할을 되찾으면서 역사학자의 삶은 근본적으로 바뀔 것이다. 이러한 변화는 역으로 우리가 어떤 학생을 그리고 어떤 방식으로 미래의 역사학자를 모집할 것인가의 문제 또한 바꾸어놓을 것이다. 왜냐하면 다른 전문 분야에서 보낸 시간이나 컴퓨터 과학과 관련된 훈련이 역사학 분야에 잠재적인 이점으로 작동할 것이기 때문이다.

우리는 방대한 양의 데이터를 분석할 수 있는 컴퓨터 기술의 이점을 적극 활용하는 디지털 프로젝트가 앞으로 개시되기를 갈망한다. 우리는 그 같은 프로젝트가 개별 학자가 문서고에 대한 조사를 통해 내놓는 역사 연구에 어떠한 방식으로 영향을 주는지 혹은 줄 수 있는지를 역사 서술 양식의 차원에서 고민할 수 있기를 기대하며, 그로써 현재 이루어지고 있는 작업을 종합하는 동시에 개별 연구자의 시야를 확장시킬 수 있기를 바란다. 무엇보다도 우리는 다양한 출처 — 물적, 경제적, 인구통계적, 정치적, 지적 출처 — 에서 구해진 데이터의 이 같은 여러 문제를 서로 겹쳐 볼 수 있기를, 그로써 장기적인 변화에 관한 그리고 현재 우리가 살고 있는 세계의 본질에 관한 예기치 않은 발견을 할 수 있기를 소망한다.

과거에 대한 장기적인 관점은 미래에 대해 논하고자 하는 이가 우리가 제3장에서 개략한 과거와 미래에 대한 교조적인 사고에 맞설 수 있도록 도울 것이다. 창조론자와 환경주의자 그리고 자유 시장 이론가가 서로 별다른 논쟁을 하지 않는 세계, 우리는 기꺼이 장기 지속과 관련된 우리의 데이터 전체에 대해 논하고자 하고 또 우리 주변의 데이터를 기꺼이 조사하고 비교하고자 하는 전문가를 필요로 한다. 또한 우리는 선뜻 관계가 없는 것과 조작된 것을 가려내고, 왜 그리고 어떻게 자신이 이 일을 수행하는지 설명할 수 있는 전문가를 필요로 한다. 이 점에서 역사학은 중재자의 역할을 맡을 수 있다. 예컨대, 역사학은 신자유주의와 창조 그리고 환경 문제를 같은 면에 담아낼 수 있다. 또한 역사학은 대학생이 다양한 정치 이데올로기와 경제 이데올로기 사이를 헤치고 나아갈 수 있도록, 즉 수많은 전문가 사이에 존재하는 논쟁의 문화와 그들의 데이터가 기초하고 있는 주장에 대한 감수성을 지니도록 도울 수 있다.

데이터의 출처와 다양한 인과 관계 그리고 편견을 비판적으로 대하는 역사적 사고의 도구는 우리 시대 시장과 국가 그리고 지구의 운명과 관련해 제시되어온 자연 법칙의 신화로부터 우리를 해방시켜줄 것이다. 그러한 도구는 또한 대중에게 기아와 파괴의 마법을 거는 이야기로부터 우리가 헤어나올 수 있도록 도울 것이다. 역사적 사고의 도구는 동료 인간을 저버릴 것을 요구하는 시장이나 기후에 대한 교조주의적인 사고가 하나의 선택에 지나지 않으며, 다른 세상도 가능하다는 것을 우리에게 분명히 보여줄 것이다. 그리고 역사적 사고의 도구는 이 같은 일을 지구의 자원과 이의 사용에 관한 하드 데이터hard data와 더불어 먼 과거와 다양한 미래의 가능성을 통해 드러난 수많은 대안을 살펴봄으로써 완수해낼 것이다.

대학은 이러한 관점에 ― 그리고 이러한 관점이 어떻게 우리 주변의 제도를 흔들고, 더 많은 정보를 가진 시민과 더 열린 정부를 가져다줄 수 있는지에 ― 초점을 맞춤으로써 공익을 위해 일하는 것의 의미를 새롭게 터득할 수 있을 것이다. 현존하는 자원을 활용한 오픈 소스와 재사용이 가능한 디지털 도구는 역사학자는 물론이거니와 일반 대중이 사건을 그 나름의 깊은 맥락 속에서 살펴볼 용기를 북돋아줄 것이며, 그로써 이들이 현재의 역사를 위한 가능한 가장 중요한 이야기를 도출할 수 있도록 도울 것이다. 장기간에 걸친 변화에 대한 정보를 종합하는 도구는 대부분의 기관이 5년 미만의 주기에 기초해 계획을 수립하는, 즉 미래에 대한 위기로 특징지어지는 시대에서 날로 중요해지고 있다. 빅 데이터와 디지털 분석 도구의 힘은 정부와 시민운동가 그리고 사적 영역이 장기적인 전망을 파악하는 그 나름의 모델을 가지고 서로 경쟁하는 미래를 예고한다.

우리의 과거와 미래와 관련된 정보에 대한 이 같은 요구는 기후와 시장이 어떻게 변해왔는지, 그리고 정부와 대중은 그에 어떻게 대응해왔는지에 관한 막대한 양의 데이터를 종합하는 도구를 사고 파는 새로운 시장을 만들어낼 수 있다. 데이터가 나날이 확장되는 시대, 종합을 하는 그 같은 도구는 분명 더 많이 선보일 것이다. 앞으로 역사학자는 대중 앞에 나서서 다른 이의 데이터에 대해 논하고, 자신의 연구를 통해 발전경제학자의 방안과 기후과학자의 경고를 비교하고 대조하면서 데이터 전문가라는 새로운 역할을 맡게 될 것이다.

여전히 대학에는 데이터가 대학의 진정한 미래라는 주장에 주저할 인문학자와 역사학자가 다수 있다. 멀리볼 것인지 아니면 짧게 볼 것인지에 관한 결정, 통설로 자리 잡은 합의를 따를 것인지 아닌지에 관한 결정, 그리고 빅 데이터를 어떻게 사용할 것인지에 관한 결정은 방법론적인 질문이자 윤리적인 질문이기도 하다. 역사학자로서 우리는 다른 학문 분야에서 제시된 이러한 위기에 대한 피상적인 해결책을 그대로 방치할 것인가? 아니면 우리는 자기 도취되어 있는 시민과 정책 입안자 그리고 권력자를 흔들어 깨울 좋은 역사, 정직한 역사를 쓰기를, 사이먼 샤마Simon Schama의 표현을 빌리자면, "늦은 밤 우리를 깨어 있게 할" 역사를 쓰기를 원하는가?[65]

---

65 Simon Schama, "If I Ruled the World", *Prospect*(21 August 2013): http://
   www.prospectmagazine.co.uk/magazine/if-i-ruled-the-world-september-
   2013-simon-schama/.

결론
과거의 공적 미래

공적 미래와 역사학의 관계는 문서고 정보와 사건 그리고 자료를 그에 비추어 해석할 수 있는 장기 지속에 걸친 맥락적 배경을 구비하는 데 달려 있다. 서론에서 우리는 계승된 전통을 유지하고 검토할 목적으로 세워진 대학이 공적 미래를 쟁취하기 위한 도전을 마주해야 한다는 주장을 펼쳤다. 제1장에서 우리는 페르낭 브로델에 의해 제안된 본래의 장기 지속은 물론이거니와 우리의 역사적 전통이 얼마만큼 공적이며 미래 지향적인지 밝혔다. 제2장에서 우리는 장기 지속이 전문 역사학자 사이에서 상당한 후퇴의 시기를 거친 뒤 이제 되살아나고 있으며, 이는 세계 도처의 공적 문화에서 가장 시급을 요하는 문제로 부각되고 있는 일련의 전 지구적 문제와 관련된다고 주장했다. 제3장에서 우리는 공적 미래가 앞으로 닥칠 기후와 지구 거버넌스 그리고 불평등의 위기에 관한 무비판적인 추측에 의해 어떻게 마구 그리고 종종 상반된 목적을 위해 재단되어 왔는지 보여주고자 했다. 우리는 이에 대한 처방으로 우리가 필요로 하는 것은 새로운 공적 미래로의 방향 전환이라고 제안했다. 그리고 제4장에서 우리는 과거에 관한 데이터를 비판적으로 새롭게 분석함으로써 그와 같이 미래를 모색하는 집단적인 학술 연구 중 이미 진행 중인 몇몇 작업을 살펴보았다.

새로운 공적 미래를 향한 요구에 응하기 위해서는 우리가 과거를 보는 방식에 대해 일정 부분 재고할 필요가 있다. 우리는 이미 과거의 그림자를 조명하고, 수용된 지혜를 시험하고, 그리고 과거에 대한 지배적인 이론을 심의하는 빅 데이터의 능력에 대해 자세히 논했다. 그러나 새로운 공적 미래를 향한 요구에 응하는 것은 과거와 미래에 대한 생각을 쉽게 공유할 수 있는 방식으로 **공개적으로** 글을 쓰고 말하는 것을 뜻하기도 한다. 우리는 공적인 것에 대한 그와 같은 관심과 참여가 역사 서술에서 다음의 세 가지 새로운 움직임의 도래를 알리고 있다고 확신한다. 첫째, 비전문가가 읽고 이해하고 논의할 수 있는 새로운 이야기의 필요성. 둘째, 시각화와 디지털 도구에 대한 강조. 셋째, 한편으로는 문서고에 기초한 가장 뛰어난 연구와 다른 한 편으로는 공통의 관심이 되는 문제에 대해 큰 그림을 그리는 연구를 지배하는 작은 것과 큰 것, 즉 '미시micro'적인 것과 '거시macro'적인 것의 결합.

만약 우리가 이 책에서 장기적인 사고를 통해 이뤄낼 수 있다고 한 바를 진정 이뤄내고자 한다면, 우리에게 필요한 것은 적합한 기술 및 역사적 기교와 더불어 크게 생각하도록 돕는 지침이다. 장기적인 이야기를 고찰하기 위한 비판적인 시각은 어떻게 구성되는가? 우리가 선택한 여러 모델을 아우르는 특징은 무엇인가? 학생이 시간이 작동하는 먼 과거와 먼 미래에 대해 사유할 수 있도록 하기 위해서는 수업에서 어떠한 훈련을 시켜야 할까? 우리는 이 책을 우리 둘이 함께 이끌어낸 주장을 되짚어보고, 장기적인 미래에 대한 사고의 핵심적인 방법을 도출하면서 매듭짓고자 한다. 당연히 이 일은 과거를 보도록 훈련을 받은, 우리가 어디에서 왔는지 설명해줄 수 있는, 짧은 과거의 엄밀한 증거와 함께 빅 데이터와 장기 지속의 훨씬 더 큰 그림을 검토할 수 있는, 그리고 과거와 현재 그리고 미래의 결합에 대한 책임 있는 사고를 통해 공공에 이바지하고자 애쓰는 여러 학자의 도움이 필요한 일이다. 우리는 이와 같은 방법이 대학의 변화만이 아니라 예측을 내놓는 여러 과학과 앞으로의 대응 방안을 위한 해법을 제공할 수 있으리라 본다.

지금 우리는 불평등은 나날이 심화되고 있지만, 지구 거버넌스는 위기에 봉착한, 그리고 인류에 의해 초래된 기후 변화에 따른 충격은 날로 거세지는 시대에 살고 있으며, 이에 우리의 삶을 이루고 있는 조건을 조금이라도 이해하고자 한다면, 우리는 우리의 탐구의 스케일을 키워야 한다. 장기 지속이 새로운 외양과 새로운 목표를 갖고 회귀하고 있지만, 우리는 여전히 역사적 방법론과 관련된 가장 기본적인 문제 ─ 어떠한 문제를 연구 대상으로 삼을 것인가, 어떻게 주제의 경계를 정할 것인가, 그리고 제기된 질문에 답하기 위해서는 어떠한 도구를 사용해야 하는가 ─ 에 대한 답을 내놓아야 한다. 과거와 큰 그림의 미래에 대한 새로운 논의의 씨앗은 이미 뿌려졌으며, 이는 빅 히스토리, 딥 히스토리, 그리고 인류세가 이미 많은 주목을 받고 있다는 사실을 통해서도 알 수 있다. 다른 하위 분야에서도 새로운 종합은 개시되었다. 물론 아직은 데이터에 대해 명시적으로 비판적인 입장을 취한 경우나 시각화를 지향한 경우도 또 대중과 시민운동가 혹은 정책을 염두에 둔 경우도 드물다.

단기주의의 위기로 규정되는 시대는 과거를 대하는 우리 자신의 자세에 대해 다시 생각해볼 수 있는 적기라 할 수 있다. 수많은 역사서가 미래에 대한 창을 제공하기 위한 분명한 목적에 의거해 쓰여왔으며, 그중 일부 ─ 특히 자본주의와 환경 문제를 다룬 장기 지속 역사서 ─ 는 무엇을 제공하고자 하는지에 대해 매우 명확하다. 근대 게임 이론이 어떻게 해서 냉전 시기 산업 복합체에 의해 고안되었는지를 밝힌 역사서를 감명깊게 읽은 캘리포니아 대학의 역사학자 샌퍼드 자코비Sanford Jacoby는 "우리는 학제 간 수업과 큰 사고를 하는 수업의 개발을 진두지휘해야 한다"고 흥분을 감추지 못했다. 자코비는 자신이 가르치고 있는 경영 대학에서 "학생들은 '큰 그림'을 얻는 데 결국 실패할 것이며, 지금 현재라는 개념적 속박을 결코 벗어던질 수 없을 것이라고 말해진다. 역사학자들은 이곳에서 제공할 것이 매우 많다"고 적었다.[1] 이와 같은 도전에 응하고자 한다면, 과거에 대한 지식을 다루는 이는 정치와 경제 그리고 환경의 역사를 다룬 새로운 연구를 일반 청중이 소화하기 쉬운 이야기로 풀어 정리하고, 이를 유포하는 일을 두려워해서는 안 될 것이다.

대중은 우리가 어떻게 해서 생태적 위기와 불평등에 따른 위기에 처하게 되었는지에 대한 이야기를 필요로 한다. 지구 온난화에 대처할 수 있도록 우리 경제의 방향을 새롭게 설정하는 일과 서발턴의 경험을 정책에 반영하는 일을 비롯한 장기 지속 주제의 도덕적 요소는 역사학자에게 자신이 다루고자 하는 모든 인간 경험 − 환경, 거버넌스, 민주주의, 그리고 자본주의의 문제를 포함한 (하지만 분명 이에 국한되지 않는) − 에 대해 가능한 많은 독자를 염두에 두고 집필하도록 만든다. 우리 공동의 미래에 대한 대중의 지혜에 초점을 맞춘 연구를 북돋고자 한다면, 대학의 많은 부분이 바뀌어야 할 것이다. 유료화의 장벽 뒤에 있는, 주요 공공 도서관이나 대학 도서관을 이용할 수 있는 사람만 접근 가능한 학술지는 세계의 더 많은 사람이 이용할 수 있는 무료 자료에 의해 보완되어야 할 것이다.[2] 또한 우리는 우리의 연구를 정보 제공에 유익한 방향으로 시각화해야 할 뿐만 아니라 이를 뒷받침하는 연구에 대한 신속하고 효율적인 동료 평가

---

1 Sanford M. Jacoby, "History and the Business School", *Labour History* 98 (2010), 212.

2 Peter Suber, *Open Access*(Cambridge, MA, 2012); Martin Paul Eve, *Open Access and the Humanities: Contexts, Controversies and the Future* (Cambridge, 2014).

를 해야 한다. 그리고 그러한 동료 평가의 목적은 새롭고 긴요한, 그리고 현실 정치에 대한 충분한 고려에 기초한 종합을 이끌어내는 데 두어야 할 것이다.

더 진지하고, 더 섬세하고, 더 윤리적인 종합을 도출하고자 한다면, 미시사와 거시사 ─ 단기적인 분석과 거시적인 개관 ─ 는 함께 가야 한다. 비판적인 역사는 거시적인 것과 미시적인 것을 모두 문제 삼을 수 있을 뿐만 아니라, 어떻게 사소하고 억압된 경험이 쌓여 국가와 제국을 뒤흔드는지에 대해서도 논할 수도 있다. 린 헌트가 정확히 지적한 바 있듯이, "우리가 전해야 할 이야기는 지구적이고, 지극히 장기적인 역사만은 아니며", 그와 같은 장기적인 역사는 더 엄밀하고 지역적인 역사의 열매와 함께 다루어져야 할 필요가 있다. 물론 그 역도 마찬가지이다. 즉, "연구의 스케일은 답하고자 하는 질문에 따라 결정된다".[3] 미시사나 모든 종류의 단기적인 연구가 비판적이지 않은 것은 아니다 ─ 오히려 그 반대다. 신자유주의 경제학과 기후 격변설에 대해 역사학이 제기할 수 있는 도전을 일별하면서 우리가 이 책에서 제시한 증거의 상당수는 지극히 논쟁적인 질문에 의해 촉발된 연구를 문서고에서 열심히 진행시키고 있는 여러 역사학자의 작업에서 구해진 것이다. 그러나 적어도 1970년대 이래 일반적인 역사학 교육은 큰 그림에 대한 생각을 단념케 하는 대신 특정한 문서고에서 나온 자료를 특정한 비판적 독해의 순서에 따라 접근하는 고도의 집중을 선호해왔다.

미시사와 거시사를 결합해 우리의 과거에 대한 종합적인 이해를 도출하는 데 인류학은 종종 역사학보다 한발 앞선다. 단적으로 동남 아시아 지역에 대한 제임스 스콧James C. Scott의 장기 지속 역사를 꼽을 수 있다. 스콧의 연구는 그가 조미아Zomia라 칭한 중국 제국 변방에 위치한 고산

---

3 Lynn Hunt, *Writing History in the Global Era*(New York, 2014), 120.

지대에 대한 딥 히스토리였다. 스콧은 조미아가 포악하고 약탈적인 정권으로부터 도망쳐 온 이들로 이루어졌다는 사실을 찾아냈다. 그렇기에 조미아의 사람들은 겨우 입에 풀칠을 하고 살았으며, 정원 재배가 아니라 야생 향료나 야생 뿌리를 팔아 생계를 꾸렸다. 같은 이유로 그들은 위계적인 정치 형태보다 평등적인 정치 형태를 취했으며, 일반적으로 인정받는 종교received religion가 아니라 예언자적인 문화를 따랐다. 그들이 역사를 낭송하는 것보다 시간을 초월한 이야기를 선호하는 것도 동일한 이유에서였다. 다시 말해, 수 세기에 걸쳐 구릉지에 모여든 사람들에 대한 일련의 미시사는 제국과 중앙집중화 그리고 자본주의와 위계질서의 필연성에 대한 통상적인 설명을 뒤흔드는 아주 강력한 거시적인 이야기가 된다.[4]

　근대성의 전형이 되거나 근대성으로 나아가는 제도에 대한 통상적인 설명을 완전히 전복시킬 수 있는 그와 같은 장기적인 분석을 인류학이 제공할 수 있는 것은 아마도 인류학자가 역사학자와는 달리 미시적인 것과 거시적인 것의 구분에 입각해 연구를 수행하지 않기 때문일 것이다. 미시적인 것은 법칙을 증명하거나 어떻게 지배적인 상부 구조가 전복되는지를 예증하는 "이례적으로 전형적인 것exceptional typical"으로 다루어진다.[5] 어떠한 학자도 역사학에서 이러한 중요한 미시적인 작업, 즉 서발턴을 재발견하고 여러 문서고를 끈기를 가지고 조사하는 일이 필요 없다고 주장해서는 안 될 것이다. 사실 스콧은 자신의 야심 찬 거시사 연구에서

4　James C. Scott, *The Art of Not Being Governed: An Anarchist History of Upland Southeast Asia*(New Haven, 2009).

5　Mattie Peltonen, "Clues, Margins, and Monads: The Micro-Macro Link in Historical Research", *History and Theory* 40(2001), 347-59; Marshall Sahlins, "Structural Work: How Microhistories Become Macrohistories and Vice Versa", *Anthropological Theory* 5(2005), 5-30.

226　역사학 선언

국가와 민족에 대한 연구를 특정 가문이나 가문 간의 장기적인 상호 교류에 대한 연구로 조정해야 할 필요가 있다고 최근 조언한 바 있다. 마찬가지 방식으로 역사학자는 중대한 축과 전환점 그리고 단서에 대한 추적을 되살려낼 수 있을 것이며, 이를 통해 일상적인 경험이 전체를 조명하도록 할 수 있다. 그리고 그다음 역사학은 다시 전체를 조망해야 할 것이다.

우리가 원하는 모습의 부활한 장기 지속은 근대화 담론과 휘그적인 역사 그리고 다른 종류의 목적론적 사고를 뒤흔드는 미시사의 작업을 계승하는 것이다. 그러나 거대한 이야기와 다시 연결되지 못하는, 그리고 무엇을 전복시키고자 하는지 또 무엇을 지키고자 하는지 명확히 밝히지 못하는 미시사는 골동품주의antiquarianism를 초래할 수 있다. 우리가 원하는 종류의 역사학은 미시사적이고 문서고에 기반을 둔 연구가 광범위한 자료를 통해 짜여진 더 큰 거시적인 이야기 속에서 그 나름의 역할을 지속적으로 수행하는 역사학이다. 이에 실재 개인의 삶으로부터 추출된 종종 충격적이고 교훈적인 사건은 역사학자에게, 설령 그가 더 큰 주장을 할지라도, 계속해서 주의 깊은 관찰과 비판적인 분석의 자원이 되어야만 할 것이다. 장기 지속 이야기를 엮고 있는 사슬의 모든 연결 고리를 반드시 미시사적으로 상세하게 연관 지을 필요는 없다. 즉 개별적인 예의 특수성과 함께 시간을 관통하는 연속성을 보여주기에는 다채롭게 복구된 수많은 순간을 더 큰 프레임 속에서 주조하는 역사학이 적합하다.[6]

다른 분야와의 연관성을 밝히고 저자의 목적을 분명히 밝히는 장기 지

---

6 브로델과 장기 지속에 경의를 표하는 바로 이와 같은 방법의 본보기가 되는 적용으로는 Saliha Belmessous, *Assimilation and Empire: Uniformity in French and British Colonies, 1541-1954*(Oxford, 2013); 또한 장기 지속 지성사에서 '연속적인 맥락주의serial contextualism'란 유사 개념에 대해서는 Armitage, "What's the Big Idea?" 493-507을 참고하라.

속 서론longue-durée introduction을 통해 단기 지속 문서고 연구의 메시지를 충분히 전달할 수도 있을 것이다. 하지만 장기 지속 프레임이 없다면 미시사는 논쟁에서 완전히 사라질 수 있다. 문서고에 기초한 미시사 연구는 역사의 거시적인 구조와 함께할 때에만 역사를 연구하는 이에게 새로운 지평을 가져다줄 수 있으며, 역사학자는 이를 통해 수 세기에 걸쳐 또 전 지구적으로 일어난 사건과 제도의 흐름을 가늠하는 재능을 연마할 수 있다. 폴 카터Paul Carter는 방대한 정보를 결정체 다발로 축약하는 장기적인 이야기는 "따뜻한 물을 부어 녹여 먹는 작은 고형 스프처럼like a cake of portable soup" 수많은 사실을 간결하고, 전달 가능하고, 공유 가능한 것으로 만들 수 있다고 적었다.[7] 정치적으로 극심히 분열되어 합의를 상실한 모든 경우에서 역사적 종합은 합의에 이룰 수 있도록 돕는다. 대중이 다시 장기적인 이야기를 필요로 하는 순간, 이와 같은 분석 양식은 우리가 어떻게 이야기를 전달해야 하는지, 분석자는 어떻게 도구를 디자인해야 하는지, 그리고 대학은 어떻게 미래의 학자와 시민에게 역사 교육을 제공해야 하는지와 관련해 중요해지게 된다.

모든 분야가 대중의 소비를 위해 그 나름의 연구에 대한 집약된 상을 만들어야 하는 동일한 문제에 봉착한 것은 아니다. 경제학 분야의 경우, 1930년대 새로운 시각화의 방법이 시카고 대학의 렉스 터그웰Rex Tugwell과 같은 좌파 경제학자에 의해 기반 시설 확충 및 고용 증진을 위한 새로운 정부 주도 계획에 대한 여론의 지지를 이끌어낼 목적으로 개척된 이래 쉽게 전달 가능한 차트와 그래프에 특화되었다. 그와 같은 차트와 요약은 동일한 내용을 담은, 역사학자처럼 문서에 기반을 둔 학자의 손에 있는 20쪽짜리 논문에 비해 훨씬 간결하고, 재생산이 가능했기에 널리

---

7   Paul Carter, *The Road to Botany Bay: An Essay in Spatial History*(London, 1987), xxiii. 카터의 인용 출처는 제임스 보스웰James Boswell의 『런던 저널 London Journal』이다.

유포되었으며, 신문, 잡지, 정책 보고서에 반복해 실렸다. 분명 경제학자가 내놓은 정책은 종종 기득권을 추켜세웠으며, 분열의 방지를 약속했다. 또한 경제학자는 끝없는 성장에 대한 약속으로 잠재적인 신봉자를 매수했다.[8] 하지만 환경주의자는 자신이 확보한 모든 데이터가 있음에도 약속을 하거나 다음 단계를 묘사하지 않았다. 환경주의자가 자신의 이론을 학계를 넘어서 광범위하게 유포될 수 있도록 읽기 쉬운 차트와 그래프로 정리한 경우는 매우 드물었다.

디지털 대학의 세계에 접어들면서 방대한 양의 문서를 시각 자료로 통합하고 축약할 수 있는 여러 도구가 시중에 나와 있으며, 역사학자는 이를 가지고 경제학자처럼 자신의 주장을 한 화면에 담아낼 수 있게 되었다. 즉 "충격과 두려움을 자아내는 시각화"라고 그에 부정적인 입장을 취한 이들이 칭한 것을 역사학자도 할 수 있게 된 것이다. 이미 트위터와 블로그는 어떻게 역사학자가 대안적인 출판 경로, 즉 쉽게 전파될 수 있고, 바이러스처럼 급속히 번질 수 있는, 매우 전염성이 강한 담론의 형태를 검토하고 있는지 보여주고 있다. 스탠퍼드 대학이 서신 공화국 지도화 프로젝트Mapping the Republic of Letters Project를 처음으로 선보였을 때, 우리 모두는 흑색으로 된 유럽의 지도 위에 오렌지색으로 불 밝혀진 스미스Adam Smith와 볼테르 그리고 프랭클린Benjamin Franklin의 서간의 사회적 네트워크 지도를 보고 놀라움을 금치 못했다. 하지만 그 지도가 정말로 중요한 까닭은 그것이 예를 들어 《뉴욕 타임스The New York Times》의 지면과 같이, 대중에게 널리 유포될, 데이터 기반 디지털 역사학 프로젝트 중 처음으로 등장한 것 중 하나일 수 있기 때문이다.[9] 이러한 현실을 볼 때

---

8   John Markoff and Verónica Montecinos, "The Ubiquitous Rise of Economists", *Journal of Public Policy* 13 (1993), 37-68.

9   http://republicofletters.stanford.edu/; Patricia Cohen, "Humanities Scholars Embrace Digital Technology", *New York Times* (16 November 2010): http://

학자들, 특히 인문학자와 역사학자는 단어 개수 계산을 통한 시각화, 양적 연구에서의 시각화, 토픽 - 모델링을 이용한 시각화, 여타의 시간에 따른 변화를 보여주는 timeline-generating 시각화와 같이 다양한 종류의 시각화 기법을 활용해 시간 속의 변화를 모델화하는 것에 대해 가르치고 글을 써야 할 뿐만 아니라 이의 혁신을 이끌어야 할 것이다.

오랫동안 미시사가들은 자본주의가 불평등을 자연스럽게 감소시킨다는 주장을 반박하고자 연구를 수행해왔다. 사실 수 세기에 걸친 데이터는 그러한 주장에 반하는 - 즉 자본주의는 평등을 유도하기보다 계급 간의 간극을, 심지어는 인종과 남녀 간의 간극을 악화시키는 경향이 있다는 - 증거를 헤아릴 수 없이 많이 제시하고 있다. 자본주의하에서 불평등의 영구화를 다룬 수많은 서적이 있음에도 대중은 그러한 주장에 거의 관심을 보이지 않고 있다. 반면 자본주의는 실업의 감소와 평등의 증대를 의미한다고 주장하는 경제학자의 간명한 시각 자료는 손쉽게 유포되어왔다. 그처럼 큰 어려움 없이 얻어낸 합의에 도전할 수 있었던 사실상 유일한 역사적 데이터 - 제3장에서 논의된 바 있듯이, 장기간에 걸쳐 축적된 막대한 양의 데이터를 간명한 시각 자료를 통해 압축하여 전달한 역사적 데이터 - 는 피케티의 『21세기 자본』이었다.

미래에 대한 공적 토론의 지침으로 역사를 바라보는 또 다른 유구한 전통이 있다. 재연reenactment, '리얼리티reality' 역사 텔레비전 프로그램, 역사를 배경으로 한 컴퓨터 게임, 그리고 역사 시리즈의 인기는 역사가 대중의 상상력을 꾸준히 자극해왔다는 사실을 알려준다.[10] 더 나아가 가까

<hr />

www.nytimes.com/2010/11/17/arts/17digital.html; Cohen, "Digitally Mapping the Republic of Letters", *New York Times Artsbeat Blog*(16 November 2010): https://artsbeat.blogs.nytimes.com/2010/11/16/digitally-mapping-the-republic-of-letters/?_r=0.

10 Jerome de Groot, "Empathy and Enfranchisement: Popular Histories",

운 과거와 먼 과거를 모두 포함한 우리 공동의 과거에 대해 알기 원하는 대중의 요구에 응해 지난 30년 동안 번영과 오염 그리고 인간의 본성 자체를 이해하고자 분투했던 경제학자와 기후과학자는 자신들의 주장을 역사적인 프레임을 이용해 펼쳐왔다. 전문적인 역사학자가 그와 같은 대화에 끼어들고자 하든 아니든 상관없이, 공적 담론은 과거와 미래에 대한 장기적인 시각 없이는 이루어질 수 없다. 사실 그와 같은 종류의 개입을 유도하기 위한 목적으로 오스트레일리아, 유럽, 그리고 영국의 고등교육기관과 연구위원회는 대학의 성과를 평가하는 기준으로 공적 기여와 '영향력impact' 그리고 '적실성'을 요구해왔다.[11] 일부 학자들은 자신들이 청중과 주제를 택하는 방식에 대한 그와 같은 외관상 압박에 몸서리를 쳤지만, 다른 학자들은 이를 자신들이 사회에 공헌할 수 있는 절호의 기회로 반겼다.

미래의 위험이 기후 변화와 초국가적 거버넌스와 같이 유례없이 큰 규모로 나타나는 빅 데이터로 뒤덮인 시대, 미래에 도움을 주고자 과거를 살피는 도구는 거짓과 신화 그리고 소음의 판정자로서 대학이 중요한 역할을 맡을 수 있도록 해준다. 미시적 과거와 거시적 과거를 함께 살핀다면, 지난 10년 동안 형성된 제도의 영향에서부터 지난 1000년의 진화 과정 속에서 초래된 기후 변화에 이르기까지 수많은 변화의 인과 관계와 그 함의를 파악하는 데 유용한 모델을 도출할 수 있다. 공공 정책 역사가인 파멜라 콕스Pamela Cox가 논했듯이, 역사학자는 필요한 경우 "'시대period'라는 역사학의 경계를 넘어설 채비를 하고 있어야 한다. 또한 역사학자는 촘촘한 붓을 큰 붓으로 바꿀 채비를 하고 있어야 한다. 그렇게 하

Rethinking History 10 (2006), 391-413.

11 Andrew Davies and Julie-Marie Strange, "Where Angels Fear to Tread: Academics, Public Engagement and Popular History", *Journal of Victorian Culture* 15 (2010), 268-79.

여 조악한 결정론에서 벗어나 사회 변동을 비판적으로, 구조적으로, 그리고 회의적으로 다루는 새로운 '거대 서사'를 만들어가야 할 것이다".[12]

우리는 공적 사명을 지닌 비판적인 인간과학으로서 역사학을 호소해 왔다. 역사학만이 계몽과 개혁의 소명을 지닌 것은 아니다. 문헌학이나 음악학과 같은 인문학의 인척 분야가 아니라 사회과학이라는 우산 아래 모인 다른 분야 ― 사회학, 인류학, 정치학 ― 와 역사학을 비교할 경우 그렇다고 말할 수 있다. 전 미국 사회과학 연구 위원회 위원장이자 런던정경대학 총장인 크레이그 캘훈Craig Calhoun이 지적했듯이, "공적 참여는 그 태생에서부터 사회과학의 뚜렷한 특징 중 하나였다". 하지만 캘훈은 "사회과학의 공적 문제와의 연관성은 전문화와 학계로의 후퇴와 함께 급감했다"고 이어 꼬집었다. 공적 목적 감각의 상실, 큰 그림에 대한 이해의 약화, (종종 대외적으로 강제된 심사와 '영향력 지수' 체제하에서) 학문적 생산성의 폭발, '역사history'가 아니라 '역사들histories'의 만연, 종합이나 이론보다 독창성과 발견에 더 큰 명성을 부여하는 행태, 이 모든 것은 20세기말 그리고 21세기 초 눈에 익숙한 인문과학의 특징이다.[13] 역사학도 성공적인 전문화에 따른 그와 동일한 문제에 봉착해 있다. 이제 도전은 전문화의 명백한 이점을 놓치지 않으면서도 더 광범위한 공적 사명과의 연결 고리를 복구하는 일이라 하겠다. 그리고 이는 변화를 단순히 용인하는 것이 아니라 변화를 계속 비판적으로 바라보는 것을 의미한다.

미래를 설계하기 위해 과거를 살피는 일은 역사학자와 역사사회학자, 역사지리학자, 그리고 특히 정보과학자에게 중요한 신호를 보낸다. 또한

---

12 Pamela Cox, "The Future Uses of History", *History Workshop Journal* 75 (2013), 17-18.

13 Craig Calhoun, "Social Science for Public Knowledge", in Sven Eliaeson and Ragnvald Kalleberg(eds.), *Academics as Public Intellectuals*(Newcastle upon Tyne, 2008), 299-318.

그것은 더 나은 미래를 위한 길을 모색하는 우리가 지침으로 삼는 모든 제도 — 정부 제도, 금융 제도, 보험 제도, 비공식적인 제도, 자치 제도, 시민 - 과학 제도, 그리고 다른 여러 제도 — 에 대해 미래 지향적인 관점에서 생각하도록 돕는 이정표를 제공하기도 한다. 더 나은 미래를 위한 길을 모색하는 이가 활용할 수 있는 전통은 여럿 존재하며, 모두 그 나름대로 도움을 제공한 바 있다. 우리는 그 모든 전통에서 과거가 미래의 행동을 위한 최상의 지표라고 확신한다. 페르낭 브로델은 "역사학을 담벼락으로 잘 에워싸인 정원에 대한 연구로 가두어놓을 이유는 사실 없다"고 적으며, "혹시라도 역사학을 그렇게 가둔다면, 역사학이 지금 우리를 괴롭히는 문제에 대처하고, 또 젊고 활기차지만 제국주의적인 인문과학과의 관계를 유지하는 현재의 임무를 제대로 완수해낼 수 있을까? 야심 찬 역사학 없이 자신의 책무와 위대한 힘을 의식하는 … 인문주의가 오늘날 존재할 수 있을까"라고 물은 바 있다.[14] 브로델의 이 같은 질문은 1946년 그가 처음으로 제기했던 때 만큼 지금도 시의적절하며 긴급을 요한다.

"만약 우리가 연구실 창문 너머를 보고자 하고 그리고 역사를 소수의 전문적인 동료들로 이루어진 동업 조합 내지는 길드guild의 재산이 아니라 수많은 이가 마땅히 누려야 할 유산으로 여긴다면" 과거의 공적 미래는 역사학자의 손에 달려 있다.[15] 이는 미국사가 J. 프랭클린 제임슨 Franklin Jameson이 1912년 처음 한 말이지만, 브로델의 위의 질문처럼, 오늘날에도 시의적절하고 시급하다. 이 책의 앞부분에서 우리가 분석했듯이, 지난 세기 동안 전문적인 역사학은 일련의 전환 — 그중 일부만 언급하자면, 사회적·문화적·젠더적·제국적·탈식민주의적·지구적·초국가적 전환 —

---

14 Braudel, "Préface", in *La Méditerranée et le Monde méditerranéen à l'époque de Philippe II*, xiv.

15 J. Franklin Jameson, "The Future Uses of History", *The American Historical Review* 65 (1959), 70: Cox, "The Future Uses of History", 18에서 재인용.

을 거쳐왔다. 이제 비판적인 초국가적 그리고 초시간적 관점을 장착한 역사학자들은 편협한 시각과 만연된 단기주의에 맞설 수호자가 될 수 있다. 한때 정치 발전과 토지 개혁 그리고 복지 국가의 건설과 갈등 이후의 조정과 관련해 조언을 해달라는 도움 요청을 받았던 역사학자들은 다른 인문학자들과 더불어 사실상 국가적 그리고 지구적 차원에서 공적 영역을 경제학자들과 때로는 법학자들과 정치학자들에게 넘겨주었다. (역사학자가 대학 내 자신의 자리에서 세계은행에 조언을 하거나 국제연합 총재에게 조언을 하는 것은 말할 필요도 없이 다우닝 가나 백악관에 마지막으로 조언을 한 것은 언제였던가?) 이를 볼 때, 우리가 지구 거버넌스의 위기에 처해 있을 뿐만 아니라 우리 모두가 규제받지 않는 금융 시장의 처분하에 있다는 사실은, 그리고 인류세적 기후 변화가 우리의 정치적 안정과 종으로서의 생존을 위협하고 있다는 사실은 그리 놀랍지 않다. 이 같은 도전을 균형 있게 살피기 위해서는, 그리고 우리 시대 단기주의에 맞서기 위해서는, 우리는 역사학자만이 제공할 수 있는 더 넓은 관점으로 더 긴 범위를 바라볼 수 있는 시야를 긴급히 필요로 한다.

　세계의 역사학자여 단결하라! 더 늦기 전에 거둬야 할 세계가 있다.

　『역사학 선언』이 데이비드 아미티지 하버드 대학 역사학과 교수와 조굴디 서던 메소디스트 대학 역사학과 교수의 우연의 산물이듯이, 이 책의 번역도 우연의 산물이다. 역자가 이 책을 처음으로 접한 것은 2014년 겨울이지만, 이 책의 번역을 착수하기로 결심한 지지난 겨울까지도 역자가 이 책을 번역하게 되리라고는 전혀 생각지 못했다. 두 저자가 대단히 흥미롭고 중요한 주장을 논쟁적으로 제기하고 있다는 사실은 『역사학 선언』을 둘러싼 일련의 논쟁과 여러 소문을 통해서도 알고 있었지만, 역자는 이미 다른 책을 번역하고 있었을 뿐만 아니라 이 책의 번역이 역자 나름대로 세우고 있는 연구의 전문화 원칙과도 맞지 않는다고 판단했기 때문이다. 또한 역자의 학문이 『역사학 선언』과 같이 정말로 큰 이야기를 하기에는 일천하기에 솔직히 용기도 나지 않았다. 게다가 애석하게도 지금도 여전히 그렇지만 번역은, 아무리 중요한 학술서이고 뛰어난 번역일지라도, 또한 웬만한 한국연구재단 등재지 논문과는 비교할 수 없을 정도로 사회적 기여도가 높음에도 한국의 학계에서는 그에 쏟는 시간과 수고에 비해 너무나 홀대를 받는 일이기에 섣불리 나설 수 없었다. 물론 이는 여전히 개선될 기미가 전혀 보이지 않고 있는 터무니없이 낮은 학술서 번역료에 비하면 사실 그리 큰 문제가 아닐 수도 있다.

그러나 하여튼 아미티지 교수와의 이상하리만치 이어지는 인연은 어쩔 수 없었다. 역자의 세부 전공 분야라 할 수 있는 18세기 영국 지성사 및 외교사 분야에서 아미티지 교수의 첫 연구서인 『영국 제국의 이데올로기적 기원』은 출판되자마자 고전의 반열에 올랐으며, 역자 역시 많은 영감을 받았다. 이에 아미티지 교수를 역자의 박사학위 논문 외부 심사위원으로 고려하기도 했었다. 이후 같은 분야의 전공자로서 여러 차례 만날 기회가 있었지만, 역자가 개인적인 사정으로 귀국을 하게 되면서 성사되지 않았다. 그러던 중 지난 2016년 가을 리처드 왓모어Richard Whatmore 세인트 앤드류스 대학 역사학과 교수의 부탁으로 아미티지 교수가 스텔라 게르바스Stella Ghervas 버밍엄 소재 앨라배마 대학 역사학과 교수와 같이 편집하고 있는 『계몽주의 시대 평화의 문화사A Cultural History of Peace in the Age of Enlightenment』(Bloomsbury, forthcoming in 2018)에 「계몽주의 시대 평화, 안보, 그리고 억제Peace, Security, and Deterrance in the Age of Enlightenment」란 제목으로 글을 함께 쓰기로 하면서 다시 만날 기회를 서로가 찾게 되었다. 때마침 아미티지 교수는 지난 2017년 가을부터 래드클리프 - 옌칭 특별 연구원Radcliffe-Yenching Fellow으로 하버드 대학에서 안식년을 보내게 된 역자를 위해 흔쾌히 여러 도움과 조언을 주었고, 동시에 자신이 연세대 언더우드 국제대학의 초청을 받아 신한 석좌 교수Shinhan Distinguished Professor의 자격으로 서울을 방문할 수 있게 되었다고 알려왔다. 그리고 지지난 겨울 한울엠플러스에서 2015년부터 다른 분을 통해 진행하고 있던 『역사학 선언』의 한국어 번역의 경과를 확인해줄 수 없는지 역자에게 물어왔다. 문의 결과 번역은 여러 이유로 제대로 진척되고 있지 않았고, 한울엠플러스와 아미티지 교수의 부탁으로 이 일을 넘겨받을 만한 적합한 분을 찾다가 어쩔 수 없이 역자가 번역을 맡게 된 것이다. 갑작스럽게 번역을 맡게 되면서 역자가 한울엠플러스와 아미티지 교수와 재작년에 세운 일정은 아미티지 교수의 서울 방문에 맞춰『역사학 선언』의 한국어판을 내놓고, 역자가 재직하고 있는 서울대에서 조촐한 출판기념회를 개최하는 것이었다. 겨울 방학을 모두 활용하면 충분히 할 수 있을 것이라 판단했지만, 역자에게는 상당히 낯선 컴퓨터 관련 용어와 개념으로 인해 번역과 교정은 상당히 더디게 진행되었고, 학기가 시작되고 다른 일이 겹치면서 이제야 한국어판을 내놓게 되었다. 다행히 아미티지 교수는 이를 너그러이 양해해주었으며, 오히려 본인 때문에 역자의 개인 연구가 너무 많이 방해받고 차질이 생긴 것은 아닌지 미안한 마음을 담아 누차 되물어왔다.

　『역사학 선언』이 아미티지 교수 개인의 연구에서 어떠한 위치를 점하고 있는지에 대해서는 한국어판 서문을 통해 아미티지 교수 본인이 상세히 설명하고 있기에 별도의 역자 해제는 필요가 없으리라 본다. 다만 『역사학 선언』을 한국에 소개하는 입장에서 몇 가지 우려와 희망 사항을 밝힐 필요는 있을 듯하다. 우선『역사학 선언』이 우리에게 던지는 고민거리의 직접적인 배경으로서 근래 빅 데이터의 등장은 본래 아미티지 교수보다 굴디 교수의 관심이고 초점이라 할 수 있다. 한국어판 서문에서 적고 있듯이 지성사 분야에서 장기 지속의 중요성을 누구보다 꾸준히 강조해왔지만, 아미티지 교수는 18세기 중반 이래 영국의 기간 시설에 대한 투자의 장기적인 함의를 추적해온 굴디 교수에 비하자면 여전히 문서의 해독과 독해를 중심으로 한 기존의 역사 연구 방식을 고수하고 있는 전통적인 역사학자라 할 수 있다. 물론 지난 십수년 동안 지성사 분야 역시 디지털 문서고의 구축으로 엄청난 혜택을 받고 있으며, 새로운 도약을 꿈꾸고 있는 것은 부인할 수 없는 사실이다. 단적으로 이 책에서는 언급되지 않았지만 근대 영국 지성사 연구에서 영어 고서적 온라인Early

English Books Online과 18세기 도서 온라인Eighteenth Century Collections Online은, 특히 영국과 미국의 주요 대학 도서관의 방대한 자료에 대한 접근이 용이치 않은 타 지역의 학생과 학자의 경우, 이제는 한시라도 없어서는 안 되는 도구가 되었다. 그럼에도 『역사학 선언』의 두 저자가 꼬집고 있듯이 새로운 디지털 도구를 적극적으로 이용해 이들 데이터베이스를 분석에 활용한 역사학 연구는 아직도 찾아보기 힘든 실정이다. 굴디 교수가 주도적으로 집필한 이 책의 네 번째 장은 이러한 상황에서 벗어날 방도를 자신의 경험에 비추어 예시하고 있다.

최근 빅 데이터의 부상과 관련해 『역사학 선언』이 제기하고 있는 주장은 한국의 경우에도 적실성을 가진다. 하지만 이는 빅 데이터를 활용한 연구의 부족에 국한되지 않는다. 한국의 독자가 그보다 더 귀기울여서 들어야 할 두 저자의 주장은 빅 데이터를 대하는 방식에 대한 비판에 있다. 국내에서도 빅 데이터의 중요성을 알리는 강연과 서적 그리고 이를 활용한 논문은 디지털 인문학이라는 거창한 이름하에 하루가 다르게 쏟아져 나오고 있지만, 막상 내용을 들여다보면 실망스러운 경우가 너무나 많다. 굴디 교수와 아미티지 교수도 지적하고 있듯이, 이유인즉 대략적인 경향의 파악은 있지만 구체적인 내용에 대한 심도 있는 논의가 제대로 수반되지 않고 있기 때문이다. 따라서 빅 데이터가 현재의 여러 문제를 단번에 해결해줄 것이라는, 빅 데이터가 미래로 나아갈 길을 활짝 열어줄 것이라는 장밋빛 희망에 사로잡혀 또 다른 신기루를 쫓고 있는 것은 아닌지 먼저 물어야 할 것이다. 단적으로 빅 데이터는 상품의 수요와 선거 결과의 예측에 도움을 제공할 수 있지만, 실제로 좋은 상품을 생산하고 좋은 정부를 선출하는 것은 빅 데이터가 아니다. 반면 빅 데이터가 없이도 좋은 상품을 만들고 좋은 정부를 세우는 것은 충분히 가능한 일이다. 동일한 이유로 역사학을 비롯한 인문학의 생존이 빅 데이터에 달려 있다는 주장은 얼토당토않은 위협에 지나지 않는다. 『역사학 선언』

의 방점 역시 디지털화된 방대한 자료의 구비에 있는 것이 아니라 과거에 대한 반추를 통해 현재를 고민하고 그로써 미래에 대비하는 자세에 있다. 아미티지 교수와 굴디 교수가 누차 강조하는 바는 앞으로 나아가고자 한다면 뒤돌아봐야 한다는 것이고, 빅 데이터는 이를 용이케 하는 하나의 획기적인 수단이 될 수 있다는 것이다.

『역사학 선언』이 한국에서 적실성을 가진다면 그것은 무엇보다 단기주의에 대한 두 저자의 가열찬 비판에 있다고 할 수 있으며, 사실 이것이 아미티지 교수와의 개인적인 인연과 더불어 역자가 이 책의 번역을 맡기로 결심하게 된 주된 이유이다. 아미티지 교수와 굴디 교수가 자세히 기술하고 있듯이, 단기주의의 팽배는 전 세계적인 현상이다. 그러나 한국의 경우는 상황이 훨씬 더 심각하다. 유난히 강고한 경제 성장과 국가 안보의 두 이데올로기는 공히 생존을 빌미로 불안을 고착시켰으며, 이는 바로 눈앞의 성과에 대한 과도한 집착을 초래했다. 경제 성장과 국가 안보에 대한 근심이 전혀 근거가 없는 것은 아니지만, 그렇다고 그에 대한 고민이 모 아니면 도 식의 양자택일 문제로 다루어져야 할 필요는 없다. 달리 말해, 불안과 성과의 뫼비우스의 띠에서 탈출하는 것이 어려울지라도 그것이 우리의 생각과 행동을 단단히 옥죄이는 것만은 막아야 한다. 역자가 『역사학 선언』을 번역하면서 가장 우려한 바 역시 이 점이다. 앞서 언급했듯이, 빅 데이터에 대한 두 저자의 우호적인 평가가 이미 엉킬 대로 엉켜버린 불안과 성과의 뫼비우스의 띠를 더 엉키게 만들 가능성이 적지 않다. 한국의 경우 빅 데이터가 ─ 이 험난한 세상에서 우리가 남보다 앞서기 위해서는 반드시 따라야 한다는, 절대 의문시해서는 안 되는 급박한 생존의 이유를 앞세워 지난 십수년 동안 학계를 휩쓴 국제화와 학제 간 연구 그리고 산학 협력과 융복합 등과 같이 ─ 또 다른 유행을 낳으며 오히려 단기주의를 강화시키는 결과를 낳을 수도 있다. 시공간적 시야가 협소한 연구의 만연만이 단기주의의 폐해는 아니다. 연구의 시공간적 시야의 확장이 단시일 내에 손쉽게 이루어질 수 있다는 생각이야말로 단기주의가 얼마나 뿌리 깊게 안착되어 있는지를 보여주는 예일 따름이다.

『역사학 선언』의 두 저자가 단기주의를 떨쳐낼 구원자로 한껏 기대를 걸고 있는 대학과 역사학이란 분과 학문과 관련해 한국의 상황을 개인적인 경험에 비추어 부언하자면, 우선 평가 및 지원의 문제를 들 수 있다. 매년 몇몇 국내외 신문과 기관에서 실시하는 세계 대학 평가에서 순위를 올리기 위해 지난 십 수년간 쏟아부은 노력은 빛 좋은 개살구 이외에 별다른 열매를 맺지 못한 것 같다. 영어 논문과 영어 강의의 수는 늘어났을지언정 내실은 전혀 그렇지 못하다고 판단된다. 특히 전반적인 연구 환경의 개선 없이 신규 교원의 임용과 승진에 결부시켜 영어 논문과 영어 강의의 수를 단시일 내에 늘리고자 한 시도는 당연히 질의 저하를 가져올 수밖에 없다. 생존을 빌미로 불안 속에서 무리한 성과를 요구하는 이러한 행태야말로『역사학 선언』이 주된 비판의 대상으로 삼는 단기주의의 극치가 아닐까 싶다. 연구에 대한 정부와 대학의 지원도 이와 별반 다르지 않다. 단시일 내에 가시적인 성과를 내놓는 것이 충분히 가능하기에 그렇지 못한 연구자는 연구 윤리에 근본적인 문제가 있다는 식의 천박한 행정편의적 사고방식에 입각한 지원과 평가는 연구자가 손쉬운 주제를 선택할 수밖에 없도록 만든다.

다음으로 역자의 소속과 관련된 문제를 언급하고자 한다. 이는『역사학 선언』이 역사학과가 아니라 정치외교학부에 소속된 학자에 의해 번역된 것에 대해 의아해하는 독자에 대한 역자의 답이기도 하다. 먼저 역자가 전공한 지성사의 학제적 성격을 언급할 수 있다. 아미티지 교수와 역자가 배우고 그 나름의 방식대로 계승하고자 하는 소위 케임브리지 지성사 학파는 고전에 대한 면밀한 독해에 중점을 두는 전통적인 정치사상 연구에 대한 불만에서 시작되었다고 할 수 있다. 고전에 대한 이해가 그것이 위치한 다양한 맥락에 대한 이해 없이는 제대로 성취될 수 없다는 생각은 주요한 문헌을 중심으로 이루어진 기존의 정치사상 연구의 틀로부터의 탈피를 촉발했다. 정치에 대한 논의는 해당 시대와 지역의 경제와 사회뿐만 아니라 외교와 심지어는 예술에 대한 논의와 다층적으로 연결되어 있으며, 따라서 후자에 대한 연구는 전자에 대한 연구를 위해서라도 장려되어야 했다. 케임브리지 지성사 학파의 후속 세대가 역사학만이 아니라 국제정치학을 포함한 정치학과 경제학 그리고 행정학 등 분야를 가리지 않고 활발히 활동을 하고 있는 것은 당연한 귀결이라 하겠다. 역자의 경우 국가 간의 관계라는 맥락에 주목한 덕분에 현재의 자리에 있게 되었다. 물론 이는 일차적으로 국제정치 연구에서 역사의 중요성을 강조해온 서울대 정치외교학부 외교학 전공의 오랜 전통 때문이다. 학제 간 연구가 필요하다는 수많은 외침이 있음에도 여전히 한국에서는 역사학 전공자가 역사학과가 아닌 다른 학과에서 가르치고 연구하는 경우는 인접 분야라고 해도 흔치 않은 일이며, 이에 외교학 전공 선생님 모두에게 역자는 늘 감사한 마음을 갖고 있다.

『역사학 선언』을 역자가 번역하기로 결심하게 된 세 번째 이유는 바로 이와 같은 사실에서 기인한다. 학부와 대학원 석사과정에서 국제정치학과 정치학을 공부하기는 했지만 역사학 박사과정을 밟은 역자가 보기에 이 두 분야의 최근 연구 경향은 과도할 정도로 단기적이다. 다루는 범위나 채택한 시야가 점차 좁아져 온 것은 역사학도 사실 크게 다르지 않다고 보지만, 이 두 분야를 비롯한 사회과학의 경우 정부에 대한 조언에 온 신경이 쏠려 있는 듯하다. 역설적이게도 정치학과 국제정치학에서의 이와 같은 경향, 즉 현상의 원인에 대한 치밀한 분석이 아니라 그에 대한 정부의 그럴듯한 대응 방책 모색은 민주화 시대 이후 가속화되었다. 귀국 후 지금까지 역자가 가장 많이 접한 질문은 연구의 학문적 기여가 아니라 연구의 정책적 함의는 무엇인가이다. 『역사학 선언』의 두 저자가 되풀이해 지적하고 있듯이, 연구의 적실성 문제는 사회과학자라면 진중히 고민해야 할 문제이다. 그러나 연구의 정책적 함의에 대한 과도한 요구는 사회과학자가 많은 시간과 노력이 드는 사회 현상의 원인에 대한 심층적인 탐구로 나아가지 않고 훨씬 손쉽고 수고가 덜한 사회 현상에 대한 피상적인 묘사에 머물도록 한다. 바꿔 말해, 정책의 수립에 실질적으로 도움이 되지 않는 연구에 대한 지원은 자원의 낭비라는 암묵적인 인식으로 인해 엄밀한 분석은 사라지고 설익은 예측과 어설픈 조언만 난무하는, 무거운 학술 논문은 사라지고 가벼운 정책 보고서만 난무하는, 본말이 전도된 상황이 나타나고 있는 것이다. 정부에 대한 일목요연한 제안만이 사회과학자의 바람직한 비판적 실천의 유일한 방도로 간주되는 작금의 현실의 이면에는 민주화 시대 이후 한국 사회의 모든 영역에 걸쳐 나타난 손에 바로 잡히는 성과에 대한 무분별한 집착이 자리하고 있으며, 이것이야말로『역사학 선언』이 페르낭 브로델의 장기 지속 역사 연구를 창의적으로 재조명함으로써 제어하고자 하는 단기주의의 핵심 동력이라고 역자는 생각한다.

이러한 점에서 역자는 한국에서도 역사학이 할 일이 너무나 많다고 본다. 앞으로만 나아가려는 사회과학자에게 뒤를 돌아봐야 할 이유를 일깨워 줄 수 있는 그리고 어떻게 뒤를 돌아봐야 하는지도 가르쳐줄 수 있는 적임자는 역사학자뿐이라고 역자 또한 확신한다. 현재는 과거의 미래이자 미래의 과거인 것이다. 하지만 이를 위해서는 역사학자 자신도 달라져야 한다.『역사학 선언』의 두 저자 역시 단순히 역사학의 중요성을 강변하는 것이 아니라 역사학의 각성을 통한 발돋움을 촉구하고 있다. 정치외교학부에 소속된 역자의 입장에서 특히 아쉬운 점은 상위 정치high politics에 대한 역사학, 특히 서양사 연구자의 상대적인 무관심 혹은 부족이다. 이전의 혁명사 전통과 근래의 미시사 전통의 유산 속에서 정치사와 외교사는 여전히 설자리를 찾지 못하고 있는 듯하다. 에릭 홉스봄이 "이중 혁명dual revolution"이라 칭한 프랑스에서의 정치 혁명과 영국에서의 산업혁명에 대한 연구는 암울한 현실에 대한 비판으로 작동하면서 새로운 세상을 향한 열정과 상상을 이끌었다. 이후 탈근대의 바람과 함께 들어오기 시작한 미시사 연구는 억압된 목소리를 되살리는 데 일조했으며, 특히 식민지 경험과 여성 문제와 관련해 지대한 기여를 했다. 기성 권력에 맞선 저항에 방점을 두는 이와 같은 '아래로부터의 역사history from below'의 두 흐름의 관점에서 볼 때, 외교사와 정치사는 기본적으로 기성 권력, 특히 폭력의 합법적 소유자이자 행사자로서 국민국가의 존재를 분석의 전제로 삼기에 지양해야 할 분야였다. 아미티지 교수와 굴디 교수가 언급했듯이, 이러한 경향은 영미 학계에서도 강하게 나타난다. 하지만 한국의 경우 영국이나 미국과 달리 정치사나 외교사 연구가 만개한 적이 없다는 것이 문제다. 통치 엘리트를 연구의 중심 대상으로 취하는 전통적인 외교사와 정치사의 부인할 수 없는 도덕적, 학문적 한계가 있음에도 국민국가와 이들로 구성된 체제는 여전히 알게 모르게 우리의 삶에 지대한 영향을 미치고 있다. 다시 말해, 정치사와 외교사에 대한 연구는 오늘날 가장 막강한 힘을 소유하고 행사하는 제도의 작동 방식에 대한 연구로라도 필요하다. 그러한 점에서 최근 헌정사와 냉전사에 대한 역사학계의 관심의 증가는 환영할 만한 일이다.

만약 사회과학자와 역사학자가 국민국가라는 근대를 대표하는 이 기괴한 제도의 형성과 전파 그리고 작동에 대한 탐구라는 측면에서 서로의 초점이 접하고 있다는 사실을 조금 더 적극적으로 받아들인다면, 서로에게 더 많은 발전의 기회가 있으리라 역자는 확신한다. 이를 위해 사회과학자는 정책보다 구조에, 역사학자는 짧고 가벼운 에피소드보다 길고 무거운 스토리에 더 주목을 해야 할 것이다. 특히 사회과학자는 사례 선택과 모델 구축에서 역사학자에게 도움을 청하고, 역사학자는 장구한 시간 속의 복잡하고 미묘한 변화를 사회과학자에게 일깨워 주기를 역자는 기대한다. 『역사학 선언』의 두 저자가 희망하는 세밀한 미시사 연구에 기반을 둔 장기 지속 역사 연구는 이와 같은 우회로를 통해서도 여전히 가능하다고 역자는 생각한다.

『역사학 선언』을 한국에 소개하며 역자가 마지막으로 바라는 바가 있다면 그것은 마땅히 역사에 대한 반성적이고 성찰적인 논쟁에 이 책이 기여하는 것이다. 과거가 현재와 미래의 반경을 정하기에, 동서고금을 막론하고 과거에 대한 해석은 언제나 전쟁터를 방불케 했다. 이에 역사학은 벌어진 사건에 대한 객관적인 기록이라기보다 이의 원인과 결과를 둘러싼 끝없는 논쟁이라 해도 사실 과언이 아니다. 흔히 전개되는 내용에 밀려 간과되곤 하지만 우리가 과거에 대한 논의에 어떠한 자세로 임하는가는 이 점에서 역사학의 본질과 맞닿아 있는 매우 중대한 문제라 할 수 있다. 역으로 과거에 대한 서로 다른 의견에 응하는 태도만큼 한 사회의 수준을 가감 없이 보여주는 것은 없으며, 역사의 거울이란 잘 알려진 비유의 진정한 의미 역시 여기서 찾을 수 있다. 성숙한 사람과 마찬가지로 성숙한 사회는 이견, 특히 자신의 지난 치부를 드러내는 이견을 통해 폭을 넓히고 깊이를 더하는 사회다. 자신이 원하는 아름답고 자랑스러운 모습만 골라 보여주는 마법의 거울이 가져올 결말이 어떨지는 세 살배기 어린 아이도 알고 있다. 이 책이 우리 사회의 지혜의 그릇을 키우는 데, 올바른 역사가 아니라 좋은 역사란 무엇인가에 대해 고민하는 데 조금이라도 도움이 될 수 있기를 소망한다.

끝으로 『역사학 선언』의 한국어 번역을 역자가 맡을 수 있도록 허락해준 아미티지 교수와 한울엠플러스에 다시 한 번 감사한다. 특히 바쁜 와중에도 한국어판 서문을 대신해 자신의 학문적 여정을 소개하는 글을 한국의 독자를 위해 기꺼이 써 보내준 아미티지 교수에게 감사한다. 또한 이 자리를 빌어 번역을 핑계로 여러 일로부터 이리저리 도망다닌 역자를 너그러이 감싸주신 박성우 선생님과 양적 연구와 질적 연구를 떠나 엄밀한 연구의 어려움과 중요성에 공감을 표해주신 박종희 선생님께 진심으로 고마움을 전하고 싶다. 그리고 누구보다 이 책의 번역을 손꼽아 기다려주신 아시아문명학부의 구하원 선생님과 본인 연구로 바쁜 와중에도 아미티지 교수의 신작 『내전: 사상 속의 역사』의 한국어 번역을 이어서 맡기로 용단을 내려준 김지훈 박사과정 학생에게도 깊이 감사한다. 이제 곧 케임브리지 대학 역사학과로 박사 유학을 떠나는 장진경 학생은 마지막 교정을 함께 봐주었다. 뛰어난 연구자가 되길 기원한다. 이번에도 이전과 다름없이 역자와 이른 아침과 늦은 밤을 함께하며 반복되는 일상의 소중함을 매번 일깨워준 화이트 테리어 레오에게도 감사한다. 하지만 여전히 매끄럽지 못한 문장과 혹시 있을지도 모르는 오역은 모두 부족한 역자의 탓이다. 독자 여러분의 따끔한 질타를 기다린다.

찾아보기

지은이_ **조 굴디**Jo Guldi

버클리 소재 캘리포니아 대학에서 박사학위를 취득한 후 시카고 대학과 하버드 대학에서 박사후 과정을 밟았으며, 브라운 대학을 거쳐 현재 서던 메소디스트 대학 데드먼 인문과학 대학에 재직 중이다. 저서로는 *Roads to Power: Britain Invents the Infrastructure State*(Cambridge, MA., 2012)와 *The Long Land War: A Global History of Land Reforms, c. 1860-Present*(근간)이 있다. 논문으로는 "The History of Walking and the Digital Turn: Stride and Lounge in London, 1808-1851" 등이 있으며, 모질라 파이어폭스Mozilla Firefox 기반 웹 브라우저에서 구동되는 조테로Zotero 문헌 관리 프로그램의 플러그인plugin 소프트웨어 페이퍼 머신Paper Machines의 공동 개발자이기도 하다.

데이비드 아미티지 David Armitage

컬럼비아 대학 역사학과 교수를 거쳐 현재 하버드 대학 역사학과 지성사 및 국제관계사 담당 교수로 재직 중이며, 동 대학 정치학과와 법학전문대학원 겸임교수를 맡고 있다. 영국 케임브리지 대학 세인트 캐서린스 칼리지 명예연구원이자 시드니 대학 역사학과 명예교수이기도 하다. 저서로는 2001년 롱맨/히스토리 투데이Longman/History Today 올해의 책으로 선정된 *The Idelogical Origins of the British Empire*(Cambridge, 2000), 2008년『더 타임스 문학 부록The Times Literary Supplement』올해의 책으로 선정된 *The Declaration of Independence: A Global History*(Cambridge, MA., 2007), *Foundations of Modern International Thought*(Cambridge, 2013), *Civil Wars: Ideas in History*(New York, 2017) 등이 있다. 현재 케임브리지 대학 출판부의 *Ideas in Context*와 *Cambridge Oceanic Histories* 총서 편집을 담당하고 있으며, 2015년 영국 케임브리지 대학에서 명예 문학 박사 학위를 수여받았다.

옮긴이_ **안두환**

서울대학교 정치외교학부 국제관계사 담당 교수로 현재 하버드 대학 래드클리프 고등연구소 및 옌칭 연구소 특별연구원으로 초빙되어 방문 중이다. 영국 케임브리지 대학에서 18세기 영국 지성사 및 외교사 연구로 역사학 박사학위를 취득했다. 논문으로는 "From Hanover to Gibraltar: *Cato's Letters*(1720-23) in International Context", 「홉스를 넘어서 홉스로: 생 - 피에르 신부의 사중 영구 평화론」 등이 있으며, 편서로는 *Fénelon in the Enlightenment: Traditions, Adaptations, and Variations*(Amsterdam, 2014), 역서로는 마이클 하워드,『유럽사 속의 전쟁』(서울, 2015) 등이 있다.

한울아카데미 2075

역 사 학 선 언

지 은 이 ㅣ 조 굴디, 데이비드 아미티지
옮 긴 이 ㅣ 안 두 환
펴 낸 이 ㅣ 김 종 수
펴 낸 곳 ㅣ 한울엠플러스(주)
편집책임 ㅣ 배 은 희

초판 1쇄 인쇄 ㅣ 2018년 5월 15일
초판 1쇄 발행 ㅣ 2018년 6월 10일

주소 ㅣ 10881 경기도 파주시 광인사길 153 한울시소빌딩 3층
전화 ㅣ 031-955-0655
팩스 ㅣ 031-955-0656
홈페이지 ㅣ www.hanulmplus.kr
등록번호 ㅣ 제406-2015-000143호

Printed in Korea.
ISBN 978-89-460-7075-2 93900

이 논문 또는 저서는 2016년 대한민국 교육부와 한국연구재단의 지원을 받아 수행된
연구임(NRF-2016S1A3A2924409).